가부루의 신화

가부루의 신화

김진송의 역사 실험

푸른역사

가부루의 신화를 읽기 전에

　나는 지금 한 편의 '소설'을 써야 한다. 소설이라니! 터무니없는 일이다. 다른 글이라면 몰라도 소설을 쓰는 게 도무지 나와 어울리지 않은 일이라는 걸 알고 있다. 차라리 낡고 오래된 전적을 찾아내 거기에 숨겨진, 한때는 널리 알려졌지만 이제는 아무도 거들떠보지 않는 이야기를 한 편 골라 들려주는 것이라면 괜찮을 것이다. 역사적 사실이라고 믿을 만한 이야기를 요즈음 말로 다듬는 것이야말로 내가 할 수 있는 일일지도 모르겠다. 그런 거라면 옛날 이야기를 좋아하는 사람들의 구미에도 맞을지도 모르며, 사극에 넋을 놓는 사람들이나 역사책을 들추며 교양을 쌓으려는 사람들의 갸륵한 취향에 빌붙을 수도 있을 것이다.

　사람들은 미지의 세계에 열광한다. 그러나 자신에게 익숙하지 않은 세계에 발을 디디려는 사람은 드물다. 자신이 읽는 글이 상상력으로 충만한 재미로 가득할 것을 기대하면서도 그 글이 어떤 장르에 속하는지 분명치 않으면 책을 집어 들지 않을 것이다. 그런 사람들을 생각한다면 이 이야기를 소설, 그래 소설이라고 해두자. 이 이야기를 역사적 사실과 허구를 교묘히 버무린 팩션이라고 우기고 싶은 생각도 없지 않다. 아니면 단지 사실을 기록한 보고서일 뿐이라고 말하고 싶기도 하다. 있는 그대로의 사실 그 자체라고 시치미를 떼고 싶은 생각이 없는 것도 아니다. 그러나 그 어느 것도 지금부터 말하려는 이야기와는 거리가 있다.

가부루의 신화는 이제까지 한 번도 알려진 적이 없는 이야기다. 신화뿐 아니라 가부루라는 나라조차 그 존재가 알려지지 않았다. 1998년, 강원도의 고성군 미산면에 자리 잡은 중미산의 한 동굴에서 고대문자가 찍힌 수백 점의 점토판이 발견되었다. 그러나 최대의 역사적 발견이 될 뻔한 점토판이 사라지면서 가부루국의 신화와 역사를 담은 기록은 빛을 보지 못하고 말았다.

가부루국은 지금으로부터 약 6, 7천 년 전 동해안 일대에 존재한 것으로 추정되는 석기시대의 부족 국가였다. 가부루국의 신화와 역사는 조족문鳥足文으로 알려진 점토판에 기록되었다. 점토문자판을 처음 발굴한 사람은 고故 장근호 선생(1947~2004)이다. 국어학 특히 고대 언어학의 권위자인 장근호 선생은 고대 신화와 고고학, 문자학에 대한 광범한 연구 끝에 가부루의 신화와 역사를 재현할 수 있었다. 처음 3백여 장에 이르는 점토판의 문자를 일일이 옮겨 적은 것도 선생이었으며, 수년간의 노력 끝에 문자를 해독할 수 있었던 것도 선생이었다. 마침내 가부루국이 남긴 모든 기록을 초역해 내었을 때 가부루의 신화와 역사가 기록된 점토판이 사라져 버렸다. 그러나 이는 아무도 알지 못한 사건이었다. 그것은 선생을

죽음에 이르게 했으며, 〈가부루의 신화〉가 이제껏 세상에 나오지
못한 것도 그 때문이다.

선생을 아는 모든 사람들에게 그의 갑작스런 죽음은 뜻밖의 일
이었다. 그리고 내가 가부루의 신화를 접하게 된 것도 전혀 예상치
못한 일이었다. 선생의 미발표 연구 자료가 내게 전달된 것은 선생
이 돌아가신 지 두어 달이 지나서였다. 그로부터 몇 개월 뒤 나의
실수로 선생의 자료가 내 손을 떠나게 되었고 이후로 가부루 문자
에 대한 장근호 선생의 연구 자료는 다시 볼 수 없었다.

이제부터 그 모든 과정을 숨김없이 이야기할 것이다. 이 글을 쓰
기로 한 이상 앞으로 말하게 될 사실에서 골치 아픈 문제가 떨어져
나올지도 모를 일이다. 밝히지 말아야 할 개인적인 이야기까지 하
게 된 것은 이 글을 쓰면서 가장 주저할 수밖에 없는 부분이다. 그
러나 나는 미처 주워 담지 못한, 단 한 조각도 회수하지 못한 기록
의 파편을 주워 담을 것이다. 아무런 흔적도 없이 사라진 사실의 조
각일지라도 그렇게 또다시 기억의 저편으로 내팽개쳐 버릴 수는 없
지 않은가. 내가 알고 있는 사실이 거짓이거나 허구이거나 누구를
기만하기 위한 것이 아니라 있는 그대로의 사실이라는 것을 한 줄
이라도 밝히는 것이 이 글을 쓰게 된 목적이다. '있는 그대로의 사
실'이라는 말 대신 '역사'라는 말을 쓰고 싶지만 아직 그 무게를 감

당할 수는 없을 것 같다.

　가부루국은 조족문과 함께 역사의 저편으로 사라졌다. 나는 지금 가부루의 역사와 신화에 대해 실증적으로 규명할 자료가 하나도 남아 있지 않은 상황에서 이 글을 시작해야 한다. 아무런 근거를 남기지 못한 역사는 사라져 버리고 신화로만 남을 것이다. 신화는 전설이 되고 전설은 다시 허구로 변해 버릴 것이다.

　나는 1년여의 고민 끝에 현재 남아 있는 유일한 자료인 점토문자를 해독한 선생의 초고를 바탕으로 가부루국의 역사를 재현하기로 했다. 그것이 이 책의 4장에 수록되어 있다. 가부루의 신화는 3장의 인용 부분에 실려 있다. 나머지는 가부루의 신화와 역사가 세상에 드러나게 된 과정을 소설 형식으로 쓴 것이다. 이 부분을 소설처럼 쓴 것은 누구에게도 치명적인 사실을 조금 누그러뜨리고 싶었기 때문이다. 소설은 허구를 사실처럼 보이도록 한 것이지만 사실을 허구처럼 보이기 위해 소설을 쓸 수도 있지 않을까?

　　　　　　　　　　　　　　　　　　　　　2007년 늦가을

1장

그 일은 2004년 4월 둘째 주 토요일부터 시작되었다. 며칠이었는지는 기억나지 않는다. 그날 나른한 봄기운이 창턱을 타고 넘어 들어오던 날 아침, 예상치 못한 부음을 한 통 받게 되었다. 모처럼의 달짝지근한 아침잠을 깨운 것은 현관 벨소리였지만, 집배원이 내민 종이 위의 손톱만한 빈칸에 사인할 자리를 찾느라 남아 있던 잠기운마저 달아나 버렸다. 아침부터 편지라니, 게다가 부고였다. 부음을 편지로 받아보는 건(그것은 어찌된 일인지, 등기 속달로 전해졌다) 흔치 않은 일인데다가, 망자의 이름을 머릿속 어디에서도 발견할 수 없었기에 잠에서 덜 깬 나의 뇌는 접수를 거부했다.

한 장의 종이 위에는 관공서의 알림장보다 더 간단한 사실이 적혀 있었다. '부고. 고 장근호 선생의 장례가 다음과 같이 거행될 예정입니다' 라는 문구 뒤에 장례식장과 발인 날짜, 장지의 약도와 연락처, 아무개 배상이란 글귀가 전부였다. 종이 위에는 한 사람의 죽음을 그런 간단한 형식으로 마무리 짓겠다는 의지가 묻어 있는 듯했다. 망자에 대한 어떤 감정의 개입도 허용치 않는 형식적이고 사무적인 절차에 지레 주눅 들도록 만들겠다는 심사였는지도 몰랐다. 그래서였는지 나는 발신인과 내용을 확인하지도 않은 채 사무적이고 형식적인 절차에 따라 죽음의 편지를 쓰레기통에 처넣어 버렸다. 잃어버린 아침잠을 다시 불러오기 위해 그대로 침대에 몸을 날렸지만, 제기랄, 놓쳐 버린 잠에 대한 보상을 청구할 대상을 찾지 못해 씩씩거렸을 뿐이다.

열흘인가 보름인가 지난 뒤, 퇴근 후에 한 통의 전화를 받게 되었다. 밤늦은 시간에 전화를 받는 경우는 단 두 가지. 하나는 아내로부터 오는 전화이며, 다른 하나는 필경 잘못 걸려온 전화일 터였다. 지구를 반 바퀴 도느라 반 박자를 쉬고 들려오는 아내의 목소리가 아니라면 그 시간의 전화란 대개 수화기를 내려놓을 준비부터 해야 할 전화였다. "김 선생이시죠. 저는 돌아가신 장근호 선생의 아들입니다"라는 말을 듣는 순간 나는 "그런데요?"라고 물으며 전화를 끊을 준비부터 했다. 얼마 전 낯선 부고에서 본 이름(물론 그때는 그 이름을 기억하지 못했다)과 일치하는 사람이 내가 알고 있는 사람은 아니지 않은가?

"선생을 만나 뵈었으면 하는데요. 실은 아버님이 선생께 남기신 유품이 있습니다. 그걸 전달해야 할 것 같은데…….
한 번 집으로 들러 주실 수 있겠습니까?"

"유품을 받아야 한다고요?"

다시 묻지 않을 수 없었다.

"혹시 제가 누구인 줄 아십니까? 제가 맞습니까?"

내 이름을 또박또박 말해 주고 혹시 동명이인이 아닌지
물었다. 저쪽에서 더 놀라는 눈치였다.

"아버님을 모르십니까? 분명히 맞을 텐데…….."

순간, 마치 가벼운 자동차 사고를 냈을 때 순간적으로 멍
해지는 것 같은 느낌이 들었다. 상황이 갑작스럽고 너무 빨
리 전개되었다. 그랬다. 내가 이제껏 그분을 기억하지 못했
다는 것, 이름을 보고도, 듣고도 기억 속에서 찾아내지 못했
다는 것은 도무지 말이 되지 않는 일이었다. 처음부터 편지
인 줄 알고 받은 부고에 대한 가벼운 불쾌감이 망자에 대한
기억과 망각을 가볍게 뒤섞어 버리는 결과를 가져왔을 것이
다. 그렇더라도 어떻게 그 이름을 기억의 저편에 그렇게 팽
개쳐 두고 있었단 말인가? 마음이 급해지지 않을 수 없었다.

"아. 알지요. 알고 말구요. 제가 맞습니다. 분명히 제가 맞
습니다. 기억이 납니다. 그런데 선생님이 돌아가셨다구요?"

말들이 더듬거리며 뒤엉켜 버렸다. 갑자기 그에 대한 기
억이 일시에 쏟아져 나오며 길 한복판에 갇힌 사람처럼 어찌
할 바를 몰랐다. 자다 일어나 뜬금없는 말로 대화에 끼어든
것 같은 나의 덜떨어진 물음에 이번엔 저쪽에서 당황했다.

처음 나를 확인하는 조심스럽고 반가운 태도는 조금 전의 내가 그랬듯이 의심이 잔뜩 묻어 있는 말투로 변했다. 그는 자기가 찾는 사람이 내가 맞는지 몇 번이나 확인했다. 어찌되었거나 그건 만나서 확인해 보면 될 일이었다. 우리는 만날 시간과 집 주소와 위치에 대한 대강의 정보를 주고받는 것으로 서둘러 전화를 끝냈다.

장근호 선생, 내가 어떻게 그분을 모른다고 할 수 있을 것인가? 그 양반이 돌아가신 거였구나, 그 양반이. 전화를 끊고 나서 무책임한 나의 뇌에 저주의 욕설을 퍼부어댔다. 하지만 나의 뇌는 과거를 재빨리 기억해 냄으로써 자신의 무능력을 모면하려 들었다.

٨

군에서 제대할 무렵 나는 지금처럼 몹시 허둥대고 있었다. 영어 단어 하나 외워지지 않는 뻑뻑한 머리로 복학을 해야 했고, 엉망인 집안 사정으로 안절부절 못했고, 잃어버린 첫사랑으로 좌절하고 있을 때였다. 어찌어찌 복학하기는 했지만 그런 불안정한 상태로 공부가 될 리 없었다.

국문학을 전공하고 있었지만 이미 시나 소설 같은 뜬 구름 잡는 이야기에 인생을 걸 만큼 어리석지 않았다. 세상의 모든 것은 아무런 의미를 가지지 못했으며, 오직 현재에 마침표를 찍을 수 있는 일이면 그게 가장 우선되어야 할 일이었다. 나는 매우 위험한 지경에 빠져 있었지만 그렇다고 함부로 서툰 짓을 저지를 만큼 용기도 없었다. 세월이 흘러가기를 기다리는, 그리하여 세월의 끝을 한시라도 빨리 맞이하고 싶어 하는 병든 노인처럼 그렇게 망연히 하루하루를 보내고 있었다.

모든 사태는 나에게 불리했다. 졸정제인지 뭔지 때문에 엄청나게 불어난 학생들 틈에 끼어 강의실을 찾아다닐 때마다 비애를 넘어 절망의 휩쓸림을 겪어야 했다. 그들의 삶에 끼어들지 못하면서 함께 휩쓸려야 한다는 생각은 늘 나를 비참하게 했고, 결국 사람들을 피해 다니는 일이 남은 학교 생에서 견뎌 내야 하는 최대의 과제였다.

그러던 중에 그—여기서는 뭐라고 불러야 할지 모르겠다. 선생님이라고 부를 수도 없고 그 양반이라고 말하기도 뭐하고. 그냥 그라고 말하는 게 맞을 것 같다—를 만나게 되었다. 그렇다고 방황하는 청년을 올바른 길로 이끌어 준 은사와 제자의 이야기를 미리 기대할 필요는 없다. 어차피 그런 뭉클한 감동의 휴먼스토리는 나에게도 그에게도 어울리는 일은 아니었다. 그는 어떻든 대학을 마쳐야 하는 절박한 처지에 몰린 나에게 적절한 자리를 마련해 준 사람이었을 뿐이었다.

지금은 어떨지 모르겠지만 국문학을 하겠다고 들어온 대부분의 아이들은 이른바 문청이나 문소의 소양을 지니고 있는 철없는 영혼이었다. 그런 아이들과 같은 부류에 속한다는 게 한심한 일이긴 했지만, 나 역시 그런 축에 지나지 않는 한심한 학도였다. 그런데 놀랍게도 국문과에는 그런 부류 인간들의 발길이 미치지 않는 공간이 있었으니 바로 그가 개설하고 있던 강의와 같은 지리멸렬한 국어학 과목이었다. 지금은 모르겠다. 하지만 그때는 중세국어학이나 음성학, 음운론과 같은, 문학에 일고의 도움이 되지 못하는 과목이 학문의 이름을 걸고 국문학과에 있다는 사실을 대부분의 학생들은 인정하려 들지 않았다.

학생들은 고전문학이든 현대문학이든 문학의 언저리에서 약간의 도움이 되지도 못하는 국어학 따위를 강제로 배워야 하는 짜증을 저조한 수강 신청으로 표출했다. 그리고 그는 바로 학생들로부터 버림받은 학문의 숭고한 전당을 쓸쓸히 지키고 있는, 지리멸렬한 신전의 수장이었다. 물론 학문의 심오한 뜻을 이해하지 못하는 가련한 학생들을 구제하기 위한 조치가 없는 것은 아니었다. 이른바 전공필수라는 푯말을 하나 내걸면 문학의 원대한 포부를 위해 잠시 거쳐야 하는 시련쯤으로 생각하는 학생들이 나타났고, 장차 학문의 전당에서 말단의 좌석이라도 한자리 차지해야 하는 갸륵한 야심을 가진 학생들이 미래의 아이템을 탐색하기 위해 찾아들기도 했다. 그럼에도 선생의 좌하에 잠시라도 무릎을 꿇는 학생은 매번 열 명이 넘지 못했으며, 필수의 간판을 내건 과목조차 스무 명을 넘기기 힘들었다. 다른 전도양양한 사제 앞에 모여든 수십, 수백여 명이 넘는 신도들에 비하면 그의 신전은 정말 쓸쓸하고 초라한 초막절에 불과했다.

어쨌든 그런 사정은 나와 상관없는 일이었다. 꼬여드는 학생들을 피해 내가 선택할 수 있는 과목들은 대개 그렇게 지리멸렬한 과목들이었으며, 내가 갈 수 있는 곳은 대세에 밀려나 간신히 폐강을 면한 쓸쓸한 강의실뿐이었다. 그러다 보니 나의 수강 신청표는 정말 재미없고, 따분하고, 인기 없는, 그리하여 살면서 한 푼어치의 도움이 되지도 못할 그런 목록만으로 채워졌다. 그런 건 아무런 문제가 되지 않았다. 어차피 공부에는 완전히 흥미를 잃어버린 상태였으며, 따라서 과목이 무엇인지 교수가 누구인지 강의 내용이 어떤 것인지 상관없는 일이었다. 나중에 다소 상태가 달라지긴 했지만 어쨌든 대학을 졸업할 때까지 그런 과목만 골라 수강하는 '현명한' 결정만은 포기하지 않았다. 그래서 당연한 일이었겠지만 결과적으로 그, 바로 장근호 선생의 강의를 가장 많이 듣는 학생이 되었다.

복학 후 첫 학기 동안 그와의 만남은 그저 한 사람이 앞에서 떠들면 그저 들어주는 척하는 것에 지나지 않았다. 도대체 랑그와 빠롤은 뭐며, 시니피에니 시니피앙이니 하는 말은 무슨 소리며, 음성학적 기호와 음운학적인 기호가 변별되어야 하는 까닭은 무슨 헛소리며, 아래 · 의 음가가 어떻다는 그런 지엽말단적인 연구들이 학문이란 이름으로 내걸리고 그걸 후벼파며 자리를 차지하고 앉아 밥 벌어먹고 사는 인간들은 뭐란 말인가? 그리고 그걸 듣고 있어야 하는 나는 또 뭔가 말이다.

첫 학기가 지나자 나는 약간 다른 부류의 인간이 되어 있었다. 혹시 그게 그 때문이었을지도 모르겠다. 이미 복학 후 첫 학기에서 두 과목을 그에게서 들은 나는 두 번째 학기에서도 또 두 과목을 신청해 놓았다. 물론 그의 과목을 선택한 결과 그것이 매우 현명한 결정이었음이 판명되었다. 그가 개설한 과목의 강의실에 기어든 학생들은 여전히 열댓에 불과했기 때문이다. 지난 학기와 마찬가지로 거의 매일 강의실에서 그를 만나야 했다. 그리고 사태는 전혀 다른 각도에서 진행되기 시작했다. 이미 얼굴이 익은 나를—그 적은 학생들 중에 두 과목을 한꺼번에 들은 나를 그가 기억하지 못하는 건 있을 수 없는 일이다— 그가 눈여겨본 것이다.

그의 수업은 열정적인 강의는 아니었지만 그렇다고 맥 빠지는 강의도 아니었다. 그는 적절한 농담을 섞어 그의 신전을 발랄한 지성의 전당으로 꾸밀 의도가 전혀 없었을 뿐 아니라 분필가루 날리는 따분한 칠판을 유머가 넘치는 표현으로 슬쩍 가리는 마술을 보여 준 적은 단 한 번도 없었다. 그렇다고 그의 강의가 건조하기만 한 것은 아니었다. 시종 카랑카랑한 목소리가 권위를 뒷받침해 줄 유일한 무기인 것처럼 그는 진지했고 단호했다. 그는 약간 침울하면서도 때로는 화가 난 듯한 어투로 말했는데, 강의 내용이 난해할 때는 그런 태도가 약간 짜증을 나게 했다.

그는 대개 무표정한 얼굴을 하고 있었으며, 그가 웃을 때는 학생들의 어이없는 반응—대개는 알아듣지 못해서 엉뚱한 대답을 하게 되는—에 대해 실소를 머금을 때뿐이었다. 그러던 그가 강의 도중에 나의 눈을 마주칠 때마다 엷은 미소를 보내기 시작했다. 어쩌면 그는 자신의 진정한 추종자가 한 명 생겼을지도 모른다는 막연한 기쁨을 애써 감추면서 다정한 미소를 보냈을지도 모르겠다.

나에게 변화가 일어난 것은 그가 호감의 시선을 보냈기 때문만은 아니었다. 그건 분명했다. 나는 그에게 수강한 음운론이나, 고전국어학 강독과 같은 과목을 가장 많이 볼 수밖에 없었다. 그러다 보니 정말 쓸데없는, 살면서 반 푼어치의 도움도 되지 못할, 그리하여 숭고하게 자리 잡은 학문의 영역에 발을 들여놓게 된 것이다. 어느 사이에 나는 달라져 있었다. 거의 모든 과목, 혹시 선생이나 할 수 있으면 하고 바라서 많은 학생들 속에서 들을 수밖에 없었던 교육학 원론이나 당시 唐詩를 그저 하릴없이 읽는 한문학 강독, 정말 나와는 철저하게 무관할 수밖에 없는 음악개론과 같은 과목에 나는 무책임하게 통달해 있었다. 아무런 관심도 없는 낯선 것에 대해, 그냥 마지못해 선택한 과목에 대해 그럴 수 있었던 것은 전적으로, 말 그대로 나의 무책임한 접근 때문이었다. 거기서 무얼 얻고자 한 것도 아니었으며, 실제로 거기서 진리 비슷한 구석도 발견하지 못했지만 그저 할 일이 없어 들여다본 것만으로 고상한 대학 선생들이 계획한 교과 수준을 무리 없이 통과하게 된 것이다. 그것도 가장 우수한 성적으로.

두 번째 학기의 중간고사가 끝나고 나서 선생은 나에 대한 확고한 신의를 보내오기 시작했다. 그는 수업 시간 내내 거의 나를 보면서 강의했고—그건 나의 착각이 아니다— 나는 그의 집요한 구애에 마지못해 눈인사라도 하거나 동의를 간절히 원하는 눈빛을 보내 올 때 고개를 까딱해 보이지 않을 수 없는 처지에 몰려 있었다.

어찌되었거나 그는 장차 자신의 학문적 업적을 고스란히 이어받을 어린 싹을 발견한 것이었고 내 머리에 그 징표를 꽂아 주고 싶어 했다. 물론 나는 학문 연구에 발을 담그는 우아한 삶은 상상도 하지 못했을 뿐 아니라 그럴 수 있다 하더라도 그럴 처지가 아니라는 걸 익히 알고 있는, 철이 잔뜩 든 젊은이였다.

그후 나에 대한 그의 흐뭇한 시선은 한 학기 더 지속되었고, 나는 그에게 한치 오류도 없는 답안지로 보답했다. 그리고 한 학기가 더 남아 있었지만 더 이상 강의를 들을 필요가 없을 만큼 학점을 따놓은 상태였으며 그래서 취직을 했고, 다시는 그를 만나지 못했다.

그와의 만남은 그게 전부였다. 그가 살아서라면 혹 모르 겠으되 죽고 나서 나를 찾았다는 것은 이상한 일이긴 했다. 게다가 나에게 유품을 남겼다는 것은 도저히 납득이 가지 않 는 일이었다. 당장이라도 그의 집으로 달려가 유품이 뭔지 보고 싶었다. 갑자기 그가 매우 가까웠던 사람처럼 느껴졌고 그럴수록 남겨진 유품에 대한 궁금증이 더해 갔다.

그가 나를 기억해 유품을 남겨 놓았다는 것은 정말 의외 의 일이었지만, 옛 일을 끄집어내 억지로 꿰어 맞추다 보면 그렇게 이상한 일이 아닐 수도 있다는 생각이 들기도 했다. 뜻하지 않게 먼 친척에게서 어마어마한 유산을 물려받아 졸 지에 감당할 수 없을 만큼 부자가 되어 버린 이야기는 늘 그 렇듯이 대책 없이 일어나는 일이 아니던가. 하지만 그건 내 가 상상할 수 있는 일이 아니었다. 그가 남긴 건 유감스럽게 도 유산이 아니라 유품이다. 앞뒤를 재 보면 내가 상상할 수 있는 범주란 기껏해야 돈이나 물질 같은 그런 세속적인 가치 보다 더 소중한 정신적인 의미(그렇게 말하는 게 이 자리에서는 어울릴 것이다)가 잔뜩 들어 있는 물건이라야 할 것이다. 하지 만 점잖고 합리적인 상상에서 경망스럽고도 깜찍한 공상까 지 한 바퀴를 돌아보아도 그가 남겨준 유품이라는 게 도대체 뭔지 도무지 전연 짐작할 수 없었다.

있는 그대로의 사실만 말하자면, 나는 그를 잘 알지 못한다. 그를 처음에 기억하지 못한 것도 생각해 보면 그만큼 그가 나와 관련이 없는 사람이었다는 점을 말해 주는 것이다. 그건 당연한 일이기도 했다.

졸업 후에 나는 그를 찾아가거나 만난 일이 없었다. 아니 그럴 생각조차 품은 적이 없었다. 그뿐 아니라 세월의 강물을 타고 흘러가 버린 다른 모든 것에 대해서도 마찬가지였다. 나의 젊은 시절에 대해 나는 뒤도 돌아보지 않았으며, 거기서 그 또한 예외일 수 없었다. 나는 젊은 시절로부터 한시라도 빨리 도망치고 싶었으며, 그 지리멸렬한 순간을 다시는 기억하고 싶지 않았으며, 그래서였는지 어느 정도는 과거의 나에게서 벗어날 수 있었다.

지금 생각해 보면 내가 그를 기억하지 못한 것은, 그가 내게 보낸 신뢰를 생각해 보면 그리고 그의 신뢰가 약간이라도 마음의 안정을 갖게 한 계기가 되었음을 인정하지 않을 수 없다면 아무래도 좀 심한 일이었다. 그는 어찌되었든 내가 살아오는 동안 나에게 가장 순수하고 열정적인 신뢰를 보낸 단 한 사람의 어른이었음에 틀림없다.

며칠 뒤, 4월 말쯤이었던 것으로 기억하는데, 나는 장근호 선생의 아들이 일러준 주소를 찾아 그의 집을 찾았다. 그의 집은 성북동 초입에 있는 작지 않은 빌라였다. 낡고 페인트가 군데군데 벗겨져 있는 빌라는 그 뒤로부터 시작되는 높은 담장에 소나무들이 드리워져 있는 집들의 위용에 흠집을 내는 그런 건물이었다. 벽돌로 쌓은 화단에 노란 개나리가 듬성듬성 노란 빛을 터뜨리고 있었다. 금이 이리저리 가 있는 계단참에는 아침에 배달된 신문에서 빠져나온 컬러풀한 광고전단지가 서너 장 떨어져 있었고, 계단을 오르는 벽이며 현관에는 오래된 스티커가 흠집처럼 붙어 있었다.

3층으로 올라가 왼쪽 집의 초인종을 눌렀을 때 나타난 사람은 아들이었다. 지난번 전화 통화에서 나에 대해 미심쩍은 부분이 있다고 생각해서인지 그의 얼굴에는 다소 경계하는 표정이 묻어났다. 하지만 시종 나에 대해 공손하고 예의바른 태도를 잃지 않았다. 뒤따라 나오며 얼굴을 내민 여자는 그의 아내임이 틀림없었다. 그녀는 나를 보자 슬픔과 기쁨이 뒤섞인 알 수 없는 미소를 띠었는데 어디선가 본 듯한 얼굴이기도 했다. 가벼운 목례로 인사를 하고 나자 그들은 나에게 어떤 안도감을 느끼는 듯했다. 내가 그들이 찾는 사람임이 분명하다는 확신에서 나온 태도였을 것이다.

부부는 마치 나를 오래전부터 알고 있었던 사람처럼 가깝지는 않아도 몇 년에 한 번씩은 들러 인사하는 정도의 사람을 대하는 품이었다. 그렇다고 그들의 태도가 불쾌하거나 하지는 않았다. 예전에 선생이 나를 대하던 태도와 비슷한, 다소 일방적인 느낌을 주는 그런 가벼운 신뢰처럼, 그들의 행동은 자연스러웠다. 나는 아직 그들에 대해 그만큼의 호의를 보일 준비가 되어 있지 않았다.

몇 마디 말을 주고받은 뒤 그의 사인에 대해 지나가는 말로 물었을 때 나는 뭔가 어색하고 주저하는 듯한 인상을 받았다. 그의 사망 원인은 고혈압으로 인한 심장마비였다고 했지만 그것은 표면으로 내세우는 사인이라는 걸 금방 알아챌 수 있었다. 생각해 보면 가장 그럴 듯한 것일 수 있었다. 그는 늘 안색이 붉었으며 평소에 술을 좋아하는 듯했다. 그가 어떻게 죽었는지 꼬치꼬치 물을 계제도 아니었고 그럴 이유가 없었기 때문에 더는 묻지 않았다.

선생은 안방을 서재로 쓰고 있었다. 약간 흐릿한 형광등이 켜져 있는 거실과 달리 안방은 조금 밝은 편이었지만 느낌은 더 어두워보였다. 그러고 보니 집안 여기저기 조금 어색한 부분이 없지 않았다. 하지만 뭔가 있어야 할 것이 빠져 버린 듯한, 그게 뭔지 말할 수는 없지만 매우 사소한 많은 것이 빠져 버린 집처럼 보였다. 사람이 사는 집구석에서 흔히 보이는 자잘한 물건이 제거된 집안은 그 자체로도 마치 드라마의 세트와 같은 썰렁함을 드러냈다.

"함께 사셨습니까?"

내가 물었을 때 그들은 동시에 '네'와 '아뇨'로 대답했다. 그게 약간 당혹스러웠는지 여자가 가볍게 웃으며 말했다.

"우리가 모시고 살긴 했는데, 6개월 전부터 따로 나가 살게 되었어요. 그러길 한사코 고집하셔서……."

그녀는 갸름한 얼굴에 뒤로 묶은 머리 때문인지 약간 가냘파 보였다. 얼굴의 비례에 비해 약간 큰 눈, 곧은 콧날 그리고 마른 입술에 화장기 없는 얼굴에는 큰일을 치르고 난 뒤의 지친 모습이 아직 남아 있는 듯했다. 그녀가 말끝을 흐리자 남자가 뒤를 이어 말했다.

"그러지 말았어야 했는데. 아시잖습니까? 워낙 고집이 세신 분이라."

나는 고개를 끄덕였다. 그 말에 동의한다는 뜻은 아니었다. 나는 선생이 고집이 센지 아닌지 잘 알지 못했다. 다만 그가 혼자 있어야 하는, 죽기 전에 혼자 있지 않으면 안 될 어떤 일이 있었을지도 모른다는 생각이 얼핏 들었다.

서재는 그가 기거하는 방이기도 했다. 침실은 건넌방에 따로 있었지만 서재에 간단한 침구가 한편에 있었던 것으로 보아 이곳에서 잠을 잤다는 것을 알 수 있었다. 사방에 들어찬 서가에는 책이 그득했고 그보다 많아 보이는 책이 바닥 여기저기에 쌓여 있었다. 서재로 쓰기엔 작은 방이었지만 노학자가 기거한 곳이었음을 단번에 알 수 있었다. 서재 한가운데는 책상으로 쓰는 넓고 낮은 탁자가 놓여 있었고, 그 위에는 모퉁이마다 서둘러 쌓아 놓은 듯이 보이는 책이 수북했다. 가운데 상자 하나가 덜렁 놓여 있었는데, 한눈에 보아도 그게 나에게 남겨진 고인의 유품이었다.

"이겁니까?"

상자 위에 A4용지를 반으로 잘라 테이프로 붙인 종이 위에는 나의 이름과 주소, 전화번호가 적혀 있었다. 필치는 딱딱 끊어지긴 했지만 가지런하고 유려했다. 얼핏 칠판에 툭툭 날려 쓰던 그의 글씨체가 생각났다. 틀림없이 선생의 것이었다. 그는 죽기 전에 미리 나에게 보낼 상자를 싸 놓은 것 같다. 그렇다면 그는 자신의 죽음을 미리 알고 있었다는 말일까?

나는 상자를 이리저리 살펴보면서 여는 시늉을 했지만 열어 보고 싶지 않았다. 나 혼자서만 알고 있어야 하는 내용이 담겨 있을지도 몰랐다. 나는 그들에게 골고루 시선을 던지며 물었다.

"내용이 뭔지 알고 계십니까?"

그때 내 말투는 어쩌면 범죄의 현장을 이리저리 둘러보는 형사가 피살자의 가족에게 최대한 예의를 갖추어 하는 말투와 닮아 있었다.

"아뇨. 무슨 내용인지 몰라요. 상자 속을 건드리지는 않았어요."

아들이 말했다.

"그런데 어떻게 돌아가셨는지 여쭤 보아도 실례가 안 되겠습니까?"

상자를 확인하고 싶은 그들의 궁금증을 물리치며 짐짓 말을 돌렸다.

"그러니까 보름 아니 벌써 한 달이 다 되어 가네요. 그날 아침에 전화를 드렸는데 통 받지 않으시더군요. 그런 적은 없었습니다. 처음엔 혹시 오랜만에 학교에 가셨나 보다 했죠. 그런데 오후에도 학교에 가시지 않았다는 겁니다. 보통은 저나 집사람이 사흘에 한 번씩은 들렀었죠. 노인네 혼자서 사시는 게, 그것도 남자 노인네가 그러시는 게 쉬운 일은 아니잖습니까. 잘 드시지도 못하는 것이어서 자주 들렀지요. 하지만 아버님께서는 그때마다 오지 말라고 하셨어요. 나중엔 화를 내시기도 했습니다. 그래서 그게 섭섭하기도 하고 점점 내키지도 않아서 그즈음에 저는 통 들리지 못했죠. 집사람만 일주일에 한 번씩 들러 찬거리를 만들어드리거나 빨래를 했는데……. 그날은 뭔가 이상한 느낌이 들어 퇴근하는 길에 들러 들러 봤더니 서재에 바로 이 상자를 끌어안고 엎드려 계셨던 겁니다. 보통 글을 쓰시거나 연구하실 게 많을 때는 서재에서 주무시곤 했거든요. 처음엔 그러신 줄로만 알았는데……. 그렇게 돌아가신 겁니다."

"유언 같은 건 남기시지 못했군요."

"그런 셈이죠. 갑자기 돌아가시게 된 것 같습니다. 하지만 여기 선생께 보낼 상자를 남겨 놓으신 걸 보면 틀림없이 아버님은 죽음을 미리 예감하고 계신 것 같아요. 물론 그때는 그런 생각을 하지 못했습니다. 정신이 없어서 무슨 일을 어떻게 해야 할지 알 수도 없었고 사람들에게 아버님 소식이 알려지면서 문상객들이 들이닥치고 그래서 사흘 후에 그냥 장례를 치르긴 했습니다. 장례식 때 선생께서 오시기를 기다렸습니다. 하지만 경황이 없어서 선생께서 오셨는지 안 오셨는지 그만 잊어버리고 있었습니다. 그리고 장례가 끝난 후에 다시 연락을 드리게 된 것입니다. 택배로 그냥 보내드릴 물건도 아닌 것 같고."

"그런데, 선생께서는 아버님과 어떤 사이셨는지……. 매우 가까운 사이인 것 같은데 저희는 통 모르고 있었어요. 나중에 학교에 있는 아버님 제자분이 오셔서 선생이 자기 동기라고 하더군요. 왜 박지헌 선생 있지 않습니까?"

어떻게 말해야 할지 모르기는 나도 마찬가지였다. 선생과 내가 결코 가까운 사이라고 말할 수는 없었다. 20년 전에는 어땠는지 모르지만 그때도 누가 물었다면 그저 아는 교수님 정도로 말했을 것이다. 그와 나는 개인적으로 만난 적이 없을 뿐 아니라 수업 시간 말고는 대화조차 나눈 적이 없었다. 물론 그것은 말할 수 있었다. 선생과 제자로서 심리적으로 강한 유대감 혹은 신뢰감은 다른 누구보다 깊었다고 말이다.

"예전에 제가 학교 다닐 때 저와 가장 가까운 분이셨지요. 물론 그후로는 먹고 살기 바빠 제대로 한 번 찾아뵙지도 못했지만……."

나를 바라보는 그들의 간절한 시선을 꺾어 버리지 않기

위해서 나도 모르게 그런 거짓말이 튀어나와 버린 것이었겠지만, 기실 가장 가까운 사이라는 게 거짓말이 아닐지도 몰랐다. 서둘러 그 자리를 떠나고 싶었다. 친밀감을 느끼는 낯선 사람들과 함께 오래 있는 건 아무래도 어색한 일이었다. 그들은 함께 살았던 사람의 죽음에 대해 그들이 모르는 사람이 더 많은 것을 알고 있을지도 모른다는 막연한 배반감을 가지고 있을 것이며, 다른 한편으로 그런 나에 대해 죽은 사람뿐 아니라 그들에게도 매우 가까운 사이라는 걸 애써 받아들이고 싶어 하는 눈치였다. 적어도 아들은 그랬다. 하지만 나는 갑자기 주어진 역할을 감당할 수 없었으며, 한시라도 그런 압박에서 벗어나고 싶었다.

조심스럽게 상자의 테이프를 뜯기 시작했다. 최소한 유족들의 궁금증을 뒤에 달고 유품만 냉큼 들고 돌아올 수는 없는 일이었다. 인수인계의 절차를 위해서라도 피차 내용물이 뭔지에 대해서는 확인할 필요가 있었다.

상자를 열자 차곡차곡 어떤 순서에 의해 쌓여 있는 두툼한 노트 그리고 몇 개의 사진과 메모지가 가득한 서류 봉투가 들어 있었다. 말하자면 이 상자는 어떤 주제에 관한 연구 자료를 한곳에 모아 놓은 거대한 파일함이었다. 그런데 알 수 없는 노트와 서류 봉투 위에는 매우 오래된 그러나 낯익은 원고지 묶음 하나가 놓여 있었다. 반으로 접힌, 끝부분이 누렇게 변색되고 또 너덜너덜해진 원고지 묶음을 펼치자 놀랍게도 거기 나의 이름이 적혀 있었다. 그건 나의 대학 졸업

리포트였다. 표지의 아래쪽에 학번과 이름이 또박또박 적혀 있는 400자 원고지 묶음은 틀림없이 나의 것이었다.

갑자기 모든 시간이 한꺼번에 과거로 몰려가 상자 주위에 엉겨 붙은 듯했다. 아파트 반지하의 자취방, 도서관 창가에 쏟아지던 햇빛과 스팀 냄새, 개가실의 누렇게 바랜 책, 자취방의 책상 위에 놓여 있던 자료들. 시간이 방 안을 한 바퀴 돌아 상자에 다시 머물렀을 때 어째서 그 졸업리포트가 거기 있어야 하는지 의문이 먼저 들었다. 선생이 나를 기억하고 있다는 뜻으로, 아니면 알 수 없는 상자의 주인이 나라는 것을 확인하기 위한 증거물로 넣어둔 것일까? 아니면 이 상자에 들어 있는 자료가 나의 리포트와 관련이 있다는 뜻일까?

노트를 한 권 펼쳐 보았지만 논문의 초안처럼 보이는, 잔뜩 주석이 붙어 있고 화살표와 원 등으로 가필된 어지러운 글씨가 있을 뿐이었다. 조금 읽어 보려 했지만 도무지 무슨 내용인지 알 수 없었다. 게다가 맨 위의 노트는 제멋대로 나열된 암호문 같기도 하고 그림문자 같기도 한 이상한 기호로 가득 채워진 것이었는데 도무지 뭐가 뭔지 단 하나도 알 수 없었다. 또 다른 노트는 이런 그림을 나열해 놓고 거기에 주석을 단 것이었는데, 노트의 제목에는 이상한 부호 옆에 '~의 신화'라고 되어 있었다. 노트마다 일련 번호가 매겨져 있었지만 그게 무얼 뜻하는지도 알 수 없었고 각 권마다 작은 목차처럼 보이는 이상한 기호 같은 것이 적혀 있었다. 서류봉투에 들어 있던 사진도 도무지 뭔지 알 수 없기는 마찬가지였다. 무슨 바위를 접사 촬영한 것 같기도 하고 그림문자를 찍은 것 같기도 한데 초점도 맞지 않아 무얼 찍었는지조차 알 수 없었다.

상자의 내용물을 대강 확인하자 내 머리는 더 혼란스러워졌다. 이런 것을 나에게 남긴 이유를 아무리 생각해도 알 수가 없었다. 자료가 무슨 내용을 담고 있는 것인지 유족 역시 궁금하긴 마찬가지였을 것이다. 나는 자료를 순서대로 상자 안에 다시 넣고는 돌아가겠다고 말했다.

"뭔가 아시게 되면 알려주십시오. 혹시 우리가 알아야 하는 게 있다면……"

나는 그러마 하고 그 집을 나섰다. 그리고 곧장 오피스텔로 돌아와 상자 속을 헤집기 시작했다.

/ A

상자는 아무것도 말해 주지 않았다. 자료를 하나씩 꺼내 다시 살펴보았지만 여전히 알 수 없는 암호문으로 가득한 처음 보는 문자와 난수표처럼 얽혀 있는 기호로 가득했고, 이를 해석해 놓은 글을 보아도 무슨 말인지 알 수 없었다. 갑자기 왜 이런 골치 아픈 일이 생긴 건지, 궁금증을 풀 아무런 단서도 없는 자료 뭉치가 눈앞에 놓여 있다는 사실이 답답한 나머지 짜증이 밀려오기도 했다.

선생과 나의 관계는 말 그대로 평범한 사제지간이었다. 그 이상도 이하도 아니었다. 내가 그의 학문을 이을 수제자도 아니었고 이 알지 못할 자료를 연구할 처지도 아니었으며, 내 기억으로는 그를 뒤치다꺼리할 어떤 관계도 맺지 않았다. 혹시 나의 과거에 내가 알지 못할 그와의 더 깊은 관계가 숨어 있을지도 몰랐지만 그것은 내가 알 수도 없는 일이었고 이제 와 새삼스럽게 내가 알아야 할 이유도 없었다. 그런데 선생은 도대체 왜 자신의 죽음 뒤에야 나를 엮어들인 것일까? 혹시 나의 졸업리포트가 그의 자료와 어떤 연관을 가지고 있다는 말인가? 그러나 그건 말도 되지 않았다. 나의 졸업 논문 제목은 〈아래 · 에 대하여〉였다. 아무리 생각해도 그 리포트를 상자 속에 든 이상한 기호와 문자와는 관련지을 수 없었다.

저녁을 대충 우유 한 잔과 남아 있던 식빵으로 해결하면서도 내 머릿속은 도무지 갈피를 잡을 수 없었다. 선생과 관련된 모든 것을 기억하려 애썼지만 떠오르는 게 몇 개 밖에 되지 않았다. 어느 학기이던가. 시험 때였다. 그날 선생은 혼자 시험 감독으로 들어왔다. 보통은 조교를 데려와 시험 문제를 쓰게 했지만 그날 선생은 어찌된 일인지 나를 불러를 칠판에 쓰도록 했다. 그걸 다 쓰려면 족히 30분은 걸려야 했다. 문제를 다 쓰고 시험을 보려면 나에게 남아 있는 시간은 20분이 채 되지 않았다. 하지만 나에게 그건 문제가 되지 않앉다. 판서하면서 나는 답을 미리 떠올렸고 그걸 답안지에 옮겨 적는데 그 정도 시간이면 충분했다. 그 뒤로 시험 때만 되면 나는 늘 문제를 도맡아 쓰곤 했다. 말하자면 누가 보아도 내가 선생의 총애를 받고 있는 학생이라는 건 틀림없었다. 하지만 당시 나에 대한 선생의 관심은 나에게 아무런 감동을 주지 못했다. 나로서는 대학원에 진학해 공부를 계속한다는 것은 꿈도 꾸지 못할 일이었다. 그건 상상 금지 품목이었다.

나는 포기가 빨랐다. 그게 내가 처음 익힌 처세의 방법이었다. 사업이 완전히 거덜난 뒤 스스로 목숨을 끊어 버린 아버지의 시신을 바라보면서 울부짖는 가족들의 절망적인 흐느낌을 견뎌내면서 나는 미래의 모든 가능성을 지워 버렸다. 나의 욕망과 꿈은 늘 적절한 수준에서 조절되어야 했으며 한 차례도 그 이상을 넘어 본 적이 없었다. 그게 행복했다고 말할 수는 없었다. 일상을 꾸역꾸역 메워가는 일이 살아가는 최선의 방법이었을 뿐이었다. 누가 나를 보고 지독한 염세주의자라고 하면 맞는 말이었으며 철저한 현실주의자라고 하면 그 역시 틀린 말은 아니었다.

생각해 보면 그동안 나의 삶은 일에 대한 성취감이나 일상에서 느끼는 사랑 따위의 가치로도 메울 수 없는 깊은 절망의 틈새에 끼어 있었던 것 같다. 그 틈은 어쩌면 후일의 죽음을 통해 저절로 메워질 수밖에 없는 것이었으며, 가끔 여행을 하거나 나의 관심에서 한참 벗어나 있는 분야의 책들을 무심히 들여다보는 일로 덮어 버리려 했다. 그게 이제껏 내가 살아온 방식이었다.

새삼스럽게 발견된 졸업리포트도 그랬다. '아래·에 대하여'라는 제목은 정말 터무니없는 것이었다. 그걸 내가 쓴 이유는 황당한 제목만큼이나 황당한 이유 때문이었다.

졸업 무렵 논문을 제출할 때 나는 이미 취직을 한 상태였다. 졸업 사진(물론 나는 졸업식 사진을 찍은 적이 없었다)이니 논문을 핑계 삼아 서너 차례인가 회사를 빠진 적도 있었다. 학부의 졸업 논문이라야 학위를 받기 위해 필수적인 것도 아니었고 그저 형식적인 절차에 불과한 것이었지만 어떻든 내긴 해야 했다.

아래·에 대해서 쓰려고 한 것은 그게 가장 쓸모없는 것일 거라는 생각이 들어서였다(물론 마음의 다른 한 구석은 그렇지 않았을 것이다). 도대체 점 하나를 가지고 말하는 게, 내가 밥 벌어 먹고 사는 데, 사람들이 살아가는 데, 이 사회와 국가에 대해, 문화와 역사에 대해 무슨 상관이 있다는 말인가? 그런 생각을 했을 것이다. 달랑 '아래·' 하나를 논문의 주제로 삼은 것은 친구들의 그럴 듯한 주제, 이를테면 '구운몽에 나타난 죽음의 의미'라거나 '이상과 육사의 상징 언어에 대하여'와 같이 혹여 약간이라도 살면서 한번쯤 도움이 될 수도 있을 그럴 듯한 주제에 대한 반발이기도 했다. 나에게는 그런 문학적인 내용에 대해서조차 쓸 수 있는 게 거의 없었다. 그리고 보니 정말 나는 아무 쓸모없는 공부만을 골라서

해 왔으며, 아무 애착도 없는 공부만으로 학교 생활을 마친 것이었다. 아래 · 에 대하여 쓰기로 한 것은 그런 짓에 더는 나를 방기하지 않겠다는, 그런 쓸모없는 짓에 마침표를 찍겠다는 심사에서 나온 것인지도 몰랐다. 나는 아래 ' · '를 마침표 ' . '로 삼고 싶었다.

나 자신이 아무리 의미를 둔다고 하더라도 졸업리포트란 표지의 이름을 확인하는 절차가 끝나면 그대로 캐비닛에 처박혀 있다가 곧바로 소각장으로 가 버릴 그런 종이뭉치에 불과했다. 그때 역시 모르지 않았다. 그런데 그 소각장으로 가 사라져 버렸어야 할 리포트가 20년도 더 지난 지금 선생이 유품으로 나에게 남긴 자료와 함께 놓여 있는 건 정말 이해할 수 없는 일이었다.

생각나는 게 하나 더 있다. 졸업식 무렵에 학교 조교가 나의 자취방에 찾아온 적이 있었다. 몇 차례 헛걸음 끝에 퇴근하던 나를 본 그는 대뜸 장근호 선생이 꼭 보자고 하시니 한번 연구실로 들러 달라고 했다. 그때 그러마 하고 말했지만 학교에 갈 틈을 만들지 못했다. 토요일 오후나 일요일에야 시간이 날 수 있었는데(나는 이미 취직으로 바쁘신 몸이었다) 그 시간에 학교에 갈 수는 없는 일이었기 때문이다. 그러다 그만 흐지부지 잊어버리고 말았다. 지금 생각하니 그 논문 때문에 선생이 나를 찾은 것 같다.

선생은 늘 회색 아니면 짙은 갈색의 단정한 정장차림이었다. 강의 노트와 책을 가지런히 끼고 들어와 한치의 흐트러짐이나 우스운 농담 한마디 없이 수업을 시작했다. 그는 학교에서도 깐깐하기로 소문난 선생이었으며, 비교적 젊었을 당시에도 이미 국어학에서 어느 정도 권위를 인정받고 있는 유망한 학자였다. 그는 단 한 차례도 휴강을 해본 일이 없었다. 혹시 나의 논문이 그런 선생에게 어떤 도움을 준 것은 아닐까? 그리고 그 고마움으로 그가 마지막으로 쏟아 부은 소중한 연구 성과를 나에게 넘겨 준 것은 아닐까? 그의 학문적 성취를 내가 완성해 주기를 기대한다는 뜻이었을까? 그건 정말이지 말이 되는 이야기가 아니었다. 나는 이미 고귀한 학문의 전당에서 한참을 떨어져 있는 그렇고 그런 회사원에 불과하지 않은가?

더 이상 생각을 전개할 수 없었다. 갑자기 그 옛날 지워버리고 싶은 순간이 선연히 떠올라 아무것도 할 수 없었다. 순수한 열정을 지닌 한 인간의 호의(죽음 뒤에 무언가를 남기는 것 이상의 호의가 어디 있겠는가?)에 대해 냉소적인 답변만 떠오르는 내가 한심했고, 나의 삶에 대한 이상한 죄책감이 들기도 했으며, 선생에 대해 미안한 마음이 들기까지 했다. 그때 전화가 울렸다. 꽤 늦은 시각이었는데, 시계는 밤 11시를 막 넘기고 있었다.

"늦은 시간에 죄송합니다만, 지금 통화하실 수 있겠습니까?"

여자의 목소리였다.

"누구신지? 아! 어쩐 일이십니까?"

그녀는 낮에 만난 장근호 선생의 며느리였다. 그녀가 그 시각에 전화를 한다는 것은 전혀 생각하지도 못한 일이었다. 그녀는 매우 조심스럽고 주저하는 목소리였지만 단정하고 친근감 있는 어투로 말했다. 얼핏 낮에 본 그녀의 알지 못할 미소가 떠올랐다.

"혹시 저를 기억하시겠어요? 아까 뵈었을 때 저는 한눈에 알아보았는데 저를 전혀 모르시더군요."

선생의 생각으로 머리가 묵직하던 터라 그녀의 말을 듣고도 도무지 무슨 말을 하고 있는지 알아듣지 못했다. 내가 그녀를 알고 있었단 말이지. 그 부음을 받을 때부터 나의 머리에 뭔가 고장이 일어난 게 아닌지, 누군가에 의해 끊임없이 시험을 받고 있는 것이 아닌지 의심을 해야 했다. 나의 기억이 뭉텅이로 잘려 나와 저울 위에 올려진 고깃덩이가 된 것 같은 기분이었다. 이번엔 또 뭘 기억해 내야 한단 말인가?

"모르실 수도 있을 거예요. 제가 장근호 선생의 딸이에요. 자료는 아직 보지 못하셨죠? 그런데 제가 말씀드려야 할 게 있는 것 같아서……. 그래서 전화드렸어요."

이건 또 무슨 말인가? 그녀가 선생의 딸이라니! 또 그녀는 나를 어떻게 알고 있다는 말인가? 뭐가 뭔지 정신을 차릴 수가 없었다. 갑자기 전혀 낯선 세계가 끊임없이 밀려들었고 나의 의지와 관계없이 전혀 다른 세상과 조우하고 있었다.

"무슨 말씀이신지?"

그렇게 물었지만 그녀는 만나서 이야기해야 할 것 같다고 했다. 나쁘지 않은 제안이었다. 나에게는 낯선 세계에서 잠시라도 빠져나와 생각할 틈이 필요했다. 그날은 마치 몇 십년 가두어 둔 기억의 봇물이 터져 손쓸 수 없이 쏟아져 내리는 기분이었다. 침대에 누워 이것저것을, 뒤죽박죽된 과거를, 내가 그토록 잊어버리고 싶어 한 과거를, 내가 알지 못한 과거를 헤매다 잠이 들었다.

∧A

사흘 후 퇴근 시간에 맞추어 그녀가 회사 앞 건물의 2층에 있는 카페로 나와 있었다. 처음 보았을 때의 슬픔과 기쁨이 교차하는 그녀의 미소는 찾아보기 어려웠다. 그녀는 며칠 전본 모습이 아니었다. 옅은 화장을 한 얼굴은 약간 흥분되어 있는 것처럼 보였다.

그녀에 대해서 어떻게 이야기해야 할지 모르겠다. 이 글을 쓰고 있는 지금도 그녀에 대해 어디까지 어떤 식으로 말해야 할지 정하지 못했다. 아직 나에게 어떤 의미 있는 존재로 남아 있을지도 모른다는 막연한 두려움이 그녀에 대해 말하는 것을 주저하게 한다. 모든 걸 되돌릴 수 있다면 그녀에 대해서 말하지 않아도 될 것이다. 선생이 그렇게 죽지 않았다면, 그의 죽음을 나에게 알리지 않았더라면, 선생이 유품을 나에게 남기지 않았더라면, 그날 그녀를 만나지 않았을 것이다. 그녀를 만나지 않았다면 그녀에 대해 말할 이유도 없을 것이다. 그녀를 말하지 않기 위해서는 모든 것이 되돌려져야 했다. 그리고 그것은 있을 수 없는 일이었다.

그날 그녀와 함께 있는 것이 나로서는 신경이 쓰였다. 그녀가 선생의 딸이라는 말이 귓가에 맴돌면서 첫날 나에게 보인 이상한 친밀감이 뒤섞여 들었고, 그리고 그녀에 대한 막연한 호기심이 나로서는 감당할 수 없는 기분을 느끼게 했다. 그녀를 만나기 전에 선생의 상자를 꼼꼼하게 더 살펴야 했다. 하지만 그러지 못했다. 그 다음날부터 회사에서는 유럽 지사 건으로 정신없는 일이 연거푸 생겼고 저녁마다 회의가 이어지지 않으면 약속이 생겨 집으로 돌아와서는 파김치가 되어 버렸다. 며칠 동안 그녀와의 약속을 잊어버린 적은 없었지만 상자의 내용을 알아내지도 못한 채 그녀를 만나야 할 것이 내내 마음에 걸렸다. 뭔가를 말해 주어야 할 것이 있었을 것이다. 약속을 미루자고 했어야 했다. 하지만 그러기엔 너무 늦어 버렸다.

나는 숙제를 다 하지 못한 학생처럼 주눅이 들어 그녀와 마주 앉았다. 커피를 시키고 나서 그녀는 의자에 깊게 몸을 묻고 편한 미소를 지어 보였다.

"당황스러우셨을 거예요. 무엇부터 말씀드릴까요?"

그녀는 나의 궁금증을 모두 다 해결해 줄 것처럼 말했다. 그 말 한마디로 모든 게 역전되었다. 그녀는 어쩌면 모든 걸 알고 있을지도 몰랐다. 그녀와 그녀의 남편이 나에게 보냈어야 할 궁금증은 어느새 내가 그들에게 보내는 호기심으로 바뀌었다.

"그분은 아드님이 아니셨습니까?"

"남편이요? 아들처럼 지냈죠. 제가 외동이라 우리가 모신 것인데 처음부터 그이는 아들이 되기를 자처했어요. 아빠도 그렇게 생각하셨어요. 그래서 결혼한 것이기도 하고요."

"그랬군요. 그런데 저를 아신다고 하셨나요?"

그녀는 대답 대신 웃음을 지어 보였다. 그녀가 잠시 고개를 돌려 창밖을 보았을 때, 옆모습이 낯이 익다는 생각이 들긴 했지만 그건 그녀가 처음 보았을 때보다 훨씬 고운 선을 가지고 있었기 때문일 것이다. 나이를 숨길 수는 없었지만, 둥근 이마를 지나 부드럽게 솟은 콧날 그리고 작지만 또렷한 입술에서 턱을 거쳐 목으로 흐르는 선은 그녀의 아름다움을 그림처럼 그려 냈다. 옅은 화장을 한 그녀의 얼굴에서 가벼운 흥분이 읽혔지만 그것은 그녀 자신이 아름다움을 숨기지 않으려 한 결과일 것이다.

"아버지가 김 선생님에 대한 이야기를 몇 번 하셨어요. 대학교 1, 2학년쯤이었는데, 저도 그 학교 다닌 거 모르셨어요? 영문과였는데. 아버지가 선생님 말씀하실 때마다 전 묘한 질투심 같은 걸 느꼈었죠. 김 선생님을 굉장한 학생으로 말씀하셨거든요. 그래서인지 제가 선생께 호기심을 조금 가지고 있었을 거예요. 그러다가 어느 날 학교에서 우연히 선생님을 보게 되었어요. 강의실에 들어가는 모습을 얼핏 본 건데, 단번에 저 사람이구나 하는 걸 알았어요. 고개를 숙인 채 심각한 표정으로 주위에 눈길 한번 주지 않는 모습을 보고 그냥 그렇게 생각했어요.

어느 날인가는 강의실을 나오는 선생님을 따라 도서관까지 함께 간 적도 있었어요. 그리고 우연히 옆 자리에 앉게 되었어요. 김 선생님은 아무 생각 없이 멍한 표정으로 책만 들여다보고 있었죠. 참 재미없는 사람이구나 하고 생각했죠. 그런데 그 모습이 싫지는 않았어요. 그때 저는 어머니가 돌아가신 지 1년쯤 뒤였는데 뭔지 모를 상실감을 공유하고 있다는 느낌이 든 거 같아요. 이상하죠? 언젠가 제가 말을 건넨 적도 있었어요. 기억나지 않으시죠? 강의실을 물었던 거 같아요. 선생님은 모른다고만 말하고 그대로 가버렸죠. 아! 이런 이야기를 하려고 만난 건 아니었죠, 우리?"

나 역시 우리, 그녀와 내가 무슨 이유 때문에 만나고 있는지를 까맣게 잊고 있었다. 그녀의 나긋하고 발랄한 음색이 과거로 가는 시간 여행의 흔들리는 기차처럼 아득한 기억의 저편으로 빠져들게 했다.

과거를 기억한다는 것은 낯선 일이었다. 나는 평소에 동창회 같은 것을 좋아하지 않았다. 추억이 덧발라진 몽환적인 느낌을 억지로 현재로 끌어들이려는 어색함이 싫었고, 막연히 공유하고 있는 불확실한 기억을 떠들썩한 친밀감으로 얼버무리려는 분위기도 싫었다. 과거는 현재의 과거로 채워지지 않은 한 아무런 의미도 지니지 못했다. 나는 과거를 되돌아보는 어리석은 짓으로 현재를 망치고 싶지 않았다.

하지만 그녀가 이끌고 간 과거는 분명히 나와 관련된 것이었음에도 나의 기억이 아니었기 때문에 거부감을 갖지 못했다. 아니 그런 이유 때문이 아니라 그녀가 말하는 순간부터 그녀가 말하는 모든 것을 거부하지 못했다. 그녀가 나를 알고 있었고 나를 마음에 두고 있었던 것처럼 하는 말이 그녀에 대한 호감을 갖게 된 이유는 아니었다. 그녀는 과거를 이야기하고 있었을 뿐이며 나는 그녀의 과거에 끼어들었을 뿐이다. 단지 그녀의 이야기를 듣는 것이 싫지 않았고 그녀의 과거 속에서 공유된 영역을 나의 과거의 일부로 받아들이고 싶었다. 어쩌면 학교를 졸업한 이후 처음으로 그녀와 그녀의 아버지를 통해 나의 과거 속에서 싫지 않은 영역을 발견한 것 같았다. 기억 속에서 그녀와 나는 과거의 우리였다. 그런 동질감을 그녀가 내게 주었고 그런 그녀를 거부하지 못했다.

아니다. 그때 그런 생각이 들었을 리 없었다. 나는 선생의 죽음에 대해 그의 딸에게 무언가를 들어야 하는 처지였고, 그녀는 아버지의 죽음에 대해 무언가를 말하기 위해 나를 만나고 있었다. 아버지의 죽음을 겪은 뒤에 그녀가 그렇게 초연하게 아무렇지도 않은 듯 자신의 과거를 회상할 수 있는 자리도 아니었으며, 몇 십 년 전의 은사의 죽음을 당혹스럽게 접하게 된 내가 그의 딸에 대해 이상한 생각을 품을 수 있는 자리도 아니었다. 하지만 다시 생각해 보면 그날은 그랬다. 모든 게 갑작스럽고 낯선 일로 시작되고 있어 혼란스러웠지만 그날은 그랬던 걸로 기억한다.

"아버지가 돌아가셨을 때, 아니 먼저 그 얘기부터 해드릴게요. 한 7, 8개월 전쯤에 일이 하나 있었어요. 그때는 우리와 같이 살고 계실 때였는데, 어느 날 아버지가 집을 나가셔서 돌아오시지 않았어요. 밤 12시가 지나고 새벽 2시가 넘도록 오시지 않은 거죠. 그런 일로 저를 걱정시킨 적은 한 번도 없었거든요. 학교 다닐 때 저는 10시가 넘어서 집에 들어가 본 적이 없었어요. 그건 아버지도 마찬가지였구요.

저는 무슨 일이 생긴 게 틀림없다는 직감이 들었고, 날이 밝으면 신고부터 해야겠다고 생각했어요. 그러다 소파에 앉아 깜빡 잠이 들었는데, 그때가 아침 7시쯤 되었을 거예요. 아버지가 들어오시는 거였어요. 그런데 그 얼마나 끔찍했는지 아버지인지 알아보지도 못했어요. 신음 소리를 내면서 쓰러지시지 않았다면, 아버지의 목소리가 들리지 않았다면, 너무 놀라서 그 자리에서 기절했을 거예요. 온몸이 진흙투성이에다가 피로 범벅이 되어 있었는데, 나는 강도를 당했다고 생각했어요. 그이를 깨워 병원으로 아버지를 모시고 달려갔죠.

아버지는 이틀 만에 깨어나셨는데 도무지 무슨 일인지 말씀을 안 하시는 거예요. 처음엔 너무 충격이 커 그러신 줄 알았는데 그 뒤로도 그날의 이야기는 절대 하지 않으셨어요.

그 뒤로 아버지는 달라지셨어요. 말씀도 안 하시고, 무언가
여쭤 보면 화부터 내시고, 결국은 집 밖으로 우리를 쫓아내
셨죠. 처음엔 걱정이 돼 나오지 않으려 했는데, 너무 완강하
신 바람에 도저히 함께 지낼 수가 없었어요. 혹시 왜 그런지
알고 계시나요? 혹시 남기신 자료가 그 일과 관련이 있는 건
아니겠죠?"

나는 대답할 수가 없었다. 아직 미처 자료를 다 살펴보지
못했다고 말했을 때 그녀는 조금 당황하는 표정을 지었다.
그녀는 내가 뭔가를 숨기고 있다고 생각한 모양이었다.

"제가 알아야 되지 않겠어요? 그래도 제가 딸인데 무슨
일로 돌아가셨는지는 알아야 되잖아요? 무슨 일이 있었죠?
그렇죠? 그리고 상자는 뭔가요? 그게 왜 선생님께 남겨진
거죠?"

그녀는 다그치듯 말했다. 갑작스럽게 변한 그녀의 어투가
적잖이 당혹스러웠다. 그런데 그녀가 먼저 잦아들었다.

"천천히 말씀해 주세요. 제가 너무 혼란스러워하나 봐요.
너무나 갑작스러운 일이라……. 이해하시죠?"

나는 고개를 천천히 끄덕이며 그녀를 살펴보았다. 그녀
역시 갑작스런 아버지의 죽음에 대해 놀라고 있는 것처럼 보
였지만, 혼란스러워하는 것은 꼭 그 때문은 아닌 것 같았다.
그녀는 차분하고 빈틈 없는 성격을 가지고 있음이 틀림없었
다. 그러나 그날은 뭔가 허둥대고 있다는 느낌을 받았다. 물
론 그게 뭔지는 나중에 알게 되었다.

"그런데 어떻게 선생님의 졸업 논문이, 그거 졸업 논문 맞죠? 거기에 있었죠? 혹시 아버지가 연구하신 것과 관련이 있었나요?

"그게 그런 게 아니라……"

나는 대답을 하지 못했다.

"나를 기억하고 있다는 의미가 아니었는지……."

아무것도 그녀에게 말해 줄 수 없었다. 그보다 나는 성북동 선생의 집을 찾은 그날 저녁 그녀가 나에게 전화를 해오고 서둘러 나를 만나겠다고 한 까닭에 골몰해 있었다. 그녀가 나를 만나고 싶어 한 것은 분명 두 가지 이유에서였다. 하나는 아버지의 불분명한 사인에 대해 알고 싶은 거였으며, 다른 하나는, 아마 틀림없이, 나를 만나고 싶은 거였다. 그녀는 내가 나중에 그랬던 것처럼 전혀 다른 두 가지 일이 동시에 겹쳐 일어나고 있는 현실에 당혹스러워 했음이 틀림없었다.

근처 식당으로 자리를 옮겨 늦은 저녁을 먹으면서 우리는 일상적인 대화를 나누었다. 그녀는 내가 어떻게 사는지 물었고 나는 그녀에게 그녀의 남편에 대해 물었다. 그녀와 남편은 대학 3학년 때 만났다고 했다. 남편은 다른 교수의 아들이었는데, 경영학과 대학원을 다니던 중 그녀를 만났고 지금은 회계 법인에 다닌다고 했다. 나는 아내와 아들 하나가 있지만 아들의 유학으로 작은 오피스텔을 얻어 혼자 살고 있다고 말했다.

그녀와 헤어지고 난 후 집으로 돌아와 나는 밀린 숙제를 뒤늦게 하게 된 학생처럼 선생의 상자를 풀어 두툼한 노트를 하나씩 살펴보기 시작했다.

2장

때로는 어떤 장황한 말로도 표현할 수 없는 이상한 순간과 맞닥뜨릴 때가 있다. 며칠 동안 겪은 일이 그랬다. 갑작스러운 혼란은 일상적인 삶을 마비시키고 주변의 모든 일에 대해 낯설고 무감각하게 만들었다. 내가 쳐놓은 울타리가 그렇게 간단하게 무너져 버리리라고는 이제껏 생각해 보지 못했다. 과거의 기억이 덧붙여 있는 낯선 상자 하나가 내 앞으로 던져지자 갑자기 현재의 일상은 찰나의 순간에 달라붙어 있는 종이처럼 얄팍해졌고 언제라도 떨어져나갈 수 있는 휴지처럼 너덜너덜해졌다. 나조차 기억할 수 없는 과거에 마주치자마자 나의 현실은 허구로 변했다. 이때만 해도 그 현실마저 미래의 허구로 변해 버릴 것이라는 걸 알지 못했다.

아침에 일어나 샤워를 하고, 옷을 갈아입고, 냉장고를 뒤지고, 가스버너를 켜 프라이팬에 달걀을 풀어놓으면서도 나는 상자 속에 든 알 수 없는 문자와 기호를 떠올려야 했다. 사무실에서도 마찬가지였다. 컴퓨터를 켜고 서류를 검토하고 결재를 하고 회의를 하면서도 집에 두고 온 비밀의 상자 속이 궁금해 미칠 지경이었다. 풀리지 않는 수수께끼를 하나 끌어안고 전전긍긍해야 하는 운명을 타고난 것처럼 갑자기 나의 일과 일상은 저만큼 주변으로 떠밀렸다. 그런데 참으로 이상한 일이지만 그 모든 것이 자연스러웠다. 지극히 평범한 일상의 틈을 비집고 들어온 낯선 사건에 대한 기대감 혹은 과거의 나를 기억하는 여인에 대한 가벼운 호기심이 나의 잃어버린 감각을 깨웠는지도 모르겠다.

상자에는 모두 일곱 권의 노트와 잡다한 종이가 들어 있는 네 개의 서류 봉투가 있었다. 이게 무엇이든, 어떤 의미가 있는 것이든 그렇지 않든, 상자의 비밀은 밝혀져야 했다. 이제껏 보지 못한 낯선 문자가 왜 거기 있어야 하는지, 그 내용은 무엇인지 그리고 그게 왜 나에게 남겨졌는지 알아내야 했다. 그게 나의 과제였다. 퇴근하는 길로 부리나케 달려와 상자를 열고 노트를 하나씩 꺼내 몇 번이나 살펴보았지만 궁금증을 해결할 실마리는 어느 것 하나 찾을 수 없었다. 설령 그 내용을 모두 파악했다 하더라도 그 자료가 왜 나에게 왔는지 여전히 알 수 없었을 것이다.

상자 속 자료는 한 번도 본 적이 없는 고대문자를 일일이 수작업으로 베껴 놓은 노트와 여기에 주석을 달고 해석을 한 연구 노트였다. 처음 페니키아나 수메르의 설형문자일지도 모르겠다고 생각했다. 분명 아주 먼 옛날 고대문자로 기록된 문헌을 옮겨 적은 것이며 신화와 역사를 해석한 자료라는 건 분명했다. 그러나 그뿐이었다. 신화와 역사가 기록된 자료는 미지의 호기심을 불러일으키기에 충분했지만 도대체 그게 나와 무슨 상관이란 말인가?

어느 날 똑같은 일을 반복하다가 답답한 마음에 그만 상자를 뒤집어엎고 말았다. 그 순간 툭 하고 떨어져 나온 한 권의 노트가 있었다. 상자 속에는 내가 미처 발견하지 못한 마지막 노트가 하나 더 있었던 것이다. 어쩌면 그 노트가 없었다면 모든 건 그야말로 미궁 속에 감추어진 채 끝내 아무것도 드러내지 못했을 것이다. 그리고 이 글을 쓰지도 못했을 것이다. 하지만 결국 그 노트가 발견되지 않을 수는 없는 일이었다.

마지막으로 찾아낸 노트는 붉은색의 단단한 커버가 달려 있고 스프링으로 제본된 국배판 크기였다. 몇 번 상자를 열어 보아도 보이지 않던 까닭이 있었다. 노트는 상자 한쪽 면에 세로로 붙어 있었고 그 위를 상자 한쪽 면이 덮어 모든 자료를 꺼내고 상자 뚜껑을 위로 펴지 않았다면 처음부터 발견될 수 없는 것이었다. 그 노트가 어떻게 그곳에 들어 있게 되었을까? 만일 누군가, 틀림없이 선생이었겠지만, 이 노트를 상자에 넣으면서 쉽게 눈에 띄지 않도록 하기 위한 의도가 아니었다면 그곳에 있는 건 이상한 일이었다.

선생은 이 상자를 누군가에게 전달하면서 다른 사람의 눈에 띄지 않도록 주의 깊게 배려한 것이다. 그렇다면 그 노트는 다른 누구에게도, 아마 그의 사랑하는 딸과 아들과 같은 사위에게도 보여서는 안 된다는 걸 뜻했다. 그럼 나는 그걸 보아도 된다는 말인가? 그렇다면 그는 왜 이 상자를 나에게 직접 전달하지 않았을까? 다른 사람이 볼 수 없도록 소포나 택배를 통해 전달할 생각을 하지 않았을까? 혹시 보낼 준비를 하는 동안 사고를 당한 것일까? 아니면 그는 죽는 순간까지도 이 상자를 보내야 할지 말지를 결정하지 못한 것이었을까? 상자의 최종 주인은 정말 나일까?

의문은 여전히 풀리지 않았지만 상자의 마지막 주인은 나여야 했다. 상자 속의 자료와 함께 놓인 나의 졸업 논문이 그걸 말해주는 게 아니겠는가? 선생의 숨겨진 노트가 발견되자 일단 이 자료가 무엇인지에 대한 첫 번째 수수께끼는 풀리는 듯했다.

노트는 선생이 고대문자를 발견하게 된 경위와 문자를 해독하는 과정 그리고 문자가 기록된 점토판이 사라진 상황을 정리해 둔 것이었다. 그러니까 선생이 죽기 전까지 해온 연구의 모든 것을 나에게 전달한 것이었으며 결국 나에게(최종 주인이 나라면) 그가 해 왔던 연구를 완성해 주기를 바라는 것이었다. 하지만 그 마지막 노트를 읽으면서 선생이 원한 것이 그게 아닐 수도 있다는 생각이 들었다. 낯선 고대문자에 대한 연구? 그건 여전히 나에게는 말이 되는 이야기가 아니었다.

∧

그날 나는 선생의 마지막 노트를 읽느라 밤을 꼬박 새웠다. 점토문자를 처음 발견하고 몇 년에 걸친 연구 끝에 해독하게 되는 과정이 비교적 상세하게 기록되어 있는 연구일지이자 비망록이었다. 어찌 보면 단순한 기록일지도 모르는 그 노트에는 나로서는 상상할 수 없는 내용이 들어 있었다.

그 노트를 처음 읽던 그날의 기분을 나는 지금도 생생하게 기억하고 있다. 그때의 전율과 이상한 느낌에 대해 여기서 시시콜콜 말할 까닭은 없을 것이다. 사실 불안과 전율, 번민, 감격, 갈등, 죄책감, 우쭐거림, 회오 이런 감정은 나의 것이 아니었다. 그러나 노트를 한 장 한 장 읽어 가면서 알지 못할 기대감과 호기심 그리고 불안감이 뒤섞이면서 어떤 음모에 휘말리고 있다는 느낌을 지울 수가 없었다.

미리 말하거니와 여기서 그 옛날 나의 은사가 품은 욕망과 그로 인해 벌어진 어처구니없는 결과에 대해서 토를 달아 변명할 마음은 없다. 만일 선생에게 일어난 모든 일을 미리 알았더라면 두말할 필요도 없이 선생의 제안을 눈앞에서 거절했을 것이다. 그러나 내가 그렇게 말할 수 있다고 해서 나

스스로 빠져나갈 구멍이 있다고는 생각하지 않는다. 게다가 이 글을 쓰고 있는 지금은 더욱 그에 대해 어떤 비난을 가할 처지가 아니란 걸 알고 있다. 그 이후에 벌어진 일로 나는 선생을 비난하거나 용서하거나 그의 잘못을 변명할 수 있는 최소한의 자격조차 상실해 버렸다. 지금 내가 할 수 있는 일이란 기껏해야 모든 사태를 적절하고 사려 깊게 정리하여 한 줄로 늘어놓는 것뿐이다. 처음부터 내가 기억할 수 있는 한 모든 것을 세밀하게 말하겠지만, 모든 걸 기억에 의존해야 한다는 건 전적으로 내 탓일 수밖에 없을 것이다.

마지막 노트를 말하기 전에 상자 속의 다른 노트를 꼼꼼히 살펴보는 게 순서일 것이다. 이 노트는 가부루라는 나라의 문자인 조족문鳥足文과 그 문자로 기록한 신화와 역사에 대한 것이었다.

첫째 노트의 겉면에 분명 제목처럼 보이는 글자가 쓰여 있었지만 그것은 알 수 없는 문자였다. 상형문자 같기도 하고 쐐기문자처럼 보이는 글씨가 세 개 적혀 있었는데 노트 겉면의 중간에 1998년 5월 22일이라는 날짜가 적혀 있었다.

첫째 노트를 포함해 맨 위에 있던 세 권의 노트는 이상한 기호 그림, 아니 글자로 빽빽했다. 두 칸에 걸쳐 그려진 문자는 다시 한 칸이 띄어져 있었고 그 사이에는 알아보지 못할 부호와 깨알같이 작은 글씨가 연필로 지저분하게 적혀 있었다. 노트의 겉장은 얼마나 많이 보았는지 너덜거렸고 테이프로 여러 번 꼼꼼하게 붙인 자국이 남아 있었다. 노트 각 장의 끝은 대개 말려 있었는데 뒤쪽에는 작은 종이를 잔뜩 끼워 놓았다. 이 노트가 아마 낯선 문자를 그대로 베껴 둔 최초의 원본이었을 것이다.

세 권의 노트 밑에는 스프링 철로 된 한 권의 노트가 더 있었는데 앞의 노트와 비교해 보니 비슷한 내용이었다. 다시 옮겨 적으려다 그만둔 것 같았다. 넷째 노트는 매우 두툼한 것이었고 거기에는 낯선 문자가 하나씩 풀어헤쳐 있었다. 간혹 구강 구조를 그린 그림이나 격자무늬로 각각의 글자를 써 넣고 그 밑에 숫자를 적은 것으로 보아 글자의 음성적 구조를 추정하거나 글자 수를 통계내려고 한 것으로 보였다. 글자의 제자 원리를 찾기 위한 것처럼 보였는데, 노트의 뒤쪽으로 가면 거의 문자의 구성 원리를 확신하는 듯 동일한 문자가 반복해서 그려져 있었다.

다섯째 노트는 '가부루의 신화'라는 제목이 붙어 있었다. 그것은 한 문장으로 보이는 문자를 그려 넣고 그 밑에 주석을 붙여 놓은 것이었다. 하단 혹은 그 다음 페이지에는 우리말로 된 해석이 적혀 있었는데 어떤 경우에는 몇 개의 해석이 동시에 적혀 있었다. 하지만 페이지를 넘길수록 주석이 점점 줄어들어 노트는 비교적 깨끗해졌는데 나중에는 문자의 한 문장과 이를 해석한 문장이 일대일 대응으로 적혀 있는 것으로 보아 한눈에도 문자에 대한 독해가 거의 완전한 단계에 이르렀음을 보여 주었다.

여섯째 노트와 일곱째 노트는 비교적 단순하게 기록되어 있었다. 문장 하나와 이에 대한 해석으로 이어진 노트는 처음부터 끝까지 일관되어 있어 아마 이것을 독해했을 때는 이미 완벽한 경지에 이른 것으로 보였다. 이 노트에는 각각 '가부루의 역사 1, 2'란 제목이 붙어 있었다. 이 노트는 가장 읽기 어려웠다.

다섯째 노트가 비교적 정제된 글씨체로 적혀 있는 것은 몇 번의 초고를 거친 뒤 어느 정도 완성된 상태로 정리했기 때문이었다. 이에 반해 여섯째 노트와 일곱째 노트는 초고인 것 같았다. 그가 조족문을 완벽하게 해독할 수 있었다고 하더라도 여러 해석이 가능한 표현에 대해서 단번에 완전한 문장으로 만들어 내기는 불가능했을 것으로 보였다. 그래서 제6, 제7의 노트는 해석이 어색하고 문장이 되지 않은 글로 가득했다.

다섯째부터 일곱째 노트는 이른바 해석본이었는데, 그가 독해한 글만 따라 읽다가 이게 단순한 신화와 역사 이상일 것이라는 생각이 들었다. 특히 신화는 매우 간단하고 짧았기 때문에 그 내용이 한눈에 들어왔는데, 어디서 들어 본 적도 없었거니와(하긴 나는 그리스·로마 신화조차도 제대로 읽어 본 적이 없었다) 얼핏 읽어본 그 내용은 도저히 고대의 신화라고 하기에는 이상한 부분이 많았다.

상자 속에 든 자료를 정리하면서 어렴풋이나마 내용을 확인하고, 그가 남긴 비망록을 통해 그 사건(그렇다! 그건 하나의 사건이었다)에 대해 정리하는 데 대략 달포가 걸렸다. 그리고 그해 여름휴가 일주일은 오롯이 선생의 자료를 정리하는 데 보내야 했다. 그의 행적이 기록하는 대로 자료를 다시 날짜별로 정리하고, 비망록에 적힌 그의 일지와 대조하면서 문자를 처음 기록한 노트를 순서대로 나열하고, 이를 해석한 노트를 정리하는 작업에 모든 시간을 쏟아 부었다.

그의 기록은 1998년 3월 6일부터 시작된다. 아마 그가 최초로 문자에 대해 들은 이야기를 기록한 시점일 것이다. 그는 그로부터 2003년 2월까지의 일을 비교적 상세하게 기록했다. 그러나 어떤 때는 며칠 연이어 기록되어 있기도 하고, 어떤 때는 무려 6개월의 틈이 벌어져 있기도 했다. 비어 있는 날의 간극을 메우기 위해 나는 노트를 몇 번씩이나 읽어야 했고 때로는 문장 하나를 수십 번이나 반복해 읽어야 했다.

지금부터 처음 선생의 자료와 비망록을 읽고 정리한 기록을 근거로 그에게 일어난 일에 대해 이야기할 것이다. 사실 그의 이야기를 이런 식으로 밝혀야 하는지에 대해 아직 확신이 서지 않는다. 그러나 다른 선택이 없다면 모든 걸 있는 그대로 밝히는 것 이외의 다른 방법이 있지 않을 것이다. 그게 어쩌면 이 글을 읽어 주는 사람들에 대한 최소한의 배려일 것이다. 그리고 지금에서야 드는 생각이지만 선생 역시 누군가가 자신에게 일어난 일을 낱낱이 드러내 주기를 바랐을 것이다. 비록 그게 이런 식은 아니었을 테지만 말이다.

Λ

　장근호 선생의 운명을 파멸로 이끈 계기는 아주 단순한 이야기에서 시작된다.

　그가 친구인 지질학과의 김동일 교수를 만난 건 1998년 3월 6일이었다.* 그에게서 매우 흥미로운 사실 하나를 듣게 된다. 6년 전 여름(그러니까 1992년쯤일 것이다) 김 교수는 탐사를 계획하고 있던 동굴을 찾아가다가 우연히 작은 동굴 하나를 발견하게 되었다고 했다. 거기 동굴 벽에 새발자국 같은 게 찍혀 있는 걸 보았다는 것이다.

　며칠 후 선생은 친구에게 전화를 걸어 동굴의 위치를 물으며 함께 가 보자는 제안을 한다. 하지만 그 무렵 김 교수는 학회의 일로 바빴기 때문에 약속을 지킬 수 없었다. 실제로 선생은 혼자 고성을 찾게 되는데, 그즈음의 메모에는 다음과 같은 기록이 남아 있다.

　"고성 북동쪽→6, 7킬로 미산면 외서리 초입(다리)→오른

---

* 내가 김 교수를 만난 건 그 해 2003년 여름휴가의 끝 무렵인 8월 20일경이었다. 김 교수는 처음엔 동굴마저 잘 기억하지 못했다. 선생과의 일 역시 간신히 기억해 낸 단편적인 사실뿐이었다. 그 역시 선생이 무슨 일을 하고 있었는지 알고 있지 못했으며, 게다가 선생이 동굴을 혼자 찾아갔으리라곤 상상도 하지 못했다고 말했다.

쪽 아스팔트 포장길→1킬로 비포장 뒤→농로(아스콘포장)→ 넉바위 2백 미터(중미산 입구)→오른쪽으로 산으로 올라가는 작은 등산로→능성이 북서쪽 1킬로→좌측 아래쪽으로 이어 진 절벽."

이 메모는 틀림없이 김 교수와 통화하며 옮겨 적은 동굴의 위치였을 것이다. 메모에 적혀 있는 중미산은 나 역시 처음 들어 본 산이었다. 비무장지대 근처에 있어서기도 하겠지만 관광지도 아니고 특별하게 사람이 꼬여들 만한 요소가 전혀 없는 평범한 산이다. 그 산에 동굴이 있었나 본데 실제로 그가 중미산의 동굴을 찾았을 때는 5월 28일이었다. 그 날짜의 비망록에는 동굴의 위치와 형태가 비교적 자세하게 그려져 있다.

"동굴을 찾는 건 그리 어렵지 않았다. 절벽 사이를 내려가는 길이 죽 이어졌다. 마치 누군가가 만들어 놓은 것처럼 교묘하게 낭떠러지를 피해 내려 갈 수 있는 길이었다. 절벽을 내려와 오른편으로 가니 북동쪽으로 이어진 길이 나타났다. 그곳은 원래 길이 아니지만 절벽에서 부스러진 돌이 쌓여 마치 담벼락을 끼고 있는 길처럼 보였다. 그곳을 따라 50미터쯤. 아래쪽에 약간 깊은 계곡 비슷한 곳이 나타났다. 동굴 입구였다.

나무덤불로 가려져 있고 아래쪽에서는 접근이 불가능한

곳이라 반드시 그 위에서 돌아들어가야 하는데 그냥은 찾기
쉬운 곳은 아니었다. 그 왼쪽 아래쯤에 제법 큰 노간주나무
가 하나 서 있었다. 친구는 근처에서 향나무를 보았다고 했
는데 바로 그 노간주나무를 말하는 것임이 틀림없었다. 동굴
은 반쯤 열린 입처럼 보였다. 둥근 호처럼 생긴 지붕돌을 양
쪽의 둥근 돌이 받치고 있었다. 그 위에는 칡넝쿨과 다래넝
쿨이 잔뜩 올라앉았고 입구는 약간 펀펀했지만 앞뒤로 서너
걸음에 불과했다. 그 밑은 다시 완만한 절벽이다. 동굴은 산
정상보다는 아래쪽에 가까웠다.

동굴은 약간 머리를 숙여야 들어갈 수 있었다. 고개를 숙
인 채 스무 걸음 정도 들어가면 갑자기 좌우가 좁아진다. 그
끝에 왼편으로 꺾여 들어가는 입구. 거기가 진짜 동굴 입구
다. 동굴은 밖에서 보기엔 그저 움푹 파인 것처럼 보였고 그
끝으로 가지 않고는 새로운 입구를 발견할 수 없게 되어 있
었다."

동굴 안은 '정방형은 아니었지만 비교적 반듯한 편'이었
고, '바위와 흙이 맞물린 곳에 이끼 낀 흔적이 있긴 했지만 동
굴치고는 상당히 건조한 편'이었다. 그가 동굴에서 새발자국
무늬를 찾긴 했다. 동굴의 오른쪽 비스듬한 바위벽에 '확인할
수 있는 그림이 열두세 개' 정도였으며 '좌우와 중간 부분은
훼손된 것'처럼 보였다. 문자처럼 보이긴 했지만 너무 희미했
다. 그가 처음 동굴 속에서 찾은 것은 그게 다였다.

나는 처음부터 왜 그가 자신의 분야와 관련이 없는 다른 고고학적 유물에, 아니 그 이상한 그림에 집착하게 되었는지 이해할 수 없었다. 비망록에 의하면 그건 선생도 마찬가지였다. 그때까지도 그 역시 자신을 동굴로 이끈 인력의 실체가 무언지 알지 못했다. 그가 찾은 동굴 안은 '쾌적하고 편안해서 마치 어릴 때 꿈꾸던 비밀의 방을 가진 것 같은 기분 좋은 느낌'이 들게 했다. 누구도 손대지 않는 미지의 세계에 대한 동경이었을까? 동굴 안에 적혀 있는 낯선 글자는 그 세계로 들어가는 비밀의 암호였을까?

"이상한 기분에 휩싸였다. 얻어낸 것은 아무것도 없었지만, 혼자 비밀의 방에 숨어 있다는 생각만으로 잠깐이나마 행복한 느낌에 사로잡혔다. 고개를 바위에 대고 지긋이 눈을 감고 오랫동안 그렇게 있었다. 그리고 막 일어나려고 눈을 뜨는 순간 바로 머리 위 뒤쪽으로 바위와 바위가 맞물린 위쪽에 삼각형의 작은 구멍을 보게 되었다. 동굴이 만들어질 때부터 있던 자연적인 틈이었다. 반쯤 기어올라 머리를 들이밀고 랜턴을 안쪽으로 비춰 보니 자연적인 동굴이긴 했지만 바닥에 흙을 다져놓은 듯이 판판했고 열 평은 족히 넘어 보였다. 그 안에 뭔가 구조물처럼 보이는 것이 있었다. 분명히 사람 손으로 만들어 놓은 것 같은 물체였다. 올라가 보니 기와 같은 얇은 판을 쌓아 놓은 것이었다. 한쪽이 무너지긴 했지만 비교적 가지런히 세로로 켜켜이 쌓여 있던 돌판 같았다. 그래서 그 방은, 그 곳은 방이라고 불러야 적당한 곳이었는데 마치 서가처럼 보였다.

기와처럼 생긴 판을 하나 조심스럽게 꺼냈는데 이리저리 살펴보다가 하마터면 놀라서 떨어뜨릴 뻔 했다. 눈을 의심하지 않을 수 없었다. 한쪽은 밋밋한 점토판이었지만, 한쪽에 무수히 많은 새발자국이 찍혀 있었다. 분명 새발자국이었다. 다섯 줄 정도가 나란히 찍혀 있었는데, 그건 단순한 새발자국이 아니라 글자였다. 다른 것을 살펴보아도 비슷한 그림이 새겨져 있었는데 그 배열이나 모양이 모두 달랐다. 그건 모두 문자였던 것이다."

그는 이 일을 동굴을 찾은 며칠 뒤인 6월 2일자에 적어 놓았다. 그는 동굴에서 낯선 문자가 적힌 점토판을 발견하고도 스스로 믿어지지 않았다. 정말 그게 문자라면 어느 시대의 문자라면, 그건 역사를 뒤집어 놓을 만한 엄청난 발견일 것이다. 하지만 말이 되는 이야기가 아니었다. '도대체 그런 산 속의 작은 동굴에서 낯선 문자가, 한 번도 이 세상에 존재하지 않은 문자가, 단지 몇 개의 파편이나 흔적이 아니라 무더기로 발견된다는 것은 도저히 있을 수 없는 일이지 않은가?'

그는 우선 점토판에 대한 개략적인 조사를 시작했다.

"점토판 하나의 크기는 사방이 대략 담배 두 갑 반 정도의

길이다. 두께는 일정하지 않았지만 1~2센티미터 정도다(그
가 나중에 다시 기록한 셋째 노트에는 점토판의 그림과 함께 가로
세로가 23~28센티미터 두께가 1.3~2.2센티미터 정도라고 적혀 있
다). 점토판은 어떤 건 초벌구이가 되어 있는 듯하고 어떤 건
그대로 말린 것 같다. 모두 세 단으로 쌓여 비스듬히 포개져
있는데, 동굴 왼편의 것은 모두 무너져 내렸다. 온전히 남아
있는 것은 가운데와 오른쪽 부분이다.

무너져 내린 부분을 손으로 헤쳐 파편을 몇 개 주워보니
손을 대자마자 으스러져 버린다. 초벌구이가 된 것은 비교적
단단한 편이어서 쉽게 부서지지는 않는다. 끝을 만져 보니
그것 역시 매우 부서지기 쉬운 상태다. 점토판의 수는 대략 3
백 5십 개 정도. 점토판 위쪽과 바닥에 무수히 많은 파편이
있어서 실제로 그것을 조합하면 4, 5백 장은 되어 보인다.

점토판의 글자는 쐐기문자와 비슷했지만 전혀 다른 체제
로 쓰여 있다. 글씨도 쐐기문자처럼 눌러서 찍은 게 아니라
마르기 전에 긁어서 굳힌 것처럼 보인다. 몇 개를 밖으로 가
져 나와 종이 위에 옮겨 그렸다."

그날 그는 날이 어두워지기 시작했기 때문에 서둘러 내려
올 수밖에 없었다. 동굴의 문자를 발견할 때의 흥분 때문인
지 비망록에는 몇 페이지에 걸쳐 그 감동이 비교적 상세히
적혀 있었다. 그날 그가 베껴 온 그림은 모두 다섯 판이었다.
점토판마다 각각 40~50자였고 모두 2백 5십 2개의 글자였

다. 처음 그가 동굴에서 발견한 문자를 필사한 것이 바로 첫째 노트였다.

그는 집으로 돌아와 노트에 옮겨 온 그림을 들여다보기 시작했다. 분명 그것은 일정한 규칙과 배열로 이루어진 문자가 틀림없었다. 문자는 얼핏 복잡한 듯 보였지만 매우 단순한 몇 가지 원리로 만들어졌다. 그림 하나하나마다에는 어떤 표시가 되어 있었다. 원으로 몇 글자(하나를 한 글자로 본다면)씩 둥글게 닫아 놓은 것도 있고, 글자 위에 밑줄이나 윗줄을 그어 놓은 것도 있고, 글자의 어느 한쪽에는 점이 한 개 또는 두세 개씩 찍힌 것도 있었다.

그는 "문자들은 점토판을 처음 보았을 때 그랬던 것처럼 어떤 말들을 들려주는 듯했다"고 비망록에 적었다. 그 의미는 전혀 알 수 없었지만 약간의 제자 원리만 파악하면 금방이라도 해석될 것 같은 그런 생각이 들었던 것이다.

𝔸

처음 동굴을 찾은 그날로부터 몇 주가 지난 후인 그 해 7월 15일경에 그는 다시 동굴로 향했다. 물론 혼자였다. 동굴의 위치를 알려준 김동일 교수에게조차 자신이 동굴에 간 사실을 알리지 않았다. 그는 혼자서 모든 준비를 완벽히 끝냈다. 그는 동굴에 가서 '점 하나 선 하나까지 세밀하게 그려 넣을 작정'이었다. 7월 21일의 비망록에는 동굴을 다시 찾은 그가 점토판의 문자를 옮겨 적으며 느낀 며칠 동안의 감동과 희열을 이렇게 기록하고 있다.

"손을 대면 바스라질 것 같았다. 얇은 책받침을 점토판 사이에 끼워 넣고 다시 두툼한 노트로 받침을 만들고 조심스럽게 들어낸 다음 솔로 먼지를 털어 내고 문자를 옮겨 그리기 시작했다.

미세한 먼지가, 수백 수천 년 아니 얼마인지도 모를 긴 시간을 켜켜이 내려앉아 있던 먼지가 불빛에 반짝였다. 어둠으로 고립된 작은 빛의 공간 속에서는 숨조차 쉴 수 없었다. 호흡은 시간 속에 더욱 미세하게 갈라졌고 손끝은 허공에서 섬세하게 흔들렸다. 시간의 먼지 알갱이가 살아있는 생명처럼 춤추는 곳에는 갈색의 흙판이 황금색으로 빛났다. 종이 위에 하나씩 그려지는 글자는 저절로 꿈틀거리며 기어 다녔다.

나는 마치 신들의 음성을 받아 적는 황홀한 사제처럼 무아의 침묵과 장엄한 고독과 공포스런 기적의 현장 속으로 점점 빨려 들어갔다."

"건전지를 여분으로 서너 개 가져가긴 했지만 하루를 버티지 못했다. 고성으로 내려와 허름한 여관에서 하룻밤을 묵은 후 다시 올라갔다. 그렇게 작업은 나흘인가를 지속해야 했다. 힘든 일이었다. 하지만 점토판을 하나씩 옮겨 적을 때마다 모든 것, 거기 새겨져 있는 미지의 세계를, 무한히 펼쳐질 새로운 세계를 내 것으로 만들 수 있다는 희열로 힘든 줄을 몰랐다. 손가락이 굳어 잠시 펴는 순간에도 나의 눈은 문자가 패인 진흙의 깊은 틈을 벗어날 수 없었다. 서너 시간마다 동굴 밖으로 나와 깊은 호흡을 하는 동안에도 문자는 날파리처럼 눈앞에 날아다녔다. 나중에는 그려 넣는 속도가 매우 빨라졌다. 어느새 나는 점토판에 새겨진 문자를 모두 파악하기 시작했고, 한 번 보면 다시보지 않고도 몇 개씩 그려 넣을 수 있었다. 마치 신들린 무당이 잡고 있는 신대처럼 나의 손은 마구 흔들리며 글자를 그려 냈다. 그것은 글자가 어떤 규칙, 나도 아직은 알 수 없었던 분명한 어떤 원리에 의해 이루어진 문자라는 걸 알려 주는 사실이기도 했다."

그는 점토판의 문자를 전부 옮겨 적을 수는 없었다. 부서진 조각도 많았다. 모두 이어 맞추며 작업을 하려면 몇 달은 걸렸을 것이다. 하지만 근 3백 장 가까운 점토판을 옮겨 놓을 수 있었다. 그것으로 충분했다. 그는 조사를 마친 동굴의 작은 방을 최대한 원형대로 복원해 놓았다. '조심스럽게 다시 쌓아 올리고, 털었던 먼지를 다시 올리고, 쓸데없이 찍혀 있는 발자국을 지우고 그 자리에 흙먼지를 덮었다.' 물론 그가 그렇게 완벽할 필요는 없었다. 어차피 공개하기 전에 살펴본 흔적은 남아 있어야 할 테니까.

그리고 그는 전리품을 챙겨 집으로 돌아왔다. 그때까지도 그는 동굴에 대해 본격적인 학술 조사를 할 생각이었다. 그러나 지금 어느 누구도 가부루의 문자나 신화에 대해서 알고 있지 못하듯이, 그는 발굴 조사에 대한 발표나 보고를 하지 않았고 이후로도 공개적인 학술 조사는 없었다. 나는 그가 동굴을 공개하지 않은 이유가 궁금했다. 문외한인 나의 상식으로도 그건 의문이었다. 그의 비망록에는 그 이유를 어렴풋이 짐작케 하는 몇 구절이 있기는 했다. 느닷없이 노학자의 글이라고는 믿기지 않는 사랑에 대한 글이 있었는데, 아마 그즈음 문자에 대한 소유욕이 그의 깊은 곳에서 자리 잡기 시작했을 것이다.

"사랑은 소유의 쾌락이거나 쾌락의 소유다. 사랑에 대해 어떻게 말해도 다 그럴듯하게 들리는 까닭은 사랑은 항상 불완전한 것이기 때문이다. 모든 사랑은 불완전하다. 사랑하는 사람은 어떤 경우에도 자신의 연인을 완전히 소유할 수 없다는 것을 발견하게 된다. 연인들이 사랑을 하면서 끊임없이 갈망하는 까닭은 아무리 가까워져도 미진하고 아무리 채워도 부족한 부분이 남아 있기 때문이다. 그건 당연한 일이다. 하나의 주체는 다른 주체와 일치될 수는 없다. 만일 그럴 수 있다면 완전한 사랑은 가능할지 모른다. 그건 한 주체에 대해 다른 한 주체가 완전히 소멸할 경우를 말하는 것인데, 그건 불가능한 일이다. 그래서 사랑은 늘 불완전한 소유의 형태로 남아 있을 수밖에 없다. 그것이 사랑에 빠진 사람들이 불안에 시달리게 되는 이유다. 사랑은 불안의 쾌락이며 쾌락의 불안이다."(8월 29일자 비망록)

왜 갑자기 그가 이런 글을 쓰게 되었을까? 나는 처음 선생이 사랑에 빠져 번민한 것으로 생각했지만 그건 말 그대로 뜬금없는 상상일 뿐이었다. 상상이 아니라 사실이었다고 하더라도 여기서 그걸 따질 일은 아닐 것이다. 그의 번민은, 내 추측이 틀리지 않는다면, 고대문자의 발견과 이를 공개하지 않은 사정과 관련이 있었을 것이다. 바로 며칠 뒤에 적은 일기에는 그가 고대문자에 대한 집착 때문에 불안해하던 심리가 솔직하게 드러나 있다.

"그 문자를 사랑하게 되었다. 그렇다. 새발자국에 대해 완전한 소유의 욕망을 숨길 수 없다. 학문적 호기심, 진리에 대한 끝없는 갈망, 그건 낯간지러운 수사일 뿐. 그것은 그럴듯하게 포장된 합리화일 뿐이다. 학문의 성취 뒤에는 언제나 속일 수 없는 배타적 소유의식이 지배한다. 대상으로 삼고 있는 영역에 대한 배타적이고 독점적인 소유 욕구, 그게 학문적 호기심이라고 부르는 심리의 원천이다. 연인들이 불안해하고 거기서 질투를 만들어 내는 것처럼 타인과 공유할 수 없는 독단의 심리, 소유를 침해당할 것 같은 불안감, 그게 나를 지탱한다. 아마 옛날 어떤 젊은 친구가 써놓은 논문에 대해 느낀 감정 역시 그런 것이었으리라. 진리를 전유하고 싶은 욕망, 그게 학문에 전념하는 학자의 길이다. 문자를 전유하고 싶은 욕망, 다른 사람과 공유하고 싶지 않다는 생각으로 마음이 어지럽다. 그럴수록 그 문자의 마력에 빠져든다. 불륜의 사랑처럼 음험하고 그래서 더 일탈의 심리를 자극하는 그런 것과 비슷하다고 할 수 있을까?"(9월 5일자 비망록)

ᴵ⫚

그는 문자에 대한 연구가 끝날 때까지 동굴에는 다시 가지 않았다. 문자를 어느 정도 해독한 뒤에 동굴에 대해 공개하기로 한 것 같았다. "문자를 해독하는 비밀의 열쇠를 갖게 되는 순간이 되면 언제든지 동굴의 문은 다시 열릴 것"이라고 그는 어디엔가 적어 놓았다. 문자의 비밀을 풀 수 있다면 동굴과 관련된 모든 것, 고고학적 내용조차 전유할 수 있게 될 것이었다. "동굴의 연대 추정이나 역사적인 배경 그리고 그 나머지 고고학자들이 하는 과학적 조사란 그에게는 부차적인 것"에 불과했다. 그는 한동안 그 동굴의 문자를 완전히 전유하고 있는 기쁨으로 충만해 있었다. 즐겁고 행복한 나날이었다. 그는 문자를 해독하는 데 하루의 대부분을 보냈다.

그 뒤로 대략 6개월 동안 비망록에는 단순한 연구일지 형식의 내용만이 담겨 있다. 그가 찾은 자료와 연구의 범위 혹은 문자에 대한 여러 가지 학설을 메모한 것이 대부분이다. 조족문에 대한 연구는 거의 집에서만 했다. 학교에서는 언어학이나, 문자학, 고고학, 역사학 등의 관련 자료를 뒤지거나 조사하는 작업을 주로 했다. 그러나 조족문—그는 그 새발자국 문자에 조족문鳥足文이라는 명칭을 붙여 주었다—은 쉽게 해독되지 않았다. 문자의 원리나 기원에 대한 책과 심지어 암호해독과 같은 자료를 모조리 구해 연구를 했지만 점토문자는 좀처럼 그 비밀의 문을 열지 않았다. 물론 그의 미래를 열어 줄 점토문자의 자물쇠가 그렇게 쉽게 풀릴 거라고는 처음부터 기대하지 않았다.

어찌 보면 조족문은 단순한 원리에 의해 만들어진 것 같은 간단한 문자 체계였지만 문자의 원리와 체제를 풀었다고 문자를 해석할 수 있는 건 아니었다. 새로 발견된 고대의 문자가 쉽게 풀리는 경우는 없었다. 근동에서 사라진 고대 국가인 히타이트 어를 보아도 그랬다.* 1891년부터 1905년까지 아카드 어(바빌로니아 어)와 아르자와 어 등 히타이트의 문서와 유적지에서 설형문자로 된 점토판이 발견되면서 히타이트라는 고대 국가가 주목받기 시작했다. 그러나 그때까지

---

*노트에 기록되지 않은 또 다른 자료, 서류봉투 속에 든 파일에 정리한 히타이트에 대한 자료를 보면, 히타이트는 19세기 중반까지만 해도 그 실체가 전혀 알려지지 않은 미지의 고대국가였다.

도 히타이트 문자는 해독되지 않았다. 사라진 언어를 기록한 문자는 그에 상응하는, 이미 알려진 다른 문자에 동일한 내용이 담긴 것이 발견되지 않는 한 독해가 불가능하기 때문이었다.

그런데 히타이트 어는 뜻밖의 계기로 해독되었다. 기원전 약 1286년경 히타이트는 시리아의 영유권을 둘러싸고 이집트와 역사상 유명한 카데시 대결전을 벌였다. 전투가 끝난 15년 후 히타이트와 이집트는 세계 최초의 평화조약인 우호조약을 맺었다. 그로부터 3천 년이 지난 뒤, 바로 그 조약 내용이 기록된 유물이 이집트의 카르낙 신전에서 발굴되었다. 그리고 거의 비슷한 시기에 히타이트 제국의 수도 핫투샤에서 이집트 신전의 벽에 쓰인 조약의 내용과 같은 점토판이 발견되었다. 바로 이 점토판이 히타이트의 왕인 하투실리가 지니고 있던 조약서였다.

그후에야 비로소 히타이트 문자가 해독되기 시작했다. 조약문이 이중 언어, 즉 이집트와 히타이트 어로 쓰여 있었기 때문에 이집트 어를 통해 히타이트 어를 해석하게 된 것이다. 고대 이집트 어는 현재 사용하고 있는 언어의 원류이기에 비교 해석이 가능했다.

조족문자의 주인 역시 히타이트와 비슷하게 사라진 고대 국가였는지도 몰랐다. 그렇다면 조족문자에 상응하는 어떤 문자가 있을 수 있을까? 그는 상대 갑골문이나 심지어는 기원이 의심스러운 가림토문자나 일본의 신대문자를 떠올렸지만 그것은 일고의 가치도 없는 일이었다. 적어도 한반도 주변에서 조족문자에 대응하는 문자가 나올 수 있을 어떤 가능성도 없었다. 그는 절망했다. "비교할 다른 문자가 없다면 점토문자는 원천적으로 해독이 불가능하다는 것을 뜻했다. 해독이 불가능한 문자! 결국 열쇠도 없이 자물통만 가지려 했던가?" 그해 10월 17일의 기록이다. 그의 말대로 "처음 문자의 원리를 알면 저절로 내용을 파악할 수 있을 거라는 생각은 판단 착오였다." 그의 비망록에 여러 번 반복되듯이 그는 자신의 욕망 때문에 스스로를 괴롭히는 어리석음에 대해 생각해 보기도 했다. 그는 몇 번이나 동굴과 문자를 그대로 공개할 생각을 하기도 했다.

그러나 그는 결국 점토문자에 대한 독해에 접근한다. 언어학이나 문자학에 대해 문외한인 나로서는 그가 어떤 방법으로 세상에 알려지지 않았고 비교할 다른 어느 문자도 존재하지 않은 문자를 독해할 수 있었는지를 파악하는 일조차 쉽지 않았다. 그의 비망록과 노트를 꼼꼼히 훑어보면 그가 조족문을 해결하기 위한 일련의 방법을 진행한 것으로 보이지만 그의 연구 방법을 추론하는 일조차 나로서는 벅찬 노릇이다. 지금으로서는 어렴풋이나마 내가 이해한 내용을 여기에 적어 놓을 수밖에 없다.

그는 조족문의 문자가 표음문자와 표의문자가 뒤섞인 구조라는 것을 알게 되고, 소리 글자에서 기본형으로 추정되는 네 가지 글자의 변형으로 조합되어 있다는 사실을 발견하게 된다.

"조족문의 글자가 상형문자는 아니지만 상형에서 비롯된 기본적인 네 가지 요소로 구성되었음을 알 수 있다. 만일 상형에서 비롯된 네 가지 요소라면 그것은 조족문을 쓴 사람들의 세계관을 반영하는 기호 체계일 것이다. 이를테면 한글이 소리글자임에도 기본 모음 ㆍ, ㅡ, ㅣ가 하늘과 땅과 사람의 상형에서 비롯된 것처럼."(1999년 2월 3일의 비망록)

그는 조족문도 한글의 모음 체계처럼 세계를 구성하는 기본 원리를 기호로 전환했을 거라고 확신했다. 세상을 구성하는 네 가지 요소로 추측되는 게 무엇인지를 밝혀낸다면 문자의 독해에 한걸음 다가설 수 있을 것이었다. "점토문자를 구성하는 기본적인 기호, 우주와 만물을 구성하는 요소, 원시적인 혹은 고대의 관념 체계에서 비롯된 상징물은 바로 해, 달, 땅, 하늘, 물, 불, 산, 바다, 사람" 그런 것일 것이다. 그는 또 "고대문자에서 지시어와 서술어의 관계가 매우 직접적"이라는 사실에 주목한다. 조족문에서 이런 표현이 동시에 나타나는 부분을 찾아내는 것이다.

기본적인 기호에 지시나 의미를 담는 종속적 기호의 체계를 다시 분류하면, 즉 조족문자에 더해진 점, 선, 획 등을 언어적 쓰임에 따라 분류하면, 문자의 의미 분화를 알 수 있다.

이를 테면 "∨가 하늘을 뜻한다면 ∨의 요소가 들어간 ∨≮ ≥를 찾아내 ∨의 의미에서 분화되는 모든 의미를 대입하고 이를 서로 교차시키면서 하나의 문장을 찾아내는" 방식이었다. 지시어와 서술어의 부분을 조합하여 만일 공통된 언어적인 의미를 가지고 있다면 해석의 가능성이 열릴 것이다. 그것은 내가 이해하는 바로는 이를테면 '불이 밝다'에서 '밝다'의 어근인 '밝'은 곧 '불'과 의미와 형태상으로 유사하다는 원리일 것이다.

조족문의 제자 원리를 파악하고 문자의 기본적인 의미 구조를 하나씩 대입시키자 놀랍게도 문장이 눈에 들어오기 시작했다. 문장은 아직 수많은 의미로 뒤섞여 있고 그래서 무슨 의미인지는 전혀 알 수 없었지만 조금씩 읽혀지기 시작했다. 작업을 거듭할수록 조족문은 살아 있는 언어를 들려주었다.

그는 하나의 단어에 수백 가지 의미 요소를 조합하면서 특정의 의미를 찾으려 했다. 셋째 노트에 적힌 복잡하고 어지러운 기호들이 이 과정을 말한다. 하나의 단어를 기본 요소의 의미 중의 하나로 임의로 정해 그것을 다른 문장에 대입하고, 그 조합이 의미 있는 문장으로 만들어지면, 그 단어는 특정의 의미를 갖게 된다. 이를 다시 몇 차례의 용례에 의해 검증이 되면 드디어 하나의 단어가 확정된 의미를 갖게 되는 것이다.

그는 이런 작업을 1년 반 이상 한 것으로 보인다. 상자 속에 든 수많은 메모와 파일 속에 든 종잇조각은 그 과정의 부산물이었다. 지난한 작업이었지만 문자를 하나씩 알아 가는 과정은 무한히 늘어나는 수의 원리와 같아서 하나를 알게 되면 그 다음부터 알게 되는 단어의 수는 기하급수적으로 늘어 갔다. 처음에는 어려웠지만 그 다음부터는 점점 쉬워지는 그런 일인 셈이다.

∧А

조족문을 손에 넣고 처음 제자 원리를 발견하기까지 반년을 보내고, 기본적인 단어의 의미를 찾고 문장을 해석하는 데 이르기까지 두 해를 보냈으며, 문장을 해석하는 데 이르기까지 다시 1년 반이 더 지나고 나서 드디어 그는 점토판의 거의 모든 문자를 어느 정도 독해하는 데 이르렀다. 그는 이 세상에서 그 혼자만 가질 수 있는 독보적인 학문의 세계, 그 어떤 사람도 넘보지 못할 완벽한 그의 세계, 모든 사람이 모든 역사를 반추하게 될 영역을 그의 손으로 이루기 시작한 것이다.

조족문의 독해를 어느 정도 완성할 때까지도 그는 그 문자가 '가부루의 문자'인 줄은 알지 못했다. 아니 문자를 사용한 그 알 수 없는 부족에 '가부루'라는 이름을 붙이지 못했다. 가부루란 나라의 존재를 알게 된 것은 2002년쯤이었다.

그는 2001년을 전후해서 문집을 재간행하는 프로젝트의 책임을 맡고 있었다. 전국에 흩어져 있는 오래된 가문의 문중에는 그들의 선대 지식인들이 남긴 문집이 한둘은 반드시 있게 마련이다. 그 자료를 모아 조선시대 지식인의 계보를 그려 내고 주요 문집을 재간행하는 국책 사업의 일환이었다. 문집을 뒤지던 중 조선 정조 때 이세궐李世闕이 지은 《단정유록端霆遺錄》을 보게 되었는데, 거기에서 눈에 띄는 기록 하나를 발견하게 되었다.

"동해안 고성현을 중심으로 위아래 각 2백 리에 걸친 땅에 가부루국伽部屢國이 있었다. 그들은 시를 짓고 노래하기를 즐겼으며 결국은 시와 노래로 망했다."

두 개의 문장에 불과한 이 글에 소개된 가부루국을 조족문과 연결할 수 있었던 것은 고성현이라는 지명 때문이었다. 그러나 다른 문헌을 뒤지고 거의 모든 지방지를 찾아보았지만 고성현 근처의 가부루국에 대한 다른 기록은 없었다. 이세궐이 남긴 유일한 문집인 《단정유록》에 실린 가부루국은 다른 어느 문헌에도 기록된 바가 없다. 가부루는 어디에서도 들어본 적이 없는 나라의 이름이었다.

이세궐은 상주尙州 간현碅峴 사람으로 호는 단정端霆 혹은 이연以椽이다. 벼슬을 한 적이 없는 지방의 선비였다. 시와 서에 뛰어났으나 관직에 뜻이 없었을 뿐 아니라 빼어난 문장에도 불구하고 남겨진 글이 거의 없었다. 그는 이 문집을 해제한 글에서 이세궐에 대해 이렇게 썼다.

"이세궐이 이 글을 지을 때는 문체반정으로 조선의 지식인 사회가 시끄러울 때였다. 18세기 중반에서 후반에 이르는 조선에서는 새로운 학문과 다양한 문학 작품이 널리 퍼졌다. 문학에 많은 영향을 준 명, 청의 소품과 소설은 사상과 문체뿐만 아니라 문학의 성격에도 큰 변화를 가져왔다. 박지원의 《열하일기》가 등장한 것도 이때였다. 학문에 대한 다양한 관심뿐 아니라 문학에서 파격과 해학이 두드러진 오락성과 통속성이 등장하던 때였다. 정조는 당시 유행한 글에 대해서 그것이 소품 소설이나 의고문체에서 나온 잡문체라 규정하고 이를 배격하려 했다. 정조는 규장각을 설치하는 등 이른바 정학의 정비에 나섰다. 명이나 청나라에서 들어온 패관소설稗官小說과 잡서 등의 수입을 금하고, 주자朱子의 시문詩文을 비롯한 당송 8대가唐末八大家의 글과 두보杜甫의 시 등을 신간하였다. 정조는 정교화된 정학正學이 흔들리고, 전범적 위치에 있던 문학 작품이 더는 그 가치를 인정받지 못하는 현상을 두고 볼 수 없었던 것이다. 정조는 재위 기간 동안 계속해서 문체 정책을 시행하고, 정미년(1787, 정조 11)과 임자년(1792, 정조 16)에 걸쳐 두 차례 문체 파동을 일으켰다. 이세궐의 글은 바로 이 시기에 정학이 아닌 이단의 사상을 따르며 소품체의 문체를 흉내 내고 기존 전범을 따르지 않는 학문과 통속적인 글에 대한 자신의 의견을 피력한 것이었다. 그는 시문이 지나치게 발달하여 결국 그로 인한 혼란으로 멸망의 길을 걸은 가부루국의 예를 들어 새로운 문학 운동에 대한 비판적인 견해를 말하려 했다. 이를테면 그는 정조의 생각과 궤를 같이하는 인물이었다."

이세궐이 쓴 단 두 개의 문장은 그에게 결정적인 단서를 제공했다.

첫째, 가부루국이 시와 노래를 즐기고 결국 그것으로 망했다는 내용은 문화나 문자가 매우 발달했다는 것을 의미한다. 문자가 발달했다면 한자일 가능성이 있었다. 그러나 가부루국이 있었던 때가 한자가 유입되었던 시대였다면 가부루국의 존재가 이제껏 알려지지 않을 수는 없었다. 그는 가부루가 고조선 이전의 시기에 있었던 부족 국가였으리라고 추정했다.

"적어도 고조선이나 부여, 옥저, 동예, 예맥, 숙신 등의 국가들과 비슷한 시기였다면 이름이 어느 기록에서든 발견되어야 한다. 만일 가부루국이 한자가 유입되기 이전에 존재한 국가라면, 그리고 그들이 시와 노래를 문자로 지었다면 그것은 한자가 아닌 다른 문자의 존재를 말하는 것이어야 한다. 가부루국은 알려지지 않고 사라진 고대문자를 사용한 훨씬 이전의 국가라는 말이다."(2002년 6월 11일의 비망록)

그런데 이세퀼은 어떻게 가부루국의 존재를 알고 있었을까? 그 지방에서 전해 내려오는 구전을 기록한 것일까? 그것은 여전히 확인할 수 없었다.

둘째로 그 문장은 점토문자로 쓰인 '가부루의 역사'에서 유추할 수 있는 상황과 거의 일치했다. 그가 점토문자에서 역사에 해당하는 부분을 해석해 보면 그들만의 문자로 "시와 노래를 지어 즐기고 결국 이것 때문에 멸망했다"는 이세퀼의 표현은 점토문자에 기록된 가부루의 역사를 한마디로 요약하는 핵심적인 문장인 것이었다. 단언할 수는 없지만 '조족문의 주인공이 존재한 나라는 필연 가부루국이어야 했다.'

그의 점토문자 연구는 가부루국의 존재에 대한 확신에서 더욱 깊어졌다. 그리고 그로 인해 조족문자의 음운 체계에까지 접근하게 되었다. 그동안 그는 조족문의 문자 원리나 문장 구조를 해결하고 어느 정도 의미를 해석하는 단계에 도달했지만 문자들의 음성 체계에는 한발자국도 접근할 수가 없었다. 음운학과 음성학이 그의 전문 분야이었음에도 점토문자가 무슨 소리를 내는지 전혀 알 수 없었다.

"만일 가부루국의 문자가 조족문이라면 이세퀼의 문장에 나오는 가부루라는 말은 음차된 것이다. 조족문에 가장 많이 등장하는 ∨《≥의 세 글자를 가부루라고 읽고 다른 글자에 대입해 보면서 글자의 음성적인 구조를 일부나마 파악할 수

81

있다. 물론 거대한 조족문의 문자 체계와 조족문이 기술하고 있는 상당한 분량의 기록을 이 짧은 글에 의존해야 한다는 것은 터무니없는 일이다. 따라서 조족문의 음성적 체계에 대해서는 완전한 자료가 나타나기 전까지는 결론을 유보해야 할 일이다."(2002년 7월 5일자 비망록)

그가 처음 조족문을 발견했을 때 점토판은 두 가지였다. 하나는 약간 붉은색을 띠고 있는 초벌구이가 된 점토판과 엷은 갈색을 띠고 있는 초벌구이가 되지 않은 점토판이다. 그 두 가지 판에는 각각 다른 내용과 기술 방법, 그리고 어떤 경우에는 문자의 차이를 보였다. 그는 붉은색 점토판에 기록된 내용을 가부루의 신화, 다른 갈색의 점토판을 가부루의 역사로 분류했다.

가부루의 신화와 역사를 구분하는 기준은 점토판의 상태 말고도 따로 있었다. 신화 부분은 거의 모든 문장이 "이런 날들이 있었다"로부터 시작하며 역사 부분은 "가부루는 이렇게 말했다"로 시작한다. 그것은 마치 불경이 "나는 이렇게 들었다如是我聞"으로 시작되는 것과 비슷한데 신화를 제외한 점토판의 절반이 이에 해당한다.

조족문이 조금씩 해독되고 의미를 이해하기 시작하면서 그는 상상도 못할 내용이 그 안에 담겨 있다는 것을 알게 된다. 점토판에는 그가 이제까지 본 어떤 고전문보다 더 풍부한 그래서 비의적이기까지 한 신화와 역사가 담겨 있었다.

다섯째에서 일곱째 노트가 그 기록이었다. 그러나 마침내 점토문자를 거의 해석했을 즈음 그는 조족문이 단순히 고대의 문자가 아닐 수도 있다고 의심하기 시작했다. 모든 게 아귀가 맞지 않았기 때문이었다.

"점토판의 기록은 고대의 신화와 역사에 대해 기술하고 있다. 적어도 기원전 수천 년을 거슬러 올라가야 만날 수 있는 내용이다. 그러나 신화와 역사를 기술하고 표현하는 문장은 현대적이라고 말할 수는 없어도 고도의 세련된 언어를 구사한다. 그럴 수가 있을까? 원시적인, 신석기 시대 혹은 청동기 시대에 대한 기록임이 분명한데 그렇게 복잡하고 정교한 문자를 가질 수 있을까? 이를 기록한 부족이 분명히 존재하고 있었다는 사실을 조족문이 낱낱이 보여주고 있건만 역사적인 어떤 근거도 남아 있지 않다는 것이 가능한 일인가?"

2002년 8월 22일자의 기록이다. 그에게는 풀리지 않는 수수께끼가 너무 많았다. 점토문자는 조작된 유물인가? 자료에 따르면 적어도 6, 7천 년 전의 동해안에는 수백 년을 살아온 부족이 있어야 했다. 그러나 이에 대한 어떤 기록도 찾을 수 없었다. 그는 자신이 수년 동안 겨우 해독해 놓은 유물의 문자에 대한 의구심을 떨쳐 버릴 수 없었지만 점토문자 자체가 조작되었을 가능성은 조금도 없어 보였다.

그가 필사한 점토판에서 가부루의 신화는 54장이었고(제

5노트) 나머지 262장은 가부루의 역사(제 6, 7노트)에 해당했다. 그는 처음부터 신화 부분에 매달렸다. 비교적 분량이 적기도 했지만, 초벌구이가 된 것이 훨씬 중요할 것이라는 생각에서였다.

처음 뒤섞인 점토판을 무작위로 해석한 다음 순서를 맞추고 몇 번 재해석을 하고 나자 신화의 내용이 서서히 드러났다. 간결하고 함축적인 문장으로 우주와 만물의 생성 기원을 그리는 부분'은 전반부일 것이었다. 중반부인 '인간의 탄생과 후반부인 남자와 여자의 합일 과정'을 묘사하면서부터는 은유와 상징이 가득한 농밀한 문장으로 채워 있었다.

초벌구이가 되지 않은 점토판인, 가부루의 역사 부분은 더 복잡했다. 가부루의 역사는 신화보다 더 길고 형식적으로 보자면 매우 다양하고 여러 가지 방법으로 기술되었다. 가부루라는 나라의 거의 모든 일을 기록한 것으로 보이는데, 편년체도 아니고 그렇다고 일화체도 아닌 그 두 가지가 섞였다. 어느 부분은 역사적 사실이나 전설 등을 기록한 듯객관적인 서술 방식을 취하고 있지만, 어느 부분은 매우 주관적이고 감정적인 서술 방식을 취하고 있어 일관된 흐름을 보여 주지 않았다. 그걸 쓴 사람 역시 여러 사람인 것으로 보이는데 갑자기 어느 부분 그러니까 가부루가 멸망하는 과정이 기록된 부분은 한 사람에 의해 기록된 듯 보였다.

신화와 역사의 파편만을 보았을 뿐인데 그는 어떤 불안감

같은 것이 서서히 밀려오는 것 같은 느낌을 받았다. 모든 걸 장악한 다음에 갖게 된 의기양양함의 이면에 깃든 막연한 불안이었을지도 몰랐다. 그는 그쯤에서 점토문자에 대한 대략적인 연구를 끝냈다. 그 앞에는 이미 점령한 영토가 너무 많았다. 동굴과 문자를 공개해야 할 시점이었다.

∧. ∧

처음 동굴을 찾은 지 5년이 더 지난 후인 2003년 가을, 그는 동굴을 다시 찾았다. 공개하기 전 한 번 더 동굴의 점토문자를 확인하고 싶었을 것이다. 그러나 그 앞에는 그가 전혀 예상하지 못한 엄청난 결과가 기다리고 있었다. 2003년 9월 12일자의 기록이다.

"동굴 안쪽으로 발을 들여놓는 순간, 모든 감각이 날이 곤두선 칼끝으로 몰렸다. 습습한 흙냄새가 코끝으로 밀려들어 왔다. 발바닥에 미끌하고 닿는 느낌은 꼭 늪지에 발을 들여놓은 듯했다. 서둘러 끝 쪽 위에 있는 작은 방으로 기어들어갔다. 랜턴으로 저쪽을 비춰 보는 순간, 눈을 의심하지 않을 수 없었다. 점토판이 쌓여 있던 서가가 사라져버렸다. 사라진 것이 아니라 무너져 버렸다. 점토판이 무너져 내려 거대한 진흙더미만 남아 있었다."

이후에 그가 쓴 일기는 말 그대로 처참한 기록 그대로다. 그는 동굴 속에서 점토판을 아니 진흙으로 변해 버린 거대한 흙덩이를 더듬거렸다. 서둘러 초벌구이가 된 점토판을 찾았다. 다행히 그것은 무너진 진흙덩이 사이에서 형태는 알아볼 수 있을 만큼 남아 있었다. 앞이 캄캄해졌지만 정신이 하나도 없는 중에도 희망이 남아 있다는 데 그는 안심했다. 점토를 말려 만든 점토판은 사라졌을지언정 구워진 점토판은 그대로 살아 있을 것이었다. 그토록 오랫동안 "준비한 영토의 절반을 잃어버렸지만, 아직 절반의 영토는 남아 있다"고 생각했다. 하지만 그의 희망은 그 점토판을 집어든 순간 사라져 버렸다. 위쪽의 진흙을 걷어내고 붉은색을 띤 점토판을 조심스럽게 집어 올렸지만, 들어올리기도 전에 힘없이 부서져버리고 말았다. 다른 것도 또 다른 것도 형태만 유지하고 있을 뿐 약간의 충격만 주면 그대로 무너져 내리고 말았다.

그는 온통 진흙 뻘이 된 그 작은 방에서 미친 듯 날뛰었다. 차라리 미쳐 버리고 싶었다. 진흙더미를 뒤지고 또 뒤졌지만 단 한 개의 온전한 점토판도 찾을 수 없었다. 그는 그 안에서 점점 미쳐 갔다.

"진흙더미 속에 수많은 글자가 꿈틀대기 시작했다. 마치 벌레처럼 진흙 속으로 기어들어가는 글자를 쫓아 진흙 속을 뒤졌다. 머릿속으로 몸속으로 온갖 문자가 기어들어와 헤집으며 돌아다녔다. 정신을 차려야 했다. 거머리처럼 달라붙은 문자와 흙덩이를 정신없이 떼어 냈다. 모든 걸 그렇게 끝나도록 할 수는 없었다. 이성은 마비되었고 감각은 사라졌다. 나는 점토를 주물러 다시 문자판을 만들 생각을 했다. 모든 문자는 나의 노트 속에 이미 들어 있지 않은가? 무너져 곤죽이 된 바로 이 진흙으로 다시 복원하면 되는 것 아닌가? 그게 몇 달 아니 몇 년이 걸리더라도 있는 그대로 그려 놓는다면 달라질 것은 아무도 없지 않은가? 어차피 아무도 발견하지 못한 것 아닌가? 모든 걸 내가 이루어 놓은 것이니 내가 다시 만들어 놓으면 처음 것과 다를 게 없지 않은가? 그렇다. 중요한 것은 내용이지 형식이 아니지 않은가? 점토판을 다시 만들었다고 해서 거기에 담긴 사실이 바뀌는 것은 아니지 않은가? 역사란 내용이지 형식이 아니지 않은가? 역사란 정신이지 물질이 아니지 않은가? 역사의 기록은 문자이지 진흙덩어리가 아니지 않은가? 역사란 존재한 사실 그 자체이지 물증이 중요한 것은 아니지 않은가 말이다. 나는 가당치 않은 궤변으로 머릿속을 채워나갔다. 진흙으로 문자판을 만드는 거다! 가부루들이 그렇게 했듯이. 그리고 만일 복원을 끝낼 수 있다면, 아아! 나는 절대로 더 이상 관여하지 않을 것이다. 그것이 가능하기만 하다면 내가 풀어낸 조족문에 대한 모든 것은 나의 것이 아니어도 괜찮을 것이다. 그것으로 모든 것을 되돌릴 수 있다면 얼마든지 그렇게 할 것이다."

모든 게 얼마나 터무니없는 망상에 불과한지 그가 모를 리 없었다. 그의 정신이 미쳐 버린 것이지 그의 의식이 미친 것은 아니었다. 그는 어째서 동굴 속으로 물이 흘러들었는지 알 수 없었다. 수천 년 동안 멀쩡하던 점토판이 몇 년 만에 그렇게 철저하게 무너져 내릴 수는 없는 일이었다.

"어떻게 동굴에 물이 스밀 수 있다는 말인가? 누군가 일부러 와서 그랬을까? 나를 저주하는 누군가 나의 비밀을 알고 이런 짓을 저질렀을까? 나는 절망에 지쳐 가기 시작했다. 이 모든 것은 누군가의 장난이 틀림없다고 믿을 수밖에 없었다. 신에게라도 아니 악마에게라도 그 책임을 떠넘기고 싶었지만 그 누군가가 바로 나 자신이었다는 사실은 조금도 변하지 않았다. 나의 모든 것을 가져갈 존재가 있다면, 나의 모든 것을 부숴 버릴 존재가 있다면……. 나는 처음으로 신의 존재가 그리웠다. 아니 악마의 존재가 그리웠다.

눈을 떠보면 세상의 빛은 모두 사라지고 난 뒤였다. 진흙 속에 박혀 있던 나는 손끝 하나 움직일 힘도 남아 있지 않았다. 여기가 지옥이라고 생각했다. 아니 천국이라고 생각했다. 암흑 속에 갇혀 있는 천국, 두렵기보다는 편안했다. 모든 게 닫혀 있는, 모든 게 비어 있는, 모든 움직임이 사라진, 모든 욕망이 사라진, 끝없는 편안함이 한없이 아래로 밀어냈다. 거기서 나오고 싶지 않았다. 정말 나오고 싶지 않았다. 그대로 그 자리에서 꼼짝도 하기 싫었다. 진흙 속에서 꿈틀대는 거대한 아메바처럼 애초부터 뇌라는 거추장스러운 기관과 신경이라는 쓸모없는 기관이 거세된 벌레가 되었다. 그렇게 동굴 속에서 수억 년을 살아온 벌레가 되었다. 생각할 필요도 없고 꿈꿀 필요도 없고, 먹고 싶지도 자고 싶지도 않은, 그리하여 살아있지도 않은 그렇다고 죽은 것도 아닌 그런 존재가 되어 있었다."

이를 기록한 9월 20일이, 선생의 딸이 내게 말한, 동굴에서 진흙투성이로 돌아온 그날인지 아니면 이걸 기록한 날인지는 불확실하다. 하지만 그 이후 그는 다른 사람이 되어 있었다. 그는 동굴에서 돌아온 뒤에도 그 끔찍한 결과를 믿을 수 없었다. 그는 한 달 뒤인 10월 18일경에 동굴을 한 번 더 찾아가게 된다. 그러나 그가 동굴에서 다시 확인한 것이라곤 동굴 안쪽마저 무너져 내렸고 입구를 제외하고는 형체조차 사라져 버리고 말았다는 사실이었다. 그는 돌아오는 길에 한 가지를 더 확인하게 된다. 동굴에 물이 스민 이유를 알게 된 것이다.

"고성 읍내를 돌아 나오는 길 여기저기 낡은 현수막이 걸려 있었다. '경 중미산 양수발전소 완공 축.' 나도 모르는 사이에 중미산 위에 발전소가 지어진 것이었다."

인터넷으로 찾아보니 정말 그곳에 양수발전소가 지어졌

다. 중미산 양수발전소는 남북경협의 일환으로 착수된 것이고, 그 시점은 그가 동굴을 처음 발견한 때와 비슷했다. 발전소는 금강산 육로 관광이 시작된 이후로 고성 부근과 북쪽의 금강산 온정리 일대에 전력을 공급하기 위해 세워진 것이었다. 그가 4년 뒤 동굴을 찾았을 때는 이미 중미산 정상에 거대한 저수지를 파고 물을 끌어올려 그것으로 전력을 생산하기 시작했을 때였다. 수천 년 멀쩡하던 동굴에 물이 스민 이유는 그것 때문이었다.

그가 비망록에 마지막으로 기록한 몇 개의 글에는 날짜가 기록되지 않았다. 점토문자를 잃어버리게 된 순간의 처절하고 끔찍한 기억 그리고 불가사의한 일이 마치 무언가에 쫓기는 듯한 필치로 적혀 있었다. 아래 인용한 글은 그가 동굴에서 겪은 일인지 아니면 그가 두문불출하면서 지낸 서재에서 본 환영이었는지 불확실하다. 그러나 그 무렵 그에게는 시간과 공간이 더는 아무런 의미가 없고 모든 현실 감각마저 사라지고 있을 때였을 것이다.

"얼마가 지났는지 알 수 없었다. 여기가 동굴인지 아닌지도 알 수 없었다. 몽롱한 가운데 추위가 밀려들었다. 갑자기 이빨이 부딪치는 소리가 벽을 타고 사방에서 울리고, 바위를 뒤흔들 것처럼 몸이 후들거렸다. 그때 어둠 속에서 몸을 웅크리고 두 눈만 반짝이는 희미한 그림자를 보았다. 나는 그게 나라고 생각했다. 어둠 속에 그렇게 쪼그려 앉아 있는 존재가 내가 아니라면 누구였겠는가? 드디어 나는 죽음의 저편에 도달해 육체에서 빠져나온 영혼이 되었다. 그런 게 유체이탈인가? 캄캄한 어둠 속에서 나타난 그림자는 스스로 빛을 발하는 것처럼 점점 뚜렷해졌다. 잿빛의 까칠한 얼굴, 덥수룩한 수염, 긴 머리칼이 어깨를 감싸고 내려와 어둠 뒤쪽으로 사라졌다. 그림자가 나는 아니었다. 그림자는 한 손에 뾰족한 첨필을 쥐었고 다른 손에 점토판을 받쳐 들었다. 수천 년을 그렇게 있던 것처럼 그는 미동도 하지 않았다. 죽음의 강 건너편에서 만날 수 있는 존재가 있다면 바로 그런 모습이었을 것이다. 나의 몸은 여전히 진흙 속에서 벌레처럼 꿈틀거렸다. 그림자는 나를 향해, 너무 깊어서 그 끝을 알 수도 없는 슬픈 얼굴을 지어 보였다. 저 깊은 심연 속에 감추어져 있던 진실의 말을 외면한 나를 책망하는 눈이었다. 뭐라고 변명이라도 해야 할 것 같았다.

그때 그림자가 첨필과 점토판을 내려놓더니 서서히 일어나 미끄러지듯이 좁은 바위틈으로 빠져나가기 시작했다. 나도 그를 따라 일어섰다. 그의 팔과 다리가 마치 저절로 움직이는 것처럼 솟구쳐 올랐다. 동굴 밖으로 나가자마자 그는 거침없이 계곡의 숲으로 내달렸다. 나 역시 그림자를 쫓아서 숲 속으로 곤두박질쳤다. 그의 긴 머리칼이 갈기처럼 헝클어져 나뭇가지에 휘감길 때마다 이파리가 떨어져 날렸다. 그가 숲을 헤쳐 나갈 때마다 나뭇가지가 후드득하고 부러졌고 날카로운 가지들이 그의 살을 파고들었다. 그는 피범벅이 되어 숲을 가로질렀다. 그곳이 길인지 아닌지 가늠할 수도 없었다. 그가 간 방향을 따라 아래로 마구 내달렸다. 칡넝쿨이 온몸에 휘감기고 가시에 얼굴이 긁히고, 그루터기에 정강이가 찢어지고, 바위에 부딪혀 이마가 터지고, 나뭇가지에 끼어 손가락이 부러져 나간 줄도 알지 못했다. 그리고 그가 사라졌다. 곧이어 무시무시한 그림자가 사방에서 달려들었다. 나는 어디로 도망쳐야 할지도 모른 채 마구 구르고 넘어지고 고꾸라지면서 내달리다 그대로 어디엔가 처박히고 말았다. 그것으로 모든 건 끝이었다."

　그의 기록은 여기까지다.

　노트를 덮고 나서도 꼼짝할 수 없었다. 맨 처음 이 노트를 읽으면서 나는 몇 번이나 그대로 덮으려 했다. 선생이 두툼한 종이 위에 꾹꾹 눌러쓴 글씨가 모두 종이에서 떨어져 머릿속을 헤집고 다니는 것처럼 도무지 그 어디에도 생각의 단어 하나 들어갈 틈조차 남아 있을 것 같지 않았다. 아무런 잘못도 없이 살인의 죄목으로 교수대에 끓어 앉혀진 사형수처럼 그저 멍할 뿐이었다. 마지막 이 글을 쓴 날로부터 6개월 후에 그는 죽음을 맞이했다. 그가 어떻게 자신의 죽음을 선택했는지 나는 알지 못한다. 하지만 사인이야 어떻든 그는 분명 스스로 죽음을 맞은 것이다.

　마지막의 기록은 아마 그가 동굴에서 돌아온 지 몇 달 후에 아니면 그가 죽기 전에 모든 걸 정리하기로 하면서 쓴 것이 틀림없다. 그가 죽기 바로 전에 쓴 것으로 보이는 글이 하나 있다. 그가 저지른 사건의 성격을 숨김없이 밝히고 있는 글이다. 이 글 말고 날짜가 기록되지 않은, 그의 회오에 찬 글이 더 있지만 여기에 모두 옮겨 보이는 건 불필요한 일일 것이다.

"무슨 짓을 저질렀는지도 알게 되었고, 무엇을 해야 하는지도 알게 되었다. 아무도 만날 수가 없다. 숨쉬기조차 어렵다. 모든 건 나의 잘못이다. 나의 목숨으로 모든 걸 되돌릴 수 있다면 백 번이라도 그렇게 할 것이다. 수년 동안 쌓아 온 모든 것이 물거품이 되었기 때문이 아니다. 그것은 그저 나의 잘못에 의한 손실로 눈감아 버리면 그뿐이다. 나의 하잘 것 없는 욕망이 과거를, 역사를 깡그리 없애 버렸다. 처음 그 이야기만 듣지 않았더라도, 헛된 욕망을 조금만 자제할 수만 있었더라도 역사의 사실이 그렇게 허무하게 날아가 버리지는 않았을 것이다. 누가 소로리의 볍씨*를 덜렁덜렁 들고 다니다가 잃어버렸다고 한다면 그를 용서할 수 있을까? 볍씨 몇 알에 불과하다고 용서할 수 있을까? 그런데 나는 볍씨 몇

---

* 1998년 충북 청원군 소로리에서 발견된 볍씨는 1만 3천 년~1만 5천 년 전의 것으로 세계에서 가장 오래된 볍씨로 밝혀졌다. 소로리 볍씨는 벼 재배의 기원에 대한 기존 학설에 파장을 일으켰는데, 기존에 중국 중원에서 재배되던 벼가 우리나라로 유입되었다는 주장이 설득력을 잃게 되었을 뿐 아니라 벼의 재배와 이동 경로 등 세계 농경사를 다시 쓸 수밖에 없는 결과를 가져왔다.

알이 아니라 수백 장의 점토판을 진흙더미로 만들어 버렸다.

조족문과 가부루의 신화와 역사는 이제 아무런 근거도 없는 쓰레기로 전락해 버렸다. 그저 재미삼아 읽고 버리는 말도 안 되는 허구에 불과한 이야기로 만들어 버린 것이다. 어떤 근거도 없는, 아무런 유물도 남지 않은, 그저 노트에 기록된 문자가 역사적 사실이 될 수 없는 일 아닌가. 조족문은 연구 대상이 되기는커녕 한낱 가십으로 전락할 것이 뻔하고, 그후 엔 나의 무모함과 어리석음에 대한 기록만 남게 될 것이다. 바로 그런 짓을 내가 저지른 것이다."

3장

선생의 과거를 알게 된 이후에도 한동안(아마 한 달은 더 지났을 것이다) 나는 선생의 가족에게 연락을 하지 않았다. 그의 죽음에 대해, 죽은 이유에 대해, 그조차도 말하지 못한 사실을 그대로 말할 수는 없었다. 그 이전에 뭔가를 해야 했다. 여전히 나에게는 풀리지 않은 문제가 하나 더 있었다. 왜 하필 나인가? 왜 내가 그 스스로 감추고 싶어 한 아니 누군가에게 들려주고 싶어 했던 그의 잘못을 들어주어야 하는가? 설사 내가 들어줄 수 있다고 하더라도 도대체 내가 뭘 할 수 있다는 말인가?

그를 이해할 수 없었다. 그의 실수가, 그의 욕망이 빚어낸 잘못이 모든 것을 버릴 만큼 그렇게 치명적이었을까? 자신의 좌절된 욕망을 추스르는 과정을 그렇게밖에 처리할 수 없었을까? 선생이 덕망이 높은 학자였다는 사실은 그를 이해하는 데 아무런 도움도 주지 못했다. 나로서는 그가 스스로 죽음을 선택한 이유를 선뜻 받아들일 수 없었으며, 그의 죽음이 윤리의식 때문일 거라고 생각할 수 없었다. 그가 타락하고 비도덕적인 인물이라는 생각도 들지 않았다. 그 스스로 불안이 자신의 내면에서 끓어오르는 욕망이었다는 것을 알면서도 그것을 버리지 못한 이유는 무엇일까? 이제 그가 처해 있던 상황을 알게 되었지만, 그 자신을 몰고 간 그물이 그렇게 촘촘할 필요가 있었는지에 대해서도 의문이었다.

선생 아니 노쇠한 학자의 절박한 불안 심리가 전이된 것처럼 답답함이 밀려왔다. 삶을 내놓을 만큼 절실하고 긴박한 사정은 따지고 보면 그의 문제였다. 누구에게 전부인 것이 다른 사람에게는 아무 의미 없는 것일 수 있다. 그에게는 내가 절대적인 대상이었는지는 몰라도 나에게 그는 처음에 이름조차 기억할 수 없던 존재에 불과하지 않았던가? 내가 왜 그의 절망으로 골머리를 앓아야 하는가? 더군다나 뭔지도 모를 유물 상자를 하나 던져 주고 자신의 운명을, 그것도 죽은 뒤의 결과를 책임지라고, 선택하라고 강요하는 터무니없는 권리는 도대체 어떻게 받아들여야 하는가? 그렇게 철저하게 자신을 남에게 방기하는 건 용서할 수 없는 일이지 않은가?

그는 어쩌면 신경쇠약에 시달리던 창백한 지식인에 불과했을지도 모른다. 자신을 벼랑 끝에 올려놓고 불안 심리를 마치 삶에 대한 절실함으로 바꿔 놓는 먹물들의 감상적 사치의 버릇을 그 역시 가지고 있었을 것이다. 그런 삶에 호감어린 시선을 보낼 여유가 나에게는 없었다. 그렇다. 나는 단지 그의 죽음을 하나의 삶의 형식으로 받아들일 것이며, 그의 죽음을 하나의 절차로 받아들일 것이다.

그의 죽음 뒤에 감춰진 사실은 나의 삶을 간단치 않게 만들었다. 아침에 일어나 운동을 하고 아침을 먹고 회사에 나가고 일을 하고 퇴근 후 한 잔 걸치거나 집으로 돌아와 책을 뒤적이는 나의 일상은 흐트러짐 없이 지속되었지만 그 틈은 점점 벌어지고 있었다. 출근하는 차 속에서 신호를 기다릴 때, 결재를 끝내고 빈 책상을 마주하고 있을 때, 집에 돌아와 망연히 뉴스를 보고 있을 때, 그는 나에게 파고들어 끊임없이 자신을 말하고 있었으며, 한 이야기 또 하고 또 되풀이하는 노인처럼 나의 뒤를 따라다녔다.

결국은 그의 말을 들어주는 것 말고는 별다른 방도가 없었다. 내가 원하든 원치 않든, 자격이 있든 없든, 나는 그에 대한 알 수 없는 운명 혹은 그가 남겨 놓은 전부를 결정할 신의 지위에 올라서 있어야 했다. 그를 위해서가 아니라 나를 위해서 뭔가를 해야 했다. 그와의 고리를 완전히 끊기 위해서라도, 그가 나에게 남긴 모든 것을 깨끗이 없애 버리기 위해서라도 뭔가를 해야 했다. 나는 그의 모든 것과 마주할 것이며 그것을 판단할 것이고, 그리고 그의 절망이 묻어 있는 유품을 쓰레기통에 과감히 처박아 버릴 것이며, 그의 불안이

전염되는 자리를 깨끗한 걸레로 싹싹 치워 버릴 것이며, 어떤 회오도 남지 않도록 모든 걸 끝낸 뒤에 뒤도 돌아보지 않을 것이다.

　모든 것을 어떻게 하기로 결정하기 전까지는 그녀, 선생의 딸에게 선생에 대해, 선생이 죽음에 이르게 된 배경에 대해 말하지 않기로 했다. 그녀는 죽은 아버지에 대해 모든 것을 알 권리가 있었지만 내가 그것을 말해 줄 의무는 없었다. 선생은 딸에게조차 말하지 못한 것을 내가 할 수 있으리라고 생각하지는 않았을 것이다. 그는 왜 스스로 어떻게 해야 할지를 모르는 것을 내가 안다고 생각했을까? 왜 선생은 하필 나에게 그런 곤혹스러운 일을 남겨둔 것일까? 아니다. 이런 식의 의문은 더 이상 아무런 의미가 없다. 이미 그는 그 이유에 대해서는 충분히 말한 것 같다. 다만 내가 그를 받아들이지 못하고 있을 뿐이다. 이제 모든 의문조차 나에게 향해야 할 것이다. 적어도 어떤 식이든 끝장을 낼 때까지는. 그의 죽음에 대해서도 더는 생각하지 않기로 했다. 죽음이 아니라 유품이 남아 있을 뿐이다. 그리고 그것을 어떻게 할 것인지를 결정하지 않으면 그의 죽음에 대해서 아무런 말도 할 수 없을 것이다.

　하지만 나의 결심은 곧 좌절되었다. 그녀에게 말할 수 없다면 그녀를 만날 필요가 없을 것이고 그러지 못하면 그녀를 보지 못할 것이었다. 그녀를 볼 수 없다는, 그녀를 만나지 말아야 한다는 생각이 들자마자 그녀가 보고 싶어졌다. 그건 나로서는 이상한 일이라고 말할 수밖에 없었다. 두 차례 만났지만 기억하려 애써도 그녀의 얼굴이 도무지 생각나지 않았다. 그녀의 얼굴이 갑자기 궁금해졌다. 아니 그저 보고 싶을 뿐이었다. 그리고 그녀의 얼굴을 떠올리려 애쓰는 나를 발견하고는 깜짝 놀랐다. 내가 무슨 생각을 하고 있는 거지? 도대체 무슨 말도 안 되는 생각을 하고 있는 거야.

八

그녀를 다시 만날 때까지도 선생에 대한 이야기를 해야 할지 말아야 할지 결정하지 못했다. 성북동 선생의 집에서 그녀를 만났을 때는 꽤 늦은 시각이었다. 퇴근 후 회사 앞에서 간단한 저녁을 마치고 그의 집에 도착했을 때는 9시가 넘어 있었다. 나는 선생의 서재에서 찾아볼 것이 있다는 말로 그녀와 약속을 잡았다.

그녀는 먼저 와서 집 안을 치우고 있었는지 현관을 들어섰을 때 손에는 작은 빗자루가 들려 있었다. 신발을 벗으면서 하마터면 나는 '별일 없었지?' 하고 말할 뻔했다. 너무 익숙한 풍경이기 때문이었다. 퇴근 후 집으로 들어서는 남편과 그를 맞는 아내의 모습 그대로였다. 그녀 역시 그런 느낌이

들었는지 '어서 오세요' 라고 말하며 약간 어색해했다. 나는 저녁을 먹었냐고 물었고 그녀 역시 똑같이 물었다.

집 안에 들어서면서부터 그녀를 보자마자 가볍게 뛰기 시작한 가슴을 진정하기 위해 나는 그대로 선생의 서재로 들어가 마치 무엇을 찾으려는 듯 이 책 저 책을 뒤적거렸다.

그녀가 커피를 끓여 내오고 조금 진정된 나는 거실로 나와 소파에 앉았다.

"자료는 다 읽어 보셨어요?"

그녀는 물어 보지 말았으면 하는 질문부터 앞세웠다. 나는 그렇다고 대답했지만 그때까지도 그에 대한 이야기를 해야 할지 말아야 할지 정하지 못했다. 아니 하지 말아야 한다는 생각이 더 앞서 있었다. 하지만 어떤 식으로든 대답을 피해갈 수 없는 노릇이었다.

"아버님께서 일이 있기는 했어요. 고대문자를 발견하신 것 같은데 그걸 어떻게 처리할까 고민하신 것 같아요."

대답은 내가 생각해도 말도 안 되게 소략했다. 그 말은 오히려 무수히 많은 질문거리를 만들어 내는 답변이 아닐 수 없었다. 그런데 나의 예상은 보기 좋게 빗나갔다. 그녀는 '예에' 하고 말끝을 조금 길게 잡은 것 말고는 뭔가 골똘히 생각하는 표정만 지을 뿐이었다. 기회를 놓치지 않고 약간 보완한 대답을 내놓았다.

"고성에서 점토문자를 발견하셨는데, 그걸 연구하던 중에 약간의 불상사가 있었던 것 같습니다. 문자판이 사라져 버렸는데, 결과적으로 연구에 차질을 가져오게 되었죠. 선생님은 그걸 몹시 힘들어하셨습니다. 그리고 그 연구에 대해 나에게 뒷마무리를 부탁하신 거 같습니다."

그녀는 이번에도 고개만 끄덕인 채 커피를 마실 뿐이었다. 갑자기 나는 할 말을 잃어버렸다. 사태가 너무 싱겁게 끝나 버린 것이었다. 더는 해야 할 말이 떠오르지 않았다. 그런 침묵의, 몇 분 아니면 그보다 훨씬 짧았겠지만, 긴 시간이 지나서 그녀가 입을 열었다.

"참 이상하지 않아요? 예전에 아버지 때문에 선생님을 알게 되었는데, 이제 아버지 때문에 다시 만나게 된 거?"

그녀를 바라보았지만 그녀는 웃고 있지 않았다. 그녀는 침울하고 슬픈 표정에 가까웠다.

"그렇군요."

그게 내가 말한 전부였다. 흐릿한 형광등 불빛에 그녀는 파리해 보였다. 갑자기 아무 이유 없이 그녀를 만나고 있다는 사실이 떠올랐다.

"부군께서는 안녕하시죠?"

어색하기 그지없는 풍경을 견디지 못해 한마디 던진다는 게 더 어색한 분위기를 만들어 놓고 말았다. 그런데 그녀의 입에서 나온 말은 뜻밖이었다.

"따로 살고 있어요. 서너 달 전부터……."

그날 나는 그 이유를 물을 수 없었다. 그녀와 무슨 이야기를 했는지 기억할 수 없지만 무겁고 침울한 그날의 풍경만 흐릿하게 떠오를 뿐이다.

　그후 선생의 비망록을 한 번 더 보았고 그의 자료를 하나
씩 들춰 보기 시작했지만 도무지 무엇을 어떻게 해야 할지
갈피를 잡을 수 없어 날만 보내고 있었다. 그동안 회사는 별
일 없이 일상적인 업무만 처리하면 되었고, 아내에게 두 번
의 전화가 왔으며 그중 한번은 아들이 새 학기에 학교를 옮
길 것이라는 이야기를 들었다.

　아들의 유학을 결정한 건 순전히 아내의 독단이었다. 그
일로 아내와 거의 매일 다퉈야 했고 나는 더 이상 아들의 장
래에 대해 무책임한 아버지로 내몰리지 않기 위해 백기를
들었다. 아내에게 약점이 없는 것은 아니었다. 그녀가 아들
을 핑계 삼아 내게서 떠나고 싶어 하는 것이라고 생각했지
만 그걸 아내에게 말할 수는 없었다. 아마 그랬다면 아내는
펄쩍 뛰며 아니라고 그랬을 것이고, 나는 그에 대한 심리적
증거를 하나씩 나열했을 것이며, 그러면 아내는 막판에 인
정할 수밖에 없었을 것이고 그리고 그것을 나에 대한 공격
의 무기로 전환시켰을 것이다. 아내는 자신의 약점을 상대
방을 향한 반격의 무기로 삼는 기막힌 능력을 가지고 있었
다. 그녀가 그 능력을 발휘하기로 마음먹었다면 모든 건 끝
장을 봐야 했다. 나는 그걸 알고 있었고 그래서 아내와 아들
을 떠나보냈다.

　어떻게 보면 아내와 나는 둘 다 심리적 결벽증 환자였다.

마음에 두고 있는 작은 티끌 하나에도 전전긍긍하던 우리는 그래서 피차에 대한 작은 상처가 결정적일 수 있다는 걸 알고 있었고, 그래서 한편으로 살얼음 같은 신뢰를 유지할 수 있었다. 아내도 마찬가지였겠지만 나 역시 그런 아내에 대한 최소한의 믿음을 저버린 적은 없었다.

하지만 아내와 아들이 떠난 후 마음에 남아 있는 허전함은 어쩔 수 없었다. 아파트를 전세로 돌리고 조그만 오피스텔로 들어온 건 허전함의 공간을 어떻게든 줄여 볼 심산이었다. 아내와 아들이 떠난 지 1년이 지난 지금 그 허전함은 자유로움으로 바뀌어 있었다. 아들이 방학이 되어 돌아오면 우리는 좁아터진 오피스텔에서 복작거리며 가족의 끈끈한 정을 유감없이 누렸지만, 한편으로 나의 자유로움이 번잡스러움으로 채워지는 게 불편하기도 했다.

나는 혼자 살면서 갖게 된 자유로움을 늘려갔다. 동료들과 술을 먹는 횟수가 오히려 줄어들었고, 미래를 위해 다니던 학원을 그만두었으며, 텔레비전을 보면서 하루를 마감하는 일이 없어졌다. 퇴근 후의 일과를 되도록 비워 둠으로써 자유를 만끽했다. 그리고 자유의 공간에서 남아도는 시간의 대부분을 쓸데없는 책을 읽으며 보냈다. 어떨 때는 물리학에 심취하기도 하고 어떨 때는 철 지난 사회과학 서적을 탐독하기도 했으며, 어떨 때는 도무지 의미를 찾을 길 없는 소설을 읽기도 했다. 그러면서 자유란 자신과 아무 관련이 없는 일을 마음껏 생각할 수 있는 권리라고 정의하기도 했다. 나의 삶과 아무런 관련이 없는 일에 대해 무책임하게 관심을 갖는 일이 어쩌면 내가 살아가는 방법일지도 모른다는 생각까지 하게 되었다. 그리고 이제 그런 일이 하나 더 나에게 주어져 있었다.

∧

그녀를 다시 만난 건 보름이 더 지난 후였다. 나는 선생의 묘소를 한 번 가보아야겠다고 말했고, 그녀는 기꺼이 안내를 자청했다. 그녀와 나는 한남동 근처에서 만나 내 차에 동승하기로 했다.

선생의 묘는 춘천으로 가는 길, 가평 근처에 있는 공원묘지였지만, 가는 길이 막혀 우리는 세 시간을 꼼짝없이 차 안에 갇혀 있어야 했다. 그녀는 검은색 옷차림이었음에도 소매 없는 짧은 원피스가 어두운 느낌을 주지는 않았다. 게다가 챙이 넓은 모자에 푸른색이 도는 선글라스를 끼고 있어서 묘지보다는 야유회에 더 어울리는 차림이었다. 그녀가 옆자리에 앉을 때부터 나는 약간 들떠 있었는데 아마 그녀의 옅은 향수 냄새가 차 안 가득히 퍼져들었기 때문이었을 것이다.

"공연히 아버지 일로 번잡스럽게 해드린 것 같아 미안하네요."

그녀가 예의를 차린다고 말했지만 전혀 미안한 표정은 아니었다.

"선생님 이야길 해 보시죠. 길도 막히는데."

"좋은 분이셨어요. 그 일이 있기 전까지는. 저에겐 더할 나위 없었죠. 제가 고등학교 때 엄마가 돌아가시고 난 뒤에 저하고 연구에만 몰두하셨어요. 그래서 한 번도 아버지에게 무슨 문제가 있다거나 뭐가 부족하다거나 하는 생각을 한 적이 없었던 거 같아요. 늘 성실하게 공부하시는 모습만 봐왔거든요. 근데 최근 몇 년 동안 조금 달라진 모습을 보이시긴 했어요. 예전 같으면 감정을 쉽게 드러내시는 분이 아니었는데 어떨 때는 몹시 쾌활해 보이시다가 한동안은 뭔가에 쫓기는 것 같은 초조함을 보이시기도 했구요. 그때 처음으로 아버지에게 누군가가 있을지도 모른다는 생각을 하기도 했어요. 그리고 어쩌면 아버지에게 다른 사람이 필요할지 모르겠다고 생각하기도 했죠. 하지만 그걸 말하지는 않았어요. 그렇게 되면 내가 아버지를 버린다고 생각하지 않을까 그런 걱정이 들었어요. 물론 제가 더 어렸을 때는 아버지가 누군가를 만나 나를 버리면 어쩌나 하고 생각한 적이 있었죠. 이제와 생각해 보니 내가 어른이 되고 있는 동안 아버지는 일만 하시다 돌아가셨어요. 너무 오랫동안 혼자 계시게 한 거 같아요."

선글라스 뒤, 그녀의 눈이 조금씩 젖어들었다. 하지만 아버지 때문만은 아닌 것 같았다. 일요일이어서인지 차는 좀처럼 앞으로 나아가지 못했다. 나는 앞을 바라보며 그녀에게 하고 싶은 말을 아꼈지만 결국은 내 안에 잠재된 질문을 하고야 말았다.

"남편과는 왜? 좋은 분 같던데."

"그이요? 그이는 착한 사람이에요. 내가 아프면 아픈 줄 알고 내가 좋다면 좋은 줄로만 알고 내가 싫다면 싫은 줄 알고. 어떨 때는 그게 참 편하기도 했죠. 그이는 아버지가 나가라고 했을 때도 그냥 나가자고 하더군요. 아버지가 왜 그런지조차 알려고 하지 않았어요. 늘 그랬어요. 그이는 나에 대해 내가 보여 준 만큼만 알죠. 그 이상은 절대 알려고 하지 않아요. 그게 처음에는 때 묻지 않은 순수함처럼 보였어요. 진실한 사람, 거짓 없는 사람으로 보였죠. 그걸 내가 좋아했는지도 모르죠. 하지만 그게 잘못된 걸 결혼 후에 깨달았어요."

그녀의 목소리에 미심쩍은 절망과 답답함이 섞여 있었지만 그녀의 말을 이해할 수 없었다. 갑자기 그녀 남편의 얼굴이 떠오르며 그와 막연한 동질감이 느껴지기도 했다.

"그 사람은 늘 내가 원하는 것만큼만 주었어요. 그 이상을 준 적은 한 번도 없었죠. 착한 사람의 특징이 뭔지 알아요? 비굴함이죠. 도저히 거부할 수 없는 비굴함. 나는 아는 게 없다. 내가 잘못이 있다면 가르쳐 달라. 노력하겠다. 그런 식이죠. 복에 겨운 생각일 수 있어요. 하지만 그렇지 않아요. 그이는 착하지 않아요. 그냥 그렇게 생겼을 뿐이죠. 착하다는 게, 선하다는 게 의지로 만들어진 게 아니라면 그건 결코 착한 게 아녜요. 그건 아무것도 아닌 거죠. 그냥 품성이 그래서 그럴 뿐인 건 결코 착한 게 아니죠. 그런 사람들은 모든 걸 착한 걸로 넘어가려고 하죠. 알아요? 그 답답함."

글쎄, 그걸 내가 알 수 있을까?

"그는 사랑할 줄 모르는 사람이었어요. 때로 사랑을 위해서 거짓과 기만, 위선과 위악이 더 절실할 때가 있다는 걸 그는 도저히 알지 못할 거예요. 삶은 때로 더 가벼워져야 할 때도 있고 더 심각해져야 할 때도 있고 더 미묘해져야 할 때도 있잖아요. 산다는 것의 허무함이 일상에 배어 있을 때, 적어도 그것에서 빠져나오기 위해 해 줘야 할, 그게 아무리 치졸하고 엉터리 같은 말이라도 그런 말쯤은 하고 살아야 하는 것 아닌가요?"

그녀는 결국 똑같은 말을 반복하고 있었지만 자신의 절망을 표현하는 데까지 이르지는 못했다. 여전히 그녀의 말을 받아들일 수 없었지만 고개를 돌려 그녀를 바라보는 순간 그녀의 모든 것을 이해할 수 있었다. 반쯤 쌍꺼풀 진 그녀의 눈을 더 이상 젖게 하고 싶지 않았다.

"저를 좋아하셨다고 했나요?"

갑자기 화제를 바꾸자 그녀는 "제가 그렇게 말했던가요?" 하면서 웃었다.

"이런 얘기 하면 비웃지 않으실 거죠? 저번에 오신다고 하셨을 때 조금 당황하기도 했죠. 예전에 아버지가 당신, 아니 선생님을 기다리고 계시는 걸 알았을 때 아마 제가 더 기다렸을 거예요. 그러고 보면 아버지와 난 둘 다 선생님에게 바람을 맞은 거네요. 그러고 보니 아주 나쁜 사람이네요."

그녀가 나를 돌아보며 가볍게 한 번 더 웃었다.

"선생님께서 절 기다리셨다고요?"

'당신도 나를 기다렸다고 했나요' 라고는 묻지 않았다.

"졸업 때였을 거예요. 한번은 아버지가 선생님을 만나야 하는데 도무지 찾아오지를 않는다고 하셨어요. 그러고 나서 선생님이 취직을 해 버렸다고 말씀하시는 걸 들은 거 같아요. 그때 얼마나 섭섭하게 생각하셨는지. 아마 아버지는 선생님이 대학원에 들어오실 줄 알고 있었나 봐요. 제자가 될 줄 아셨는데……."

"그랬나요? 저는 몰랐어요."

"그런데 그 뒤로 아버지는 선생님에 대해서는 더 말씀하지 않으신 것 같아요. 포기하신 거겠죠."

"그랬군요."

"아버지가 많이 좋아하셨을 거예요. 그리고 저도 그랬고요. 한번은 아버지가 선생님 얘기를 하길래 '그럼 집으로 데려와 보시지 그래요' 하고 말한 적도 있었지만 아버지는 웃기만 하셨죠. 그 아버지에 그 딸이라고. 그러니까 우리는 바람을 맞아도 싸죠. 안 그래요? 당신은 볼 때마다 늘 침울한 표정을 짓고 있었고 게다가 걸음은 왜 그렇게 빠른지 쫓아다니고 싶어도 물리적으로 불가능하더라구요."

그녀는 큰 소리로 웃었고 나도 따라서 웃었다. 어느새 우리는 옛 일을 천연덕스럽게 주고받는 다정한 친구가 되어 있었다.

"한 번은 김 선생님이 다니는 길목, 거기 알죠, 인문관으로 통하는 샛길, 겨우 한 사람이 지날 수 있는 비탈길 말예요. 거기서 오는 걸 보고 멈추어 섰죠. 내가 비켜주지 않으면 절대 지나가지 못하도록 서 있었죠. 그런데 어땠는 줄 알아요? 정말 눈 깜짝할 사이에 비탈을 휙 돌아 나를 스치고 훌쩍 지나가 버린 거 있죠. 나를 쳐다보기는커녕 마치 바람처럼 통과해 버리는 거예요. 얼마나 허무하던지. 아마 그때부터 포기했을 거예요. 아, 이 사람은 도저히 안 되겠구나. 그런 생각이 들었죠. 지금도 그렇게 다녀요?"

"내가 그 정도였어요?"

"몰랐단 말예요?"

"그때 내가 왜 그랬을까? 눈에 보이는 게 없었나 보죠. 지금 생각해 보면 마치 자폐에 빠져 있었던 것 같아요. 어떻게 말하는 것조차 불가능할 정도로 힘든…… 지나고 나면 아무 것도 아니었는데."

그때 그녀가 스틱에 올려놓은 내 오른손 위에 자신의 손을 가만히 올려놓았다.

선생의 묘는 공원묘지의 중간 줄 끝에 자리 잡고 있었다. 오른편으로는 잣나무가 둘러쳐 산으로 올라가고 있었고, 왼편으로는 군데군데 무덤이 쥐똥나무 사이로 이어져 있었다.

내가 먼저 절을 했고 그녀는 아직 뿌리내릴 곳을 찾지 못한 떼의 잔뿌리를 토닥거렸다.

"제가 그때 좀 여유가 있었으면 좋았을 뻔했어요. 나에게 세상을 바라볼 수 있는 약간의 여유가 있었더라면 모든 게 달라졌을 거예요. 아마 그랬다면 선생님을 이렇게 뵙는 일도 없었을 거구요. 그리고……"

담배를 하나 빼어 물며 그 다음 말을 하지 않았다. 그랬더라면, 정말 그랬더라면 모든 게 달라져 있을지도 몰랐다. 선생의 총애를 받아 대학의 한자리를 차지하고 있을지도 모르며, 이제 와서 알게 된 것이지만, 그녀가 나의 아내가 되어 있을 수도 있었다. 그리고 그녀와 나는 지금과는 다른 처지가 되어 이 자리에 있게 되었을지도 몰랐다. 하지만 어떤 경우에도 그녀와 함께 지금 있게 된 것은 변하지 않았을 것이다. 나는 그녀와의 만남을 한 번도 신뢰하지 않은 운명에 걸어 놓고 싶었다.

선생의 묘에서 벗어나 우리는 공원묘지에 난 길을 따라 나란히 걸었다. 짙은 쥐똥나무꽃 향기가 곧게 난 길을 따라 이어진 측백나무 향과 섞여들었다. 가지런한 무덤을 가지런히 가리고 있는 개나리가 푸르게 늘어져 있었다. 우리는 죽은 영혼의 그림자를 쫓아가듯 가파른 언덕을 올라갔다. 아직 잠들지 못한 영혼을 위한 자리에는 토끼풀이 먼저 자리를 잡았고, 몇 개의 계단을 더 오른 곳에는 죽은 자의 위세를 빌려 살아있는 자의 위세로 삼은 으리으리한 비석들이 풀밭을 헤집고 솟아 있었다.

마지막 무덤을 오르는 계단참에 앉았을 때, 어디선가 휘파람새가 소리를 뱉어 내고 사라졌다. 그때 그곳이 우리를 위한 비밀의 정원이 될 수는 없었지만, 그녀의 모습을 죽은 영혼이 가려 줄 수는 있을 것이란 생각이 들었다. 바람이 불었고 그녀의 향기가 풀 냄새에 섞여들었다. 낮게 깔린 구름이 칠칠치 못하게 한두 방울 식은땀을 지상으로 떨어뜨렸다. 갑자기 멀리서 기차 소리가 머릿속으로 기어들어와 이 끝에서 저 끝으로 마치 팽팽하게 부풀린 풍선 속에 갇힌 구슬처럼 헤집고 다녔다.

그녀는 치마를 접고 앉아 낮게 깔리는 구름을 쫓고 있었고 나는 그녀를 조심스럽게 바라보았다. 그때 나의 뇌는 텅 비어 그녀의 작은 움직임조차 지축이 흔들리는 것처럼 담아낼 수 있었고, 그녀의 작은 숨소리조차 벼락이 머리 위에서 치는 것처럼 들을 수 있었다. 나의 뇌는 진화를 거꾸로 거슬러 새알만하게 쪼그라들었다. 내가 판별할 수 있는 건 먹을 것과 싸울 것과 숨어야 할 것 이외에는 없었으며, 나의 뇌는 잠잘 때와 사랑할 때를 아는 것 외에는 텅 비어 있었다. 그 비어 있음의 평온함. 그 나머지의 모든 것에 대해 내 영혼은 무책임했다. 그때 노란색의 새 한 마리가 빠르게 활강하며 지나가지 않았더라면, 그리고 그걸 보고 '꾀꼬리다' 라고 말을 뱉지 않았더라면 나는 영원히 새알만한 뇌를 가질 수 있었을 것이다. 무책임한 수컷으로 남아 있었을 것이다.

"꾀꼬리에요?"

그녀가 물었고 나는 그렇다고 대답했다. 고개를 돌려 그녀를 보았을 때 그녀는 더 이상 풀밭을 배회하는 여인일 수 없었다. 그녀는 죽은 은사의 딸일 뿐이었다. 나는 아직 미처 회복되지 못한 뇌의 비어 있는 부분에 미진하게 머물러 있는 본능을 찾아내 그녀의 볼에 가볍게 입을 맞췄다. 그때 그녀가 고개를 돌려 나의 입술을 물었다. 그리고 빠르고 거칠게 그녀의 혀가 내 안으로 미끄러져 들어왔다. 그녀의 입술은 점점 부드러워졌고, 나의 뇌는 빠르게, 점점 빠르게, 다시 녹아내리기 시작했다.

⚔

우리는 공원묘지를 나와 차를 몰고 가까운 강변으로 향했다. 그리고 남이섬이 멀리 바라다보이는 강변의 한 까페에서 강을 바라보고 앉았다. 하늘에 낮은 구름이 깔려 있었지만 눈이 부셨다. 강 건너편 높은 산은 물방울을 잔뜩 먹은 공기의 두께를 뚫지 못했지만 그 흐릿한 그림자가 더 눈을 부시게 했다.

눈을 가늘게 뜨고 담배를 빨아들이자 과거가 희미한 기억을 더듬으며 슬금슬금 기어 나오기 시작했다. 옛날 이야기를

했다. 어쩌면 가장 떠올리기 싫은 기억만을 골라 그녀에게
말해 주고 싶었는지 모른다. 무엇을 말했는지 다시 기억하고
싶지 않다. 단지 지워 버리고 싶은 기억을 그녀에게 말하며
젊은 시절 겪은 가벼운 절망의 응석을 부리고 싶었는지도 몰
랐다. 그녀는 아무 말도 하지 않았다. 내 손 위에 포개진 따
뜻한 그녀의 손이 유일한 희망인 것처럼 나는 얄팍한 지난날
의 절망을 두텁게 이야기했다.

그날 그녀와 나눈 이야기에는 하나가 더 있었다. 그녀는
아버지 이야기 끝에 나의 논문에 대해 다시 물어 왔다.

"선생께서 쓴 그 논문은 뭐예요? 그게 왜 거기 있었어요?"

나 역시 잠깐 잊고 있는 사실이었다. 나의 머리 한쪽에 늘
그런 궁금증이 맴돌고 있었지만 나 역시 그 이유를 알지 못
했다. 문자, 아니 가부루의 신화와 역사가 도대체 내 논문과
무슨 상관인가?

"글쎄요. 나도 모르겠어요. 선생님이 연구하신 건 고대문
자였어요. 내 리포트는 아래·에 관한 것이었는데, 남기신
자료 어디에서도 관련된 내용을 찾을 수 없거든요."

"한글 아래· 말인가요? 그건 아버지의 연구 과제이기도
한 것 같은데요?

"그랬을 겁니다. 국어학을 하는 분이면 누구나 관심을 갖
는 영역이죠."

"근데 왜 하필 아래·예요? 다른 것도 많을 텐데. 사라진
문자가 아래· 말고 여럿 있잖아요? 나는 잘 모르지만 반치

음이라든가, 꼭지이응 같은 거? 그런데 졸업 리포트의 내용이 뭐였어요?"

그녀가 내 리포트의 내용에 대해 관심을 가질 리 없었다.

"글쎄요. 얼마 전 다시 한 번 읽어 보긴 했지만 그걸 내가 왜 썼는지도 이제는 가물가물하네요."

그건 거짓말이었다. 나는 상자를 받아든 뒤 그 논문을 다시 읽으면서 그것을 쓰던 순간의 기억까지 새록새록 떠올릴 수 있었다.

"이야기해 줄래요?"

"아마 듣고 싶지 않을 텐데요? 전혀 흥미로운 이야기는 아닐 겁니다."

"그래도 듣고 싶어요."

그녀는 이미 나의 이야기라면 무엇이라도 들을 준비가 되어 있었다. 내가 그랬던 것처럼 그녀 역시 나의 영역으로 단한 발이라도 들어오고 싶은 충동을 감추지 않았다. 그녀가 불어넣어 준 용기에 힘입어 나는 어느새 무엇이든 제 것이라면 부풀리고 보는 사내들의 심사를 닮아 갔다.

"내 논문은 '아래·음의 음가에 대한 규정'과 '음운의 확장과 축소 이론'이라는 두 부분으로 나누어 있죠."

"말만 들어도 어려운데요. 아버지의 연구가 다 그랬지만."

"한글이 만들어진 과정과 제작 원리에 대해 약간의 설명이 필요할지도 모르겠네요. 누구나 알고 있듯이 한글은 거저 만들어진 게 아니죠. 누가 지어낸 이야기인지 몰라도 뒷간에서 일 보다가 문살 모양을 보고 ㄱ, ㄴ, ㄷ, ㄹ을 만들었다거나, 문고리 모양을 본떠 ㅇ을 만들게 된 것이 아니라는 건 알고 계실 겁니다.

한글이 과학적이라는 건 그 글자를 조합하는 구조와 체계가 과학적으로 짜여 있기 때문만은 아닙니다. 이 세상에서 인간이 만들어 낸 모든 소리를 수집하고 그것을 계통별로 분류하며, 이를 다시 음성학적 기호로 정착시키고, 이를 음운, 즉 문자로 전환해 한글을 완성한 과정은 사실 숨 막히도록 정연한 논리적 절차에 의한 것이었죠.

자음만 보더라도 음성의 발화 기관, 그러니까 소리를 내는 곳의 위치와 형태, 즉 입 모양과 구조에 의해 소리의 차이가 난다는 것에서 출발합니다. 인간의 모든 소리가 나는 곳을 찾아 이를 아牙, 설舌, 순脣, 치齒, 후喉 음으로 분류해 내고, 그 발성 기관의 모양을 본떠 각각 ㄱ, ㄴ, ㅁ, ㅅ, ㅇ의 기본음과 그 모양을 만들고, 거기에 소리의 세기와 차이를 가늠해 여러 자음을 만들 수 있었던 건 이미 그 창제 과정에서 학문적 완성도의 최고점에 도달한 것이라고 할 수 있죠."

나는 마치 한글을 내가 창안이라도 한 것처럼 자랑스럽게 이야기했다.

"거기까지는 저도 알 것 같아요."

"모음의 기본인 ㆍ, ㅡ, ㅣ에 관해서도 마찬가지입니다. 기본음인 ㆍ, ㅡ, ㅣ가 각각 천天, 지地, 인人을 뜻하고 그 조합의 원리에 대해서는 모두 알고 있는 바와 같지만 ㆍ, ㅡ, ㅣ가 왜 그렇게 정해졌는지, 그것이 각각 무얼 의미하는지에 대한 설명은 그리 간단치가 않죠. 나는 훈민정음 해례에서 말하는 대로 기본 모음이 단순히 천, 지, 인과 같이 그럴듯하게, 마치 음양이나 오행처럼 우주의 원리를 설명하는 개념에서 만들어진 요소는 아니라고 생각합니다. 그 중에서 특히 아래 · 는 단순히 하늘의 모양을 본떠 만든 것도 아니었죠. 음성학적으로 말하자면 모든 음을 생성시키는 우주의 한 점, 빅뱅 이전의 한 점과 비슷하다고나 할까요?"

"아래 · 에 그런 의미가 있어요?"

"의미가 있다는 뜻은 아니고 말하자면 그렇다는 말이죠. 그것은 존재하지만 규정할 수 없으며, 무한히 많은 것을 분화할 수 있지만 점 하나에 불과한, 모든 것을 내포하고 있는 점이죠. 그게 아래 · 라고 할 수 있습니다. 그런데 모든 음을 생성시키는 가장 중요한 음이었음에도 불구하고 아래 · 는 사라져 버렸죠.* 이상하지 않아요? 지금까지도, 아니 지금은 어떤지 모르겠지만 아래 · 에서 파생된 모든 음은 알고 있으면서 정작 그 음을 알지 못하고 있잖아요? 아래 · 음이 다른 음과 결합하여 예를 들면 아래 · 와 ㅣ가 결합하여 ㅏ 음이 된다는 것은 누구나 알고 있죠. 그런데 아래 · 음이 어

---

* 정확히는 1933년 조선어학회가 한글맞춤법 통일안을 만들면서 없어졌다. 당시의 학자들도 아래 · 음을 추정하기 어려웠을 것이며 쓰임을 찾지 못했기 때문일 것이다.

떤 음인지도 모르는 채 ㅏ음만 안다는 것은 이상한 일이 아닐 수 없어요. 왜 그런 현상이 일어났을까? 그게 제 의문의 시작이었죠."

"조금 어려워지는 것 같은데요. 정말 아래 · 가 왜 없어졌죠?"

"어려운 건 아니고 생소한 분야라서 그럴 겁니다. 나는 처음부터 아래 · 음의 음가音價는 없었다는 가설을 내세웠지요. 즉 아래 · 음의 음가가 제로라는 거지요."

"음가가 없다는 말은 무슨 뜻이에요?"

그녀가 계속해서 질문하는 바람에 나의 어설픈 강의는 자꾸 방해받았다. 나로서도 음가나 음운, 음성 이런 개념을 적절하게 설명하기 난감했다. 한때 내가 알던 것조차 제대로 말할 수 없다는 것은 내가 그만큼 그 세계에서 얼마나 멀리 떨어져 있는지를 말해 주는 것이었다. 그러니 내 설명은 말 그대로 소략하기 짝이 없었다. 하지만 그건 문제가 되지 않았다. 전문적인 단어 몇 개로 문외한 앞에서 잘난 척하는 건 정말 쉬운 일이다. 이 글을 읽는 사람들에게 미안한 일이지만 지금도 똑같이 그런 식으로 말할 수밖에 없는 일이다. 그러니 이 부분을 대충 건너뛰어 읽어도 마음 쓰지 않을 것이다.

"모든 음은 음가 0을 기준으로 +음과 −음을 갖지요. 입 안의 위쪽에서 나오는 음이 +, 아래쪽에서 나오는 음이 −라고 보면 됩니다. 아래 · 음의 음가가 0이라고 한 것은 현대의 음성학에서 음가를 결정하는 기준으로 보자면 그렇다는 말입니다. 하지만 음가가 0이라고 해서 소리가 나지 않는다는 뜻은 아니지요. 아래·음은 기본음이자 중간음으로서 음가가 0인 발음기호[ə]에 해당하는 음이라고 할 수 있다는 것입니다. [ə]음 역시 묵음이라고 하지만 소리가 나지 않는다는 뜻이 아닙니다. 아마 원시음이라고 말하는 게 적당하겠지요."

"원시음이라는 게 있어요?"

"사실 저는 이런 개념이 음성학에 있는지 모릅니다. 단지 인간이 처음 말하기 시작하면서 있었을 음, 모음이 분화되기 이전의 음을 말하는 것이지요. 그게 어떤 음인지는 알 수 없지만, 아마 온몸에 힘을 빼고 입을 적당히 바보처럼 벌리면서 혀나 목젖 어느 부위에도 힘을 주지 않은 상태로 가장 자연스럽고 편안하게 내는 바로 그런 소리일 것입니다. 처음 문자를 만들었을 때 바로 그 소리를 아래·음으로 만들었을 거라고 추정한 것일 뿐입니다. 아래·는 ㅏ나 ㅗ 혹은 ㅓ나 ㅜ와 같이 분명한 의도로 발음되는 음들이 분화되기 이전의 소리이며, 그런 모든 음이 다 들어가 있는 소리라는 뜻입니다."

"아래·음이 정말 그런 음이에요?"

"그건 지금 제가 단정할 수 있는 게 아니지요. 제가 예전에 쓴 리포트의 내용이 그렇다는 이야기죠. 너무 무책임한가요? 어쨌든 그런 이유로 수십 년 동안 국어학에서 논란이 된 아래·음이 현재의 어떤 음과 비슷하냐고 물어 보는 것 자체가 나에게는 우문일 수 밖에 없는 것이죠. 그 논문을 쓸 때 아래 · 음의 음가를 추정한 많은 논문을 찾아보았는데, 모두 특정의 어느 음과 가깝다는 결론을 내고 있었습니다. ㅏ나 ㅗ 음의 중간음이라거나 ㅓ나 ㅜ의 중간음 혹은 ㅗ음에 가깝다는 식이었죠. 혹은 제주도 방언에 지금도 남아 있는 ㅗ음이 바로 그 음이라고 추정하기도 하고요. 그런 결론은 모두 맞을 수 있지만 모두 틀릴 수도 있는 거지요.

제 생각으로는 그런 연구는 처음부터 방향이 잘못된 것으로 보였습니다. 그 이유는 훈민정음 해례의 "혀가 오므라들고 소리가 깊다舌縮而聲深"란 말에 집착한 나머지 아래 · 음의 음가가 0이어야 한다는 자명한 사실을 받아들이지 못했기 때문이지요. 실제로 세종 시대의 사람이 나타나 그것을 발음하는 소리를 듣는다고 해도 아마 아래 · 음을 밝혀내기란 쉽지 않을 것입니다. 왜냐하면 그 음은 말하는 사람이나 듣는 사람에 따라 ㅏ나 ㅓ 혹은 ㅗ나 ㅜ 등 어느 것으로도 말할 수 있고, 들릴 수 있을 것이기 때문이니까요."

"아래 · 음이 무슨 음인지 모르는 게 아니라 모든 음일 수 있다는 말인가요?"

"그 말은 아닙니다. 단지 아래 · 음은 모든 모음의 기준이 되는 중간음이자 기본음이라고 할 수 있죠. 기본음 아래 · 를 기준으로 ㅣ는 앞에서 나는 소리를 ㅡ는 뒤에서 나오는 소리의 대표음이지요. 현대의 음가의 기준은 입 안의 앞과 뒤가 아니라 위쪽에서 나는 +음과 아래쪽에서 나는 ─음으로 구분하고 있어요. 그럴 때 아예 현대의 음가 기준을 바꿔 버리면, 즉 위쪽이 아니라 앞쪽의 음을 +로 아래쪽이 아니라 뒤쪽의 음을 −로 정해 버리면 간단히 ·, ㅡ, ㅣ에 대한 문제가 해결되어 버립니다."

"·, ㅡ, ㅣ를 설명하기 위해 이론을 통째로 바꾸는 건가요?"

"어차피 이론은 현상을 설명하기 위한 것인데, 이론에 현상을 억지로 끼워 맞출 필요는 없다고 생각했죠. 아래 ·를 기준으로 ㅣ가 앞쪽에서 나는 소리를 대표하고, ㅡ가 뒤쪽에서 나는 소리를 대표하는 것으로 받아들인다면(이런 가정을 받아들이지 않으면 실제로 ㅣ음과 ㅡ음 조차 아래 ·와 마찬가지로 과거에 정확히 어느 부위에서 나는 소리였는지에 대한 지리한 연구가 또다시 시작되겠지요.) ㅣ가 들어간 ㅏ와 ㅓ 모두 앞쪽에서 나는 소리이며 ㅡ가 들어간 ㅗ ㅜ 모두 뒤쪽에서 나는 소리임을 알 수 있어요. 이것은 오늘날 음가와 다른 기준으로 나타나는 +음군과 −음군에 대한 제자 원리를 적용했다고 보면 되죠.

결론을 말하자면 ㅣ, ·, ㅡ는 각각 음가 + 0 − 를 나타나는 각각의 음성학적 기호이며 각각 그것을 대표하는 음이라는 것을 알 수 있습니다. 한글은 만든 과정만을 본다면 문자보다는 음성기호를 만들 목적이 더 앞선 것이고 바로 그런 점에서 과학적이라고 할 수 있습니다. 음성학적 기호가 음운학적 기호로 전환되고 그것이 바로 문자가 된 것이지요. 그리고 자음 역시 처음 문자라기보다는 하나의 음성학적인 기호 체계에서 시작되었다는 것을 알 수 있고요."

"쉽지 않은데요. 알 것 같기도 하고 모를 것 같기도 한데요."

더는 그 내용을 쉽게 설명할 수 없는 내가 안타까웠지만 그것으로 충분했다. 그리고 내가 말한 내용이 예전에 쓴 논문의 내용과 부합하는지 아닌지도 알 수 없었다.

"그런 걸 졸업리포트에 썼단 말예요?"

나는 내친 김에 논문의 뒷부분까지 설명하려 들었다.

논문의 전반부가 아래·에 대한 것이라면 후반부는 내가 보아도 정말 터무니없는 가정에서 시작된 '음운의 확장과 축소이론'이라는 것이었다. 이 부분은 아래·의 생성과 소멸 그리고 사라진 음에 대해 그 원인을 규명하고 아래·음이 다양하게 분화되는 이유에 대해 추정할 수 있는 근거를 마련하기 위한 이론이다. 그건 지금 생각해 보아도 거칠고 무모하기 짝이 없는 황당한 이론이었지만, 그런 것에 대해 나에게 책임을 물을 사람이 아무도 없다는 것쯤은 알고 있었다. 누가 학부생의 졸업리포트에 그 이상을 바랄 것인가? 사실 음운의 확장과 축소에 대해서는 수많은 자료를 체계적으로 분류해 그 과정 하나하나를 뒷받침해야 할 필요가 있었지만 리포트를 쓰는 나에겐 그럴 시간도 없었고 그럴 필요도 없었다.

"음운의 확장과 축소 이론은 모든 음은 시대의 변천에 따라 요동치고 있었으며, 그것은 확장과 축소의 과정을 거치면서 현재의 음에 이르게 된다는 내용이었죠. 실제로는 음운의 변화가 원자폭탄이 떨어질 때 폭발, 수축, 팽창이 일어나는 현상과 비슷하다는 터무니없는 발상에서 시작된 것이었는데. 어쨌든 그 이론에 따르면 '아래 · 음은 처음부터 이미 사라질 것을 예견하고 만들어졌을 수도 있다'는 말이 되는 거지요.

아래 · 는 모든 음의 기본음이기 때문에 비슷하게 소리 나는 음은 모두 아래 · 음으로 적을 수 있습니다. ㅇㅂ지(아버지, 아부지, 어부이)도 가능하고 ㅇㅁ니(어머니, 오마니, 어무니)도 가능하죠. 시대를 거슬러 오를수록 아래 · 음이 많은 것은 이 때문이죠. 이때는 음이 확장(확장이란 두 가지 의미를 지니고 있습니다. 하나는 말 그대로 음의 적용 범위가 넓다는 말이며, 다른 하나는 여러 음가를 동시에 가질 수 있다는 말이지요)되는 시기로 아래 · 뿐 아니라 모든 음운은 폭넓은 음가를 지니게 됩니다. 그러나 음운이든 음성이든 하나의 음가를 갖게 된다는 것은 변별력(음을 구분하는 차이)을 갖추게 된다는 것을 의미하지요. 음운의 변별력은 이미 정해진 하나의 음운을 더욱 고립시킵니다. 예를 들면 ㅏ음은 실제로 매우 다양한 입모양으로 수십 가지의 비슷한 ㅏ음을 낼 수 있죠. 그런데 ㅏ와 ㅓ를 구분해야 할 때 ㅏ는 좀더 ㅏ처럼, ㅓ는 좀더 ㅓ처럼 '의도적으로' 발음하게 되죠. 그럴 경우 음운이 축소되는 것입니다.

시대가 변함에 따라 그리고 사회와 문화가 세분화됨에 따라 언어 역시 세분화되는 과정을 거치게 됩니다. 그것은 음운의 변별성이 한층 강화된다는 것을 의미하는데 그럴 때 중간음으로써 아래·음은 어느 특정한 부위의 음으로 분화되어 정착될 필요가 생기죠. ㅇㅂ지는 아버지로 ㅇㅁ니는 어머니로, 즉 아래·가 ㅓ와 ㅏ로 분화되는데 실제로 그것은 어버이가 어머니와 아버지로 변별될 필요가 있는 것과 다르지 않습니다. 그리고 음운의 변별성이 강화되어 하나의 음가로 안정될 때 ·음은 사라지는 운명을 맞이하게 됩니다."

사실 음운의 확장과 축소 이론은 지금 내가 기억하고 있는 것보다 훨씬 복잡한 내용을 담고 있기 때문에 정확히 그 이론을 어떻게 제시했는지를 지금은 나조차 알 수 없다. 단지 현재의 모든 음은 예전의 음과 달랐으며(똑같이 쓰였다고 할지라도) 그것이 분화되고 정착되는 과정에서 어떤 음운학적 원리가 작용했는지를 규명하려 한 것이었다.

어쩌면 이런 내용들은 현재의 국어학 수준에서 보자면 상식적이거나 터무니없는 것 둘 중의 하나다. 그건 내가 알 바 아니다. 어쨌든 당시 논문을 쓰면서 구강 구조를 몇 개씩 그려 넣기도 하고 도표를 만들기도 하면서 나름대로 열심히 쓰기는 한 것 같다.

그녀는 재미없는 강의를 흥미 있게 들어주었다. 어쨌거나 살면서 반 푼어치의 도움도 주지 않은 나의 공부는 그때 처음으로 학문적 가치를 충분히 발휘한 셈이었다. 그러나 그날 그녀에게 장황하게 떠벌린 나의 이론(그렇게 말할 수 있다면) 이 그녀와 나 사이에 아니 내가 알지 못한 선생과 나 사이에 있게 된 모든 일의 원인이자 치명적인 결과가 되리라는 걸 알지 못했다.

밖을 나오자 어둠이 몰려들기 시작했다. 차에서 그녀는 나에게 가볍게 입을 맞췄다.

"가요."

그녀는 짧게 내뱉고는 나를 바라보며 부드럽게 말을 이었다.

"나 지금 음험한 생각 하고 있어요. 무슨 생각인지 알아요? 헤어지기 전에 어디 가서 당신과 **뽀뽀** 한 번 더 할 거예요."

그녀의 거침없고 당당한 음험함은 품위 있고 의연했다.

며칠 동안 겉으로는 멀쩡했지만 마음은 안절부절못 했다. 그녀의 갑작스러운 접근으로 나는 작은 혼란 상태에 빠져들었다. 나의 이성은 모든 게 명쾌하게 분리되고 해야 할 분명한 일을 알려 주었지만, 나의 감성은 모든 걸 뒤섞어 버려 아무 일도 하지 못하게 만들었다. 이전까지 나의 두뇌가 그토록 이성과 감성이 명쾌하게 분할되어 존재하는지 알지 못했다. 나의 이성은 선생이 나에게 남겨준 과제에 대해 골몰하고 있었고, 나의 감성은 그녀에 대한 생각으로 범벅이 되었다. 선생의 죽음과 그녀의 존재가 동시에 머리와 가슴을 점령하고 있다는 사실을 도무지 받아들일 수 없었다. 불안과 죄의식이 끊임없이 파고들었고, 그럴수록 나 자신에 대한 혐오감으로 견딜 수 없다가도 알지 못할 설렘으로 충만해졌다. 더 이상 일상의 자유로움을 누리지 못했다. 한편으로 갑작스럽게 다가온 그들을 원망하다가도 다른 한편으로 더 넓은 삶의 자유로움으로 빨려들지 못하는 나 자신을 저주했다. 나의 혼란은 그녀를 만날 때는 씻은 듯이 사라졌다가 혼자 있게 되면 불안감으로 나타났고, 선생의 유품을 뒤적거릴 때는 죄책감으로 돌변했다. 하지만 이성과 감성 그 어느 쪽도 편을 들 수 없었다.

그녀와 몇 차례 만나고 난 후 모든 게 달라졌다. 둘 사이에 놓여 있던 심리적인 유대의 끈은 매우 빠른 속도로 죄어들고 있었다. 그것은 비밀스럽고 음험한 일탈의 충동일 수도 있었으며, 소박함과 거리낌 없는 솔직함에서 비롯된 감정이었을 수도 있었다.

우리는 희미하고 오래된 기억의 끈을 빌미로 서로 친근감을 확인했고, 그녀는 내가 알 수 없었던 과거를 돌려줌으로써 지리멸렬한 나의 젊은 시절에서 꿈꿀 수 있는 자리를 마련해 주었다. 그럼에도 여전히 나는 현재가 과거와 뒤범벅이 되어 농탕질치고 있다는 불안감에서 벗어날 수 없었다. 선생이 남겨 놓은 자료를 들여다볼 때마다 이제 전세는 완전히 역전되어 수십 년 전 은사의 유품을 마지못해 정리하는 덜떨어진 제자에서 좋아하는 사람의 아버지가 내린 유고를 받들어야 하는 신세가 되었다.

어느 날 다섯 번째 노트에 실린 가부루의 신화를 넘겨보다 현재가 아닌 아득한 과거의 신화의 세계 속으로 빠져들기 시작했다. 그때 나는 낯설고 새로운 현재와 과거가 내 주변에서 끊임없이 출몰하는 현상에 정신을 차리지 못했다.

가부루의 신화는 모두 짧은 문장으로 된 열두 개 항목으로 나누어져 있었는데, 각 머리마다 "이런 날들이 있었다"로 시작되었다. 제6 노트와 제7 노트에 기록되어 있는 가부루의 역사는 신화보다 더 길고 형식적으로 보자면 매우 다양하고 여러 가지 방법으로 기술되었다.

나는 비교적 짧은 가부루 신화의 해석 부분을 컴퓨터에 옮기기 시작했다. 우선 원형대로 남아 있는 선생의 제5 노트에 실린 그 신화를 여기에 소개한다.*

* 제5 노트의 초고에는 원래 신화가 약간 다르게 해석되어 있는 부분이 여럿 있었다. 그 중에서 전체 맥락에서 가장 무리가 없는 문장을 선택했으며, 단어의 의미는 선생이 노트에 표시해 둔 부분(그는 가장 적확하다고 생각되는 자신의 해석에 원을 그려 놓았다)에 따랐다. "이런 날들이 있었다"로 시작되는 단락을 구분하기 위해 임의로 표시해 둔 번호가 있었지만 여기서는 생략한다.

"이런 날들이 있었다.

처음 땅은 없었다. 태양처럼 이글거리는 불덩이가 있을 뿐이었다. 하늘에서 수 없이 많은 씨앗들이 날아와 불 위에 떨어졌다. 어느 씨앗도 불덩어리 위에서 살아남지 못했다. 오직 단 하나의 씨앗이 불 위에 떨어져 싹을 틔웠다. 싹은 뜨거운 불을 견디며 잎을 내밀었고 줄기를 뻗었으며 뿌리를 내렸다. 싹은 점점 자라 불을 덮기 시작했다. 뿌리는 점점 굵어져 불 속으로 깊숙이 파고들었으며, 줄기가 가지를 내고 가지가 이파리를 내어 하늘을 모두 가렸다.

마침내 불이 잦아들어 땅이 되었으며, 땅 위에는 마지막 하나의 불기둥만 남은 채 모든 불이 사라졌다. 나무는 하늘 끝까지 자라 반짝이는 열매를 맺었다. 이파리는 무성하여 세상을 깜깜하게 덮었다. 줄기는 너무 커서 땅이 지탱할 수 없었다. 뿌리는 너무 깊어 끝이 닿지 않는 곳까지 다다랐다. 불은 식어 땅이 되었지만 땅은 나무에 눌려 움직이지 못했다. 땅의 신음 소리가 하늘에 닿았다."

"이런 날들이 있었다.

땅 끝에 마지막 남은 불기둥이 분노의 피를 토했다. 불기둥은 잎을 태우고 줄기를 삼켰으며 뿌리를 잘라 버렸다. 불기둥은 식어 버린 땅마저 뜨거운 불로 덮어 버렸다. 오직 하늘에 박혀 있던 열매만 타지 않고 남아 하늘의 반짝이는 씨가 되었으며, 잘려 나간 뿌리는 땅속 깊은 곳으로 사라졌다.

불기둥이 분노의 피를 흘리고 땅속으로 사라지자 모든 세상은 안개와 연기로 가득 찬 암흑만이 있었다. 안개가 하늘로 사라지고 연기가 재가 되어 땅 위로 가라앉았을 때 불기둥이 다시 땅 끝에서 솟아 올랐다. 불은 이글거리며 동쪽에서 떠올라 땅을 까맣게 태우고 서쪽으로 사라졌다. 그렇게 수많은 날들이 지나가고 불기둥은 땅에서 기어 나와 태양이 되었다.

태양은 동쪽 땅 끝에서 솟아 올라 땅을 데우고 서쪽 땅 끝으로 사라졌다. 태양이 분노할 때, 땅은 불타올랐으며, 태양이 분노를 삭일 때, 땅은 따뜻했다. 태양이 분노를 삭이고 둥글게 하늘을 가로지를 때 땅은 가만히 엎드려 있었다. 땅은 엎드려 눈물을 흘렸다. 눈물은 나무의 뿌리가 사라진 흔적을 따라 흘렀으며 한곳으로 모여 바다를 만들었다. 태양이 안개에 묻히고 구름으로 가려져 작은 어둠이 만들어질 때면, 바다는 기쁨으로 요동치고 환희로 출렁거렸다."

"이런 날들이 있었다.

몇날 며칠 태양이 구름에 가려 있을 때, 바다는 환희의 광기를 토하며 하늘 가득히 물기둥을 올려 보냈다. 물기둥은 하늘에 가득 차 세상을 덮었다. 태양은 차갑게 식어 버렸으며 땅은 물에 잠겼다. 바다의 광기가 사라질 때까지 세상은 암흑 속에 잠겼다. 바다의 환희가 잦아들고 하늘의 물기둥이 다시 바다로 돌아가고 난 뒤에 태양이 다시 솟아 올랐다. 땅은 점점 따뜻하게 마르기 시작했으며 오랜 침묵의 평화가 시작되었다.

태양은 분노를 태우지 않았고, 바다는 미쳐 날뛰지 않았으며, 땅은 눈물을 흘리지 않았다. 그런 날들이 지나갔다. 깊은 땅 속 그 옛날 땅이 흘린 눈물이 다다른 깊은 곳에서 뿌리는 서서히 잠을 깨기 시작했다. 눈물이 뿌리를 적시고 잠을 깨우자 뿌리는 천천히 땅 위로 솟구쳐 올랐다. 그리하여 세상에는 나무가 자라기 시작했다. 큰 뿌리는 큰 나무를 만들고, 작은 뿌리는 작은 나무로 자랐다. 나무가 땅을 전부 덮었을 때, 세상은 둘로 나누어졌다. 한쪽은 숲의 세계였고 한쪽은 바다의 세계였다. 한쪽은 풀과 나무로 가득했으며, 다른한 쪽은 물로 가득했다."

"이런 날들이 있었다.

숲에서 처음 사람이 걸어 나왔다. 사람을 만든 건 숲에 있는 나무들이었다. 나무가 가지를 꺾어 긴 팔다리를 만들고, 잎으로 갈라진 손과 발을 만들고, 열매로 둥근 얼굴을 만들고, 씨앗으로 그의 반짝이는 눈을 만들었다. 사람의 피부는 나무껍질로 덮여 있었으며, 머리털은 나무 가시들이었다. 처음 사람은 숲에서 놀았다. 사람은 나무를 간질이고 그의 등을 긁어 주고 그의 뿌리에서 놀다가 그의 가지에서 잠들었다.

숲은 사람의 친구를 만들었다. 뱀을 만들고, 늑대와 딱정벌레를 만들고, 지렁이와 토끼와 잠자리를 만들고, 비둘기와 모기와 호랑이와 개구리를 만들고, 달팽이와 독수리와 생쥐와 하늘소와 돌고래를 만들고, 도마뱀과 고양이와 거북이와 나비와 풍뎅이와 물고기를 만들었다. 수많은 날들이 지나는 동안 숲에는 동물들로 가득했다. 사람과 짐승은 숲을 이리저리 헤집고 뛰고 구르고 날았다. 나무를 부러뜨리고 풀을 뽑아 버리고 잎을 뜯어내고 열매를 따 버리고 뿌리를 갉아대며 놀았다.

어느 날 숲은 사람과 짐승들을 숲 밖으로 쫓아 버렸다. 숲은 다시는 그들을 받아들이지 않았으며, 바다는 큰 거품을 만들어 그들을 밀어냈다. 사람과 짐승이 머물 곳이 없었으며 숨을 곳도 없었다. 사람과 짐승들은 숲과 바다의 사이에 난 좁은 땅을 따라 끝없이 도망쳤다. 짐승들은 모두 지치고 힘을 잃었다. 짐승들은 모두 숲이 준 모습을 잃어 갔다. 사람도 지쳐 있었으며 사지는 찢겨졌다. 몸에 붙어 있던 나무껍질은 모두 떨어져나가고 털은 모두 뽑혀 알몸이 되었다. 손과 발은 모래가 박혀 거칠고 두꺼워졌으며 그 끝에는 가시가 박혀 자라기 시작했다. 숲이 씨앗으로 만들어 준 눈을 빼고는 사람의 처음 모습은 모두 사라졌다."

"이런 날들이 있었다.

끝없이 도망치던 사람의 얼굴이 찢어지면서 붉고 푸른 피가 쏟아져 나왔다. 찢겨진 틈에서 피와 고름과 진액이 끝없이 흘러나오고 나서 맑은 물이 흐르기 시작했다. 그 자리에서 말이 쏟아져 나왔다. 사람이 땅 위를 달리며 소리치자 짐승들이 모두 그 말을 따랐다. 그들은 숲으로 다시 들어가 나무를 부러뜨리고 잎을 따 버렸으며 열매를 짓이겼다. 숲은 천둥을 만들어 위협하고 번개로 그들을 불살랐으며 안개로 길을 잃게 했지만 더 이상 막을 수 없었다. 짐승들은 숲을 차지했다. 숲은 짐승들에게 잠자리를 내주어야 했으며, 열매를 갖다 바치고 푸른 그늘을 만들어 주어야 했다.

사람과 짐승들은 숲과 바다를 오가며 살았다. 그러다 분노의 피가 덥히고 증오의 숨이 깊어질 때마다 숲으로 달려가 숲을 유린했다. 그들은 바다로 달려가 파도를 밀어내고 거품을 터뜨려 버렸다.

사람과 짐승은 좁은 땅 끝에서 숲과 바다를 향해 끊임없는 싸움을 벌였다. 숲은 깊은 울음을 울었으며 바다는 비탄의 한숨을 쉬었다. 태양은 빛을 잃었으며 별빛은 희미해졌다. 다시 어둠의 세상이 되었으며 다시는 날이 밝지 않았다. 사람과 짐승들은 더 이상 숲으로 달려가 풀들을 짓밟지 못했으며 나무를 부러뜨리지 못했고, 바다에 뛰어들어 물을 가르지 못했다. 사람과 짐승은 암흑 속에서 추위와 두려움에 떨었으며 그러다 처음으로 배고픔을 느꼈다. 하지만 배고픔을 어떻게 지나가야 하는지 알지 못했다. 굶주린 배를 무엇으로 채워야 하는지도 알지 못했다. 처음엔 흙으로 배를 채웠다. 손에 잡히는 대로 무엇이든 집어먹었으며 더 이상 집어넣을 것이 없어져야 먹는 걸 그쳤다.

그런 날들이 수없이 지나갔다."

"이런 날들이 있었다.

어둠의 세상엔 단 하나의 빛도 없었다. 그런 날들이 수없이 지나갔다. 세상에 빛이 없을 때 사람과 짐승은 추위와 두려움에 떨었고 배고픔에 시달렸다. 그들은 보이지 않는 어둠 속에서 닥치는 대로 집어삼켰으며 서로가 서로를 잡아먹었다. 그들은 굶주림을 피해 서로 쫓아다녀야 했으며, 굶주림을 피해 서로를 피해 도망쳐야 했다. 그들은 사방으로 흩어졌다. 그들은 숲인지도 모른 채 숲으로 도망쳤으며, 바다인지도 모른 채 바다로 도망쳤다.

그런 날들이 수없이 지나갔다."

"이런 날들이 있었다.

숲과 바다에 숨어 지내던 사람이 좁고 긴 땅으로 걸어 나왔다. 그는 간신히 두 발로 지탱할 수 있었지만 두 손은 부들부들 떨고 있었고, 그의 눈은 너무 깊어 보이지 않았으며, 그의 입에선 아무 말도 흘러나오지 않았다. 그는 태양을 바라보지 못했으며, 바다에 잠겨들 수도 없었고, 나무 사이를 뛰어넘을 수도 없었다. 그는 배가 고팠지만 흙조차 먹을 힘이 없었다. 그때 바다의 눈물이 그의 발가락을 적셨다. 그의 눈에서 눈물이 흘러 그의 가슴을 적시고 그의 배를 따라 흐르고, 그의 허벅지를 지나, 그의 장딴지로 흘렀고, 발목을 지나 그의 발가락을 적셨다.

사람의 눈물이 바다의 눈물과 만났을 때 바다는 멀리 물러나 사라졌다. 바다 위에 땅이 솟았으며 거기에 그와 닮은 짐승 한 마리가 서 있었다. 그가 그 짐승을 보았을 때 그 짐승은 그에게 다가와 그의 벌거벗은 몸을 보았다. 그는 처음으로 부끄러움을 느꼈으며 그래서 그를 잡아먹지 않았다. 그 짐승은 사람과 닮았지만 그와 똑같지는 않았다. 그 짐승은 바다가 만든 여자였다. 바다가 기쁨의 광기로 넘칠 때 그녀를 만들었다. 바다는 거품으로 그녀의 몸을 만들고 해초로 피부를 덮었다. 기쁨으로 숨을 불어넣고 광기로 몸을 데웠다.

그녀가 나타났을 때, 그녀는 처음 모습 그대로였다. 그녀에게선 바다 냄새가 묻어 있었으며, 그것은 언제까지나 그러했다. 그녀에게선 성게의 가시와 같은 독이 있었으며, 그것은 언제까지나 그러했다. 그녀에게선 잡히지 않는 거품이 있었으며, 그것은 언제까지나 그러했다. 그녀는 열정의 알을 품고 있었으며, 그것은 언제까지나 그러했다. 그녀는 여자였으며 숲에서 나온 사람에게 그가 남자임을 가르쳐 주었다."

"이런 날들이 있었다.

숲이 만든 사람인 남자와 바다에서 올라온 사람인 여자는 숲이 닿아 있는 바닷가에서 살았다. 그들은 서로 잡아먹을 생각을 하지 못했기 때문에 그렇게 했다. 그 대신 남자는 숲

으로 가 열매를 따 왔으며 간혹 짐승을 잡아다 그녀에게 주
었다. 여자는 바다로 나가 해초와 조개를 주워 그에게 가져
다주었다.

어느 날 남자는 여자를 위해 숲으로 들어가 짐승을 사냥
했다. 하지만 그가 돌아올 때 그의 손에는 아무것도 들려 있
는 것이 없었다. 그 대신 그의 가슴에 커다란 구멍이 뚫려 있
었다. 여자가 물었다.

"누구에게 심장을 잃었지요?"

"곰이 나의 심장을 가져가고 말았소."

그녀는 꿈틀거리는 자신의 배에서 둥근 알을 하나 꺼내
그의 손에 들려 주면서 말했다.

"심장 없이는 살 수 없어요. 심장을 도로 찾아와야 해요."

남자는 숲으로 돌아가 곰에게 알을 주며 말했다.

"나의 심장을 돌려줘."

곰은 남자의 심장을 이미 먹어 버렸기 때문에 대신 자기
의 심장을 떼어 주었다.

그 뒤로 남자는 사냥에 실패한 적이 없었다."

"이런 날들이 있었다.

여자가 바닷가 모래 위에 있을 때 구름이 태양을 잠시 가
려 바다에서 작은 기쁨의 바람이 그녀에게 불어왔다. 그러자
해초처럼 미끈한 여자의 몸에 물방울이 맺혔고 성게의 가시
들이 돋았다. 여자의 머리칼은 열망의 바람으로 물결쳤으며,

가슴은 바다의 거품으로 부풀어 올랐다. 여자의 배는 갈망으로 꿈틀거렸고 엉덩이는 달팽이의 살갗처럼 미끈거렸다.

여자의 모습을 보고 남자는 두려움에 떨었다. 여자의 온몸에서 흘러나오는 맑은 물방울과 무지갯빛 거품에서 짙은 바다 냄새가 났다. 남자는 숲을 향해 도망치려 했다. 그러나 두려움에 사로잡혀 움직일 수 없었다. 남자의 몸은 단단하게 굳어버렸으며, 나무껍질이 피부 위에 선명하게 다시 돋았다. 깊은 눈은 붉게 충혈되었고, 얼굴은 창백해졌으며, 손바닥에는 이슬이 맺혔다. 다리엔 가시가 뒤덮었고, 굵은 잎맥이 팔뚝을 따라 번져 나갔다. 여자가 다가와 남자에게서 나오는 숲의 냄새를 깊게 들이마시자 남자는 여자의 바다 냄새에 갇혀버렸다. 여자가 남자의 머리를 끌어 가슴에 대었을 때 바다의 푸른 거품이 일었다. 거품이 점점 남자와 여자의 몸을 뒤덮었다.

여자가 남자의 몸을 끌어 그녀의 꿈틀거리는 배에 닿게 하자 남자는 너무나 두려운 나머지 여자를 잡아먹으려 했다. 사납게 입을 벌려 여자의 입술을 깨물었을 때 여자의 배는 더욱 꿈틀거렸고 그 아래에서 부드러운 가시들이 돋아났다. 남자가 여자의 혀를 빨아들이자 가시 속에 숨어 있던 그녀의 부드러운 살갗이 깊게 파였다.

여자는 남자의 입 안에 맑은 물방울을 불어넣었다. 남자의 등을 어루만지자 그의 등에서 붉은 열매가 돋아났으며, 거친 다리 사이에 붙어 있던 나무껍질이 부서져 떨어졌다.

남자의 몸을 만질 때마다 부서진 껍질 사이로 붉은 살덩이가 화난 뱀의 목덜미처럼 부풀어 올랐다. 그 아래 부드러운 가시들이 돋아났다.

남자에게 솟아난 단단한 살이 부드러운 가시로 덮인 여자의 깊은 곳을 가득 채웠을 때 바다 냄새는 숲의 향기와 섞여 짙은 안개가 되었으며, 숲의 냄새는 바다 향기에 섞여 푸른 구름이 되었다. 남자의 뱀이 여자의 뱃속에서 요동칠 때마다 여자의 속살은 부드럽게 꿈틀거렸으며, 남자가 두려움에 몸을 떨 때마다 여자의 속살은 부드럽게 남자의 살덩이를 어루만져 주었다. 여자가 흘린 환희의 눈물은 남자가 흘린 두려움의 눈물을 씻어 주었다.

숲의 바람이 바다를 향해 달려갔고 바다의 바람이 숲으로 스며들었다. 그때 바다가 일렁이며 파도를 만들어 내고 물기둥을 하늘 가득 올려 보냈다. 물기둥은 숲의 천둥과 번개와 마주쳤으며 처음으로 비가 되어 세상에 뿌려졌다. 숲은 생기로 가득했으며, 바다는 기쁨으로 일렁거렸고, 태양은 따뜻하게 땅을 덥혔다. 남자와 여자가 하나가 되었을 때 그들은 사람이었으며, 떨어져 있을 때 가부루와 우모루가 되었다. 태양은 하루도 빠짐없이 솟아 올랐고, 숲은 끊임없이 나무를 자라게 했으며, 바다는 쉼 없이 파도를 만들었다. 구름은 높이 걸렸고, 안개는 숲과 바다를 오갔으며, 바람은 거침없이 하늘을 날았다. 그런 날들이 있었다."

"이런 날이 있었다.

가부루가 바다에서 나온 우모루를 만난 뒤 우모루의 충실한 노예가 되었다. 우모루는 스무날이 지나자 몸에서 커다란 알을 꺼내 가부루에게 주었다. 가부루는 알을 받아 떡갈나무 수액으로 씻어 모래밭에 파묻었다. 우모루는 다시 스무날이 지나 또 하나의 알을 꺼내 주었으며 가부루도 똑같이 했다. 스무날이 스무 번 지나고 스무 번째의 알을 모래에 묻고 난 뒤 우모루는 바다로 돌아갔다. 우모루가 바다로 돌아간 뒤 땅이 숨을 쉬는 소리가 처음 들렸다. 바다에서 기어 나온 게들은 바위 틈에서 껍데기만 남긴 채 녹아내렸고, 숲의 달팽이들은 소리 없이 집을 벗어던졌다. 나무 열매들이 썩는 냄새가 숲에 가득히 퍼져나가 숲에서 사는 새들도 울지 못했다.

가부루가 스무날이 스무 번 지나 모래를 거두고 알 위에 덮었던 해초를 거두어 내자 스무 마리의 커다란 벌레들이 그 안에서 꼬물거렸다. 벌레들의 반은 온몸에 모래 하나 묻히지 않고 숲으로 기어갔으며, 나머지 반은 물 한 방울 닿지 않고 바다로 기어갔다."

"이런 날이 있었다.

가부루가 숲이 끝나는 곳의 바위에 앉아 바다를 바라보며 울고 있을 때, 열 명의 어린 우모루가 숲에서 기어 나왔으며 열 명의 어린 우모루가 바다에서 떠밀려왔다. 가부루는 그들의 충실한 노예가 되었다.

가부루는 우모루를 위해 우리를 지었으며, 우모루의 울음소리를 듣기 위해 새들을 잡아 왔다. 우모루의 하얀 가슴과 맑은 등과 푸른 엉덩이를 위해 샘물을 길어 왔으며, 숲에서 가장 물이 많은 열매를 따 오고 조개의 속살을 그들에게 주었다. 어느 날부터 우모루들은 아무것도 먹지 않았다. 바다에 나가 헤엄치지도 않았고 숲으로 들어가 나무를 타지도 않았다. 가부루가 만든 우리 밖으로 나오지도 않았다.

가부루는 우모루에게 구름 냄새를 맡게 하기도 하고 털이 나지 않은 살쾡이 새끼를 주기도 하고 우뭇가사리를 따 간질이기도 했지만 그들은 노래하지 않았으며, 울지도 않았다. 가부루는 처음으로 그를 만든 나무들에게 찾아가 그들의 웃음소리를 되돌려 달라고 했지만 나무들은 들어주지 않았다. 가부루는 바다로 가 그들의 노랫소리를 돌려 달라고 했지만 바다는 우르릉거리다 멀리 달아나 버리고 말았다.

가부루가 울면서 집으로 돌아왔을 때 그의 집에서 흘러나오는 바다 냄새를 맡았다. 가부루는 손에 들고 있던 열매와 바다에서 잡아 온 물고기를 던져 버리고 집에서 피어오르는 안개와 바다 냄새를 따라 안으로 들어갔다. 우모루들은 가지런히 누워 있었다. 머리칼은 서로 엉겨 붙어 하나가 되었으며, 다리는 조금씩 흔들리며 바람에 따라 움직였다. 그들의 가슴은 부풀어 맑은 거품이 흘러나왔으며, 그것이 터질 때마다 작은 안개가 흩어지고 짙은 바다 냄새를 내보냈다. 가부루는 두려움에 떨었다. 그때 가부루는 처음으로 기억을 갖게 되었으며, 기억 속에 과거가 있다는 것을 알았다. 가부루는 과거의 기억을 따라 우모루의 숲으로 기어들어 갔다.

부드러운 나뭇잎들이 가부루의 몸을 스치고 지나갔으며, 둥근 열매들이 그의 머리로 가볍게 떨어졌다. 그의 몸에는 부드러운 가시가 돋기 시작했고, 그의 팔뚝을 따라 굵은 잎맥들이 다시 돋아났다. 그가 몸을 움직일 때마다 미끈하고 끈적끈적한 팔과 다리가 휘감겨 왔으며, 그가 숨 쉴 때마다 물방울이 튀어나왔다. 가부루의 가슴 위로 부드러운 허리들이 스쳐 지나가고 그의 다리 사이로 하얀 손과 둥근 엉덩이들이 번갈아 밀려들어 왔다. 가부루의 몸은 바닥에서 천천히 솟구쳐 올랐다. 그는 누워 있지도 앉아 있지도 서 있지도 엎드려 있지도 않은 자세로 공중에 떠 있었다. 옆에서 아래서 위에서 부드러운 살이 그의 몸속을 파고들었다.

가부루는 스무날을 그렇게 보냈다. 숲의 안개가 걷히고 바다의 거품이 사라졌을 때 가부루는 집 밖으로 나왔다. 그때 가부루는 처음으로 수치를 알게 되었다. 그리고 그것을 깨닫자 자신이 늙어 버렸음을 알았다. 그의 몸은 나무껍질처럼 단단했지만 심하게 갈라졌고, 그의 가시들은 부드러움을 잃고 뻣뻣해졌으며, 그의 머리털은 듬성듬성해지고 푸른빛을 잃었다. 가부루는 처음으로 절망을 갖게 되었고 절망 속에 지혜가 있다는 것을 알았다. 지혜가 그의 할 일을 찾아 주었다.

가부루는 우모루들을 위해 모두 스무 채의 집을 지었다.
그는 한낮을 걸어 도달할 수 있는 곳마다 하나씩 집을 지었
고 거기에 한 명의 우모루를 남겨 두었다. 가부루는 일을 끝
내고 숲으로 들어갔다. 가부루는 숲의 꼭대기에 올라 가장
큰 나무 밑에 누웠고 그대로 나무 뿌리가 되었다."

"이런 날이 있었다.
우모루들은 스무날이 지나자 각각 아이를 하나씩 낳았다.
숲에서 나온 우모루의 아이들은 모두 남자였으며, 바다에서
나온 우모루가 낳은 아이들은 모두 여자였다. 남자 아이들
은 모두 가부루가 되었으며, 여자 아이들은 모두 우모루가
되었다."

가부루의 신화는 두 부분으로 나누어진다. "처음 땅은 없
었다"로 시작되는 전반부와 "숲에서 사람이 걸어 나왔다"로
시작되는 후반부다. 전반부는 명백히 창조신화다. 우주가 어
떻게 형성되었는지, 이 세계를 둘러싸고 있는 물질, 땅, 물,
불, 나무, 태양, 별, 나무 등이 어떻게 생성되었는지를 말하
고 있다. 후반부는 인간의 탄생에 대한 것이다. 숲에서 만들
어진 인간인 남자와 바다에서 만들어진 여자가 하나가 되면

서 인간의 역사가 시작된다.

전반부와 후반부는 동일한 신화 체계 속에 놓여 있는 것처럼 보이지 않았다. 그리고 어쩌면 동시에 쓰였을 것으로 보이지도 않았다. 단어 선택, 언어의 나열 방식, 지시어나 수식어의 사용이 달랐다. 전반부가 직설적이고 상징적이며 단락적인데 비해, 후반부는 간접적이고 은유적인 상징이 있고 연속적이다. 그런 면에서 이 신화는 우주의 탄생과 인간의 탄생과 합일이 불연속적으로 묘사되고 있다고 해야 할 것이다. 그게 어색하거나 지나친 나머지 미심쩍은 부분을 내포하고 있는 것처럼 보였다.

신화에 관해서는 그녀에게서 더 많은 이야기를 들을 수 있었다. 그녀와 만날 구실을 찾던 중 유품 중에 재미있는 이야기가 있는데 같이 보겠냐고 제의했고 그녀는 시간을 내 함께 보자고 했다. 그녀는 내가 근무하지 않는 토요일 나의 오피스텔로 오겠다고 했다.

그녀가 오기로 한 사흘 전부터 집 안을 청소하느라 퇴근 후 시간을 전부 소비했다. 싱크대며 냉장고, 바닥이며 창틀까지 하다못해 옷장 속까지 나의 오피스텔은 반들반들하고 윤이 나는 궁전으로 바뀌었으며, 그녀가 갈 수 있는 동선—아마 거의 모든 곳이겠지만—을 따라 물건의 위치와 각도 하나하나를 바로잡았다.

토요일 아침, 그녀는 푸른색 얇은 반소매 티셔츠에 하늘거리는 흰색 치마를 입고 나타났다. 손에는 먹을 것이 잔뜩 들려 있었다. 준비한 점심이 저녁거리가 될 판이었다. 커피를 끓이는 동안 그녀는 내가 뽑아 준 신화를 읽었고, 나는 개략적으로 신화에 관한 이야기를 해 주었다.

"굉장해요. 내가 본 어떤 신화보다 간결하고 아름다워요. 그리고 좀더 봐야겠지만 이건 일반적인 신화의 모티브와 상당히 다른 부분이 있는 것 같은데요."

우리는 커피를 마시며 이야기를 시작했고 그녀는 내가 알던 것과는 다른 모습을 보여 주었다.

"나는 신화가 어떻게 만들어졌는지 알지 못하겠어. 그리고 이 신화가 의미하는 것도 잘 알지 못하겠고. 하지만 이 신화가 뭔가 이야기의 체계 속에서 보자면 어긋나 있다는 것을 금방 알 수 있지. 안 그래?"

나는 다정하게 말을 놓았다.

"아마 이 신화는 이야기의 비약이나 전개의 어색함, 서술 방식의 차이 이런 게 그대로 노출되어 있어서일 거예요."

"그러니 굉장할 건 없잖아?

"그렇지는 않은 것 같은데요. 소설 좋아하세요? 모든 이야기는 그럴 듯해야 하는데 그럴 듯하게 하는 요소는 사실 그 이야기의 본질과는 전혀 다른 것일 수 있죠. 이야기꾼에 따라 똑같은 내용이 재미가 있을 수도 없을 수도 있잖아요?'

"여기서는 그럼 본질만 봐야 한다는 말인가?"

"그렇지는 않죠. 다만 이게 한 사람이 이야기하듯 매끄럽

게 구성되어 있지 않다는 게 신화의 원형에 오히려 가깝다는
걸 말해 주고 있다는 거죠."

"역시 문학 하는 사람은 다르군."

그녀는 영문학이 전공이었고 몇 군데 시간강사를 나가고
있었다.

"제 분야는 아니죠. 하지만 신화에는 관심이 없지 않았
어요."

그러고 보니 그녀에 대해 아는 게 없었다. 나는 한 번도 그
녀가 무슨 생각을 하며 어떤 것에 관심이 있는지에 대해 알
려 하지 않았다. 그녀가 얼마나 아름다운지, 얼마나 나를 좋
아하는지에 골몰한 나머지 그녀를 감각적인 영역에 머물러
있는 존재로만 받아들였지 지적인 영역에 대해서는 생각해
본 적이 없었다. 그때도 역시 나는 신화를 이야기하고 싶다
기보다는 그녀와 함께 있고 싶을 뿐이었다.

"나는 신화가 필요한 이유를 모르겠어. 우리는 지금 탈신
화적인 세계에 살고 있잖아? 그리고 내 생각으로는 신화의
세계 속에 인류가 산 적이 있었는지 의심스러워."

"신화는 인간의 원시적 공포와 두려움, 미지의 세계에 대
한 경외감으로 채워지죠. 어쩌면 세계에 대한 무지와 오해가
신화의 상징을 만들어내는지도 모르겠어요. 하지만 원시적
인 무지와 오해가 만들어낸 신화의 상징은 거짓과 속임수 혹
은 허구라고 말할 수는 없죠. 신화는 신화를 통해 인간의 존
재를 확인시켜주는 인류학적 의례라고 말할 수 있을 거예요"

"그렇다면 신화를 쓴 사람과 신화를 듣는 사람이 동일한 인류학적 의례는 치르지는 않았겠지?"

"무슨 뜻이에요?"

"이 신화에서 '이런 날들이 있었다'라고 말하고 있잖아? 그 말은 신화를 기록한 사람이 신화화된 세계 속에 머물러 있지 않다는 걸 말해주는 건 아닐까? 지금 말하는 이야기는 이미 지난 '과거 신화 시대의 이야기'라고 말하고 있다는 뜻이지. 따라서 이 기록은 신화의 시대가 지나가고 다시 그 시대를 되돌릴 어떤 이유가 있었기 때문에 쓰였다는 말이 되는 거지."

"그럴 수 있겠네요. 역사란 역사적 사실 그 자체가 아니라 역사를 쓰고 보는 사람들의 기록이라는 점에서 보면 그렇다고 할 수 있어요. 하지만 그건 신화가 역사처럼 어느 사회 집단을 심리적으로 통합하는 기능에 충실한 이야기라는 걸 고려하면 당연한 것이지요. 그리고 신화의 세계에 살고 있는 사람이 신화를 쓰는 일은 아마 없을 거예요. 그들은 신화가 아니라 사실을 기록했겠죠."

"내 말이 그 말이라니까. 어떤 신화도 신화의 세계 속에 머물러 있으면서 만들어질 수 없다는 거지. 그러니까 모든 신화는 그저 허구일 수밖에 없다는 것."

"모든 이야기가 허구라는 건 이미 전제하고 시작해야 하는 거 아닌가요?"

그녀는 나의 허점을 정확히 짚어 냈다. 받아들일 수 없는 대상에 대해 근본적인 부분에서 끊임없이 이의를 제기하는 나의 버릇을 간파했을 것이다. 재빨리 말머리를 돌렸다.

"이 이야기는 창조신화에 속하는 것 같지?"

"그런 것 같군요. 하지만 다른 신화가 지니고 있는 생성과 탄생의 원칙에서 뭔가 벗어난 듯해요."

"그게 뭔 거 같아?"

그녀는 신화의 일부를 소리 내어 읽고 나서 말을 이었다.

"처음 부분을 볼까요. 처음 우주에는 하나의 거대한 불이 있었다. 그리고 생명을 담은 씨가 날아다녔다. 씨가 불에 떨어지고 나무가 되어 불을 땅으로 만들었다. 땅은 불기둥을 만들어 나무에 복수한다. 나무는 땅속으로 사라지고 암흑 세상이 된다. 이건 신화라기보다 과학에 가깝죠? 지구 탄생의 순간 그리고 그 이후 전개되는 땅의 역사와 비슷하잖아요? 그런데 여기에 분노와 복수가 개입되어 있어요. 땅에서 불기둥이 솟고 그게 태양이 된다. 태양이 분노하면 땅이 타오른다. 여기에는 분노가 개입되어 있죠. 그리고 땅이 눈물로 바다를 만드는데 바다는 광기로 물기둥을 만들고 세상을 암흑으로 만든다. 여기엔 광기가 등장하죠? 그리고 바다의 광기가 사라지고 태양이 분노를 일으키지 않을 때 평화가 찾아오고 땅에서 뿌리가 솟으며 숲을 만드는 데서는 다시 분노가 등장하죠. 여기까지가 아마 창세기라고 할 수 있을 거예요. 그 뒤에 물론 인간과 동물이 만들어지는 것까지도 그럴 수 있겠죠."

그녀는 신화소神話素를 찾아내려고 했다. 나 역시 처음 볼 때 똑같은 시도를 했지만 아무것도 찾을 수 없었다.

"그런데 이 창세기는 몇 번이나 생성과 소멸을 반복하고 있어요. 그 과정은 신화라기보다 과학적 우주관에 가깝다고 할 수 있어요. 물론 모든 신화는 자연에 대한 그 시대의 과학적 이해를 바탕으로 하고 있죠. 여기서 분노나 광기로 번역된 부분은 아마 자연에 대한 공포나 경외감의 다른 표현이겠죠. 이상한 것은 그게 이 신화를 신화처럼 보이지 않게 하는 것인데, 생성과 탄생의 신비를 쥐고 있는 신이 없다는 거예요. 오히려 만물의 끝없는 투쟁과 복수가 그 비의적 세계를 만드는 원동력인 것처럼 보여요. 그리고 이것은 뒤에도 계속되고요. 나는 이런 식의 신화를 본 적이 없어요."

"이 신화를 관통하고 있는 창조의 원리는 알 수 없는 분노라는 것이군. 그렇다면 탄생의 신화라기보다 파멸의 신화라고 말해야 할 것 같은데."

"그런데 그렇지가 않아요. 생성과 파멸은 서로 대척점에 있을 것 같지만 순환하는 하나의 고리처럼 연결되어 있죠. 심연의 바닥에서, 암흑의 세계에서 새로운 존재가 형성되는 과정, 모든 것이 사라진 뒤에야 새로운 생명을 맞게 되는 순간은 어떻게 보면 무섭고도 신비한 탄생의 과정이죠. 거꾸로 말하면 새로운 존재의 탄생을 위해서는 반드시 암흑과 파멸의 세계가 필요하고, 그것은 갈등과 폭력, 격렬한 싸움 끝에 찾아온다고 말할 수 있어요. 우연이거나 막연히 주어지는 게 아니라 필연적으로 다가오죠. 만일 우연이라면 그 우연을 만드는 힘은 주체할 수 없는 분노인 셈이에요. 분노는 모든 걸 뒤엎어 버리는 혼돈을 가져오고, 혼돈이 끝난 뒤에 암흑이 찾아오고, 암흑의 세계 뒤에 평화의 날이 찾아오고, 그래야 새로운 존재가 생겨나는 것처럼 말이에요. 여기에 어설픈 신은 끼어들 여지가 없어요. 우리가 알고 있는 다른 신화에서처럼 인간의 욕망이나 어리석음을 신이 노여워하고 그래서 파멸을 일으키는 따위는 여기서는 일어나지 않아요."

"그런데 어떻게 한 번 보고 그렇게 알 수가 있지? 나는 도무지 모르겠던데."

그녀의 말이 맞는지 어떤지 모르겠지만 그럴 듯한 해설이라는 걸 받아들였다.

"저도 신화를 좋아하긴 하지만 아는 건 없어요. 그런데 어디까지 말했죠? 음, 신화에서 죽음이 탄생이 되는 경우는 생각보다 없지는 않아요. 예를 들면 이집트의 신 오시리스는 죽음의 신이자 탄생의 신이기도 하잖아요? 죽음과 소멸이라는 게 생명의 탄생을 알려 주는 전주곡이기도 해요. 새로운 건설을 꿈꾸지 않는 파괴의 혁명은 없어요. 하다못해 로마를 불태운 네로 역시 새로운 로마를 건설하기 위해 불을 지르잖아요. 그리고 세상을 물속에 처넣고 달랑 노아의 방주 하나만을 띄운 하나님조차 새로운 질서를 꿈꾸며 파괴의 혁명을 실현하는 존재라고 말할 수 있죠."

"여기에 신이 개입되지 않았다면 신화는 아니겠네."

"신화는 신의 이야기가 아니라 어느 사회가 집단적으로 꾸는 꿈이라고 할 수 있어요. 꿈이 개인의 무의식을 반영한다면 신화는 집단 무의식을 반영한다고 할 수 있어요."

"나는 무의식이나 꿈과 같은 불가지론의 냄새가 나는 말을 신뢰하지는 않지."

"그렇다면 다른 무슨 말로 설명해야 할까요?"

"내가 보기에 집단 무의식이란 어떤 사회가 공통적으로 지니고 있는 금기 혹은 금기 위반에서 발생되는 갈등이라고 해야 할 것 같은데? 성에 대한 금기를 위반하려는 암묵적인 동의와 같은 정서가 집단적으로 드러나는 것처럼 말이지. 여기서처럼 분노와 복수를 집단 무의식으로 표출할 수 있는 사회란 광기와 폭력과 일탈을 어떤 식으로든 사회 제도 속으로 이를테면 윤리나 가치관으로 끌어들이고 있는 집단이라고 볼 수밖에 없다는 거지."

"그런 사회가 있을 수 있어요?"

"역사상 집단적 광기와 폭력을 제도화한 사회가 있긴 했지. 나치처럼 말이야. 그리고 현대 사회도 그렇지."

"현대 사회가 그렇다뇨?"

"현대 사회는 인류 역사상 매우 독특한 금기의 전략을 가지고 있어. 금기 위반이라고 부르는 비사회적 일탈을 사회적 일탈로 제도화하는 사회가 현대 사회라고 볼 수 있지."

"그건 처음 듣는 개념인데요?

"개념은 아니고 요즘 세상에서 보이는 현상쯤 되겠지. 현대의 집단적 광기와 폭력은 항상 이성이란 제도를 통해 걸러진 사회적 일탈로 전환되었을 때만 허용된다는 말이지. 예를 들면 폭력, 살인, 강간, 마약과 같이 사회적으로 용납될 수 없는 비사회적 일탈을 스포츠나 포르노, 예술 등과 같은 사회적 일탈로 전환해 통제하는 사회가 현대인 것처럼 보여."

"설마 현대 사회가 나치와 같은 사회란 말은 아니죠?"

"그건 아니지. 하지만 궁극적으로 그 본질은 변하지 않아. 강간은 금지되지만 영화 속의 강간은 예술이란 이름으로 허용되고 폭력은 금지되지만 폭력 그 자체인 스포츠는 집단적으로 장려된다고 할 수 있지? 오늘날 스포츠나 영화 오락 이런 것이 신화가 되고 있잖아?"

"그게 꼭 현대 사회만 그럴까요? 모든 사회가 그런 문화적 장치를 가지고 있는 것 아닐까요? 선생님께서는 현대 사회가 이성을 통해 사회의 금기를 통제하는 것처럼 고대 사회에서 신화가 그런 역할을 맡았다고 말씀하시는 건가요?"

"그럴 수도 있지 않을까?"

"집단적 광기와 폭력을 제도화하는 수단은 권력 그 자체 아닌가요?"

그녀의 지적은 틀리지 않았다.

"물론 그렇지. 고대 사회의 왕권이나 중세의 권력은 모두 일탈을 통제하기 위해 폭력을 제도화하긴 했어. 폭력을 특정한 소수 집단에게 제한함으로써 사회 집단 전체에서 발생할지도 모르는 폭력을 제어하는 수단으로 삼았지. 고대 사회에서 왕 혹은 지배자 1인으로 귀속된 폭력은 그를 추종하는 사회 집단이 그에게 폭력을 위임함으로써 더 큰 폭력, 이를 테면 이민족과의 전쟁에서 보호받을 수 있다는 가능성 때문에 성립한다고 할 수 있어.

중세의 종교 권력은 왕권이 가진 폭력을 신의 이름으로 나누어 가지면서 훨씬 더 정교한 사회적 억압을 가능케 했지. 왕권과 종교 권력에서 소외된 대부분의 피지배층들은 폭력적 일탈의 가능성을 정치 권력에 위임하고 도덕적 일탈의 가능성을 종교 권력에 위임함으로써 그 대가로 평화와 정신적 위안을 얻게 되었거든."

"그 권력이 깨져 나가는 일은 역사에서 늘 반복되잖아요?"

"맞아. 어떤 사회든 원시 공동체건 고대건 중세건 현대건 제도화된 폭력이 그것을 위임함으로써 얻어진 평화보다 더 크다고 생각될 때 혁명이 시작되는 거지. 혁명은 폭력에 대한 복수로, 위임된 평화에 대한 반발로 나타나고 그것은 혼란과 무절제한 폭력으로 등장하지. 혁명은 새로운 존재, 새로운 제도를 꿈꾸는 혼돈의 축제라고 말할 수 있어. 어째 이야기가 한참 빗나갔지만, 나는 이 신화가 바로 폭력과 혼돈, 절망과 평화를 반복하는 역사를 말하고 있다고 생각해. 신화가 아니라 추상화된 역사인 셈이지. 그리고 모든 신화가 그렇다고 볼 수 있지 않을까?"

"그럴 수 있겠어요. 어쨌든 말이 안 되는 이야기는 아니네요."

말이 안 되는 이야기란 나의 이야기를 말하는 것인지 신화의 내용을 말하는 것인지 알 수 없었다.

"그런데 이 신화에서는 왜 모든 상징들이 거세된 걸까?"

"모두 다 그렇다고 말할 수는 없지 않을까요?

"여기서 등장하는 숲과 바다, 불과 물, 구름, 땅, 숲, 나무 그리고 후반부에 등장하는 인간, 여자와 남자가 상징적인 의미를 가지고 있는 것 같지는 않아. 그것은 매우 단순한 지시, 사실에 의한 기본적인 은유 정도만 갖는 것 같아. 나는 잘 모르지만 보통 신화에 등장하는 만물은 초월적인 존재로 부각되잖아? 하지만 여기서 그런 초월적인 존재는 없는 것처럼 보이거든. 있다면 뒤에 등장하는 여자가 그럴 뿐이지. 여자 역시 초월적이기보다는 신비적인 존재라고 할 수 있지. 초월적인 것은 영원성을 가지고 나타나야 하는데 그것 역시 여기에서는 발견할 수 없잖아? 인간의 의식과 사고의 심연을 파고드는 초월적 영원성 혹은 이를 상징하는 절대적 존재인 신이 빠져 있어. 그 이유는 뭘까?"

"그건 저보다 더 잘 아실 것 같은데요. 이게 신화가 아니라면서요?"

그녀와 나 사이에는 보이지 않는 의견 대립이 있음이 틀림없었다. 그녀는 차츰 내가 보는 세계가 그녀의 세계와 다를 수 있다는 걸 확인하기 시작했고 그건 나 역시 마찬가지였다. 하지만 그럴 뿐이었다. 그녀와 나는 다른 세계를 바라보고 있었지만 그게 결국 동일한 세계의 다른 측면이라는 걸 모르지 않았다. 그리고 우리는 신화의 후반부를 읽으면서 다시 같은 세계로 들어섰다.

"뒤에는 뭐랄까? 너무 노골적이지 않아? 처음 이걸 볼 때 그 묘사의 세밀함과 농밀한 은유의 기법이 충격적이었어. 특히 남녀가 합일하는 장면에 대한 묘사는 이게 아득한 옛날의 신화라고는 도저히 말할 수 없다는 생각을 하게 해. 어쩌면 나는 이 부분에서 이 신화 전체를 아니 조족문의 실체와 이걸 기록한 사람들의 존재까지도 의심할 수밖에 없었어. 이건 어떤 조작이나 다른 어떤 걸로 설명하지 않으면 도무지 말이 안 돼. 그런 문학적 완성도를 갖게 될 수 있었을까? 그때 사람들이?"

"그건 알 수 없는 거 아닐까요? 실제로 고대 수메르의 신화나 고대는 아니지만 원시 부족의 신화에는 이것보다 더 섬세하고 노골적인 이야기기 많이 등장하죠. 얼마 전 폴리네시아의 투아모투아 족인가 하는 부족의 신화를 본 적이 있어요. 제대로 외울 수는 없지만 거기 이런 대목이 있죠.

뱀장어는 이리저리 몸을 흔드네.
그는 멀리서 도달한 거대한 괴물이라네.
너는 두려움에 가득 차 오줌을 싸고 마네.
괴물은 줄어드네. 점점 작아지면서. 오! 마우이여.
지금 너의 몸으로 들어가는 자는 바로 나. 테투나이다!'
어때요? 너무 야하죠?"

"그렇군. 내가 신화에 대해서 아직 잘 모르는 것 같아."

"그리고 이런 기록이 있다는 사실 자체가 이미 우리의 편견 혹은 이성적인 판단을 넘어선 거겠죠. 지금은 의심하기보다는 있는 그대로를 받아들이고 볼 필요가 있을 것 같아요. 아직 우리는 과거에 대해 모르는 게 너무 많지 않아요?"

나는 그녀의 시각에 내심 감탄했다. 그녀가 더욱 사랑스럽게 느껴졌다.

"그렇겠지?"

"숲이 사람과 동물을 만들고 그 동물이 숲에서 내쫓김을 당한다는 모티브는 단순하긴 하지만 일반적인 신화에 비춰봐도 낯설지는 않아요. 금단의 열매를 먹고 에덴에서 쫓겨나는 아담과 이브처럼, 이들은 단순하고 원초적인 파괴 본능 때문에 숲에서 쫓겨난다고 할 수 있죠. 그러나 동물과 인간은 다시 분노의 본능으로 숲을 유린하고, 세계가 다시 암흑으로 변하고 인간이 다시 태어났을 때 그는 한없이 나약한 인간의 모습으로 돌아가고 그리고 그 나약한 눈물이 여자를 만나게 되는 계기를 만들게 되지요. 그런데 여기서는……"

"잠깐. 이야기 끊어서 미안한데, 그렇게 들으니까 아까 우리가 내린 결론에 문제가 있는 것 같아. 영원하고 초월적인 신이 개입되지 않았다고 말했는데, 꼭 그렇지도 않은 것 같아. 이제 보니 여기서 숲과 바다 이런 것들이 점점 신의 위치에 올라서고 있잖아? 그리고 분노가 파괴를 낳고 그것 때문에 암흑이 만들어진 것 같지만 사실은 그렇게 순환하도록 만

드는 어떤 존재가 있다는 걸 끊임없이 암시하고 있는 것 같
거든, 그렇지 않아?"

"맞아요. 생성과 소멸을 지배하고 있는 어떤 보이지 않는
신의 존재가 있어요. 이거 신화 맞아요."

"그리고 정말 신이 등장하기도 해, 여자 말이야. 바다가
만들어 낸 여자는 관능과 생명이 충만한 존재로 묘사되고 있
어. 여자가 남자를 받아들일 때의 묘사는 노골적이지만 아름
답지. 하지만 그게 전부는 아닌 것 같아. 분노를 가라앉히고
불안을 어루만지는 여자는 강하지만 부드러움을 지닌 신비
의 존재처럼 그려지지. 그리고 그건 평화의 날이 시작되었음
을, 인간의 역사가 시작되었음을 알려 주는 걸 거야."

"그런데 왜 여기에 곰에게 심장을 뺏긴 이야기가 갑자기
등장하죠? 그리고 또 느닷없이 가부루와 우모루라는 남자와
여자의 이름이 등장하는 건 왜죠?"

"그건 나도 이상하게 생각한 부분인데, 추측컨대 남자와
여자가 하나가 되고 평화의 날이 시작되는 데까지가 신화의
원형이고 그 뒤에는 다시 붙여진 것 같아. 어쩌면 그 뒤로 더
많은 에피소드가 있었는데, 점토판이 없어져 버린 건지 어떤
이유 때문에 그것만 남게 된 것 같기도 하고, 아무튼 그건 알
수 없는 일이긴 하지."

"어쨌든 이게 어느 부족의 신화라는 게 분명해지긴 했죠?"

"그렇겠지? 그런데 어떤 부족의 생성 신화가 그렇게 치밀
한 성의 묘사로만 이어진다는 건 조금 이상하긴 해. 도대체

어떤 사회이기에."

그녀는 내가 뽑아 준 A4 용지를 만지작거리며 그 부분을 다시 찾아 읽었다. 남자와 여자가 처음 만나는 장면을 읽는 그녀의 얼굴이 약간 상기된 듯했다.

"그 자체가 이상할 건 없을 것 같아요. 저는 오히려 남자와 여자가 생성되는 과정에서 이 신화가 독특한 구조를 가지고 있다는 데 주목하고 있어요. 보통 남자의 갈빗대로 만들었든 신이 진흙을 빚어 만들었든 여자는 남자의 외로움을 달래기 위한 종속적인 존재로 그려지고 있잖아요. 신화에서 보편적으로 나타나는 성적 차별 현상이지요. 그리고 이 신화 역시 그것과 다르지 않아요. 하지만 여자는 그와 동시에 나약한 존재인 남자에 비해 신비스런 능력을 가지고 있는 존재로 그려져요. 그러니까 또 다른 신화에서 보편적으로 나타나는 대모신大母神과 같은 요소가 동시에 나타나는 거지요."

"종속적인 존재로서 등장하는 여자가 반드시 성적인 차별을 의미한다고는 생각하지 않아. 여성은 인간의 존재 인식에서 나타나는 불안감을 반영하는 또 다른 주체이기도 하다는 것이지. 인간의 존재적 불안감은 자신을 둘로 쪼개 다시 하나로 만드는 과정 속에서 해소되는 것처럼 보이거든."

"무슨 말이죠?"

"최초의 인간이 있었다고 해보자구. 그는 그 자신이 누구인지 무엇인지 알 수 있었을까? 그가 자신의 존재를 알아가는 과정에서 다른 존재가 없으면 자신을 아는 것은 불가능하지. 주체는 반드시 객체를 통해 주체임을 확인할 수 있기 때문이야. '나'가 '너'를 보는 순간, '나'가 있다는 것을 알게 돼. 그런데 그 순간 자신의 존재가 다른 존재와 떨어져 있다는 걸 깨닫게 되지. 자신이 분리되어 존재한다는 것을 자각하는 것, 그게 외로움이나 불안감의 실체인 거지."

나도 어느새 신화가 말하는 세계 속으로 빠져들었다.

"외로움과 불안감을 느끼는 순간, 나는 다른 존재를 자신과 일치하는 존재로 만들고 싶어 하지. 같은 말이지만 나를 너와 하나로 만들고 싶어 해. 그건 그리움이라고 할 수 있어. 그리고 너와 내가 하나로 될 때 불안감이 해소되지. 그걸 사랑이라고 할 거야. 그때 나와 같지만 다른 존재, 즉 여자 혹은 남자라는 서로 다른 주체가 탄생하게 되는 거지. 이 신화에서도 그렇지 않아? 남자가 여자를 보고 두려움을 느끼는 까닭은 여자가 남자와 다른 존재임을 인식하기 때문이지. 그것은 여자를 통해 자신을 자각하게 되고 자신과 다른 존재와 자신이 분리되어 있는 현상에 대한 두려움 혹은 불안감을 갖게 되는 것으로 이해할 수 있어.

여기서 불안감을 해소해 주는 주체가 여자지. 여자 역시 똑같은 불안을 가지고 있겠지만 그것은 관능에 묻혀 드러나지 않는 것뿐이야. 여자는 이미 관능, 즉 예비된 잉태의 본능을 가지고 있기 때문에 두려울 필요가 없는 거지. 그리고 여자는 남자의 두려움을 자신의 관능으로 해소한다는 거지. 이 신화는 그런 과정을 말해 주고 있어."

"여자의 관능이란 예비된 잉태의 본능이라는 말은 그럴듯한데요. 저도 그럴까요?"

갑작스러운 그녀의 질문에 나는 얼른 대답하지 못했다.

"신화의 세계에 빠져든 적이 있나요?"

그녀가 다시 말했을 때도 나는 그 말을 이해하지 못했다. 그러나 그녀의 눈빛은 분명 나를 유혹하고 있었다. 그녀가 다시 말했다.

"신화 속으로 빠져들고 싶지 않아요?"

"이미 빠져 버린 것 같아."

"창세긴가요?"

"하늘이 서서히 열리고 있는 중이지."

"세상이 만들어지고 있겠군요."

"우주는 시작됐고 하늘과 땅이 열렸지. 온갖 만물이 만들어지기 시작했어."

"숲도 만들어졌겠군요?"

"거기 고독한 인간이 쓸쓸하게 숲 속을 헤매고 있는 중일 거야."

"그는 자기가 누구인지 알게 되었나요?

"아니. 아무도 혼자서는 자신을 알 수가 없어. 자신과 다른 존재가 있지 않는 한 자신을 바라볼 수가 없어."

"신의 손장난이 필요할 때군요. 갈비뼈를 꺼내든지. 진흙으로 구워 내든지. 아니면 바다 거품에서 스스로 나오든지."

"신은 필요 없어. 다른 존재는 이미 내 앞에 있거든. 처음부터 거기 있었어. 내가 보지 못했을 뿐이지."

"이제는 보이나요?"

그녀는 대답을 기다리지 않았다. 팔을 벌려 나의 목을 감싸 안으며 입술을 가볍게 물었다.

"보이나요? 이제는 보이는 거죠?"

그녀는 무릎을 꿇은 채 내 다리 사이로 허리를 밀어 넣었고 나는 그녀를 가슴에 밀착시켰다. 우리는 아주 빠르게 존재의 욕망을 알아차렸고, 거기에 익숙해졌으며, 거기에 탐닉했다.

나의 주저함과 두려움은 그녀의 관능으로 모두 사라졌다. 나는 그녀의 모든 것을 내 안으로 집어넣으려 애썼고, 그녀는 모든 걸 빨아들일 듯한 동작으로 몸을 움츠리곤 했는데 그럴 때마다 반쯤 벌린 채 짧은 신음 소리를 내는 그녀의 입 안에 나의 혀를 밀어 넣지 않고는 참을 수 없을 만큼 강렬한 충동이 끊임없이 일어났다. 나의 입술이 그녀의 입술을 모두 덮어 버렸기 때문에 우리는 더 이상 신화를 말할 수가 없었다. 그 대신 우리의 몸은 신화 속으로 깊숙히 빨려들어갔다.

그녀와 처음 정사를 나눈 뒤 일주일 동안을 아무것도 하지 못했다. 그녀에 대한 생각이 머리에 가득 차 다른 어느 것도 들어올 틈이 없었다. 만일 누군가 그 사이를 비집고 들어오려는 자가 있었다면 단번에 없애 버렸을 것이다. 나에게 다가오는 모든 사람들은 적대적 관계로 변해 버렸다.

물론 표면적으로는 아무런 문제도 없었다. 회사 일은 무리 없이 처리되었으며, 나를 만나는 사람들은 내게 호감을 가지고 돌아갔다. 일주일 동안 어떤 불상사도 일어나지 않았다. 단지 집으로 돌아와 혼자 있을 때가 되면 그녀에 대한 욕망이 끓어올라 안절부절하지 못했다. 그녀가 보고 싶었지만 볼 수 없는 것에 화를 냈고, 모든 걸 원하는 만큼 가질 수 있는 관계가 아니라는 걸 인정하고 싶지 않았다. 이전과 똑같았지만 모든 게 달라져 있었다. 나는 사춘기 소년으로 돌아가 작은 자극에도 강한 충동을 느껴야 했고, 사람들을 만나서는 있는 그대로보다 훨씬 늙다리같이 행동했으며, 아내의 전화를 받을 때는 모든 게 안정된 가장이어야 했다.

한동안 다시 선생의 자료에 손도 대지 않았다. 그것은 선생에 대한 죄책감 때문이 아니라 그걸 보게 됨으로써 갖게 되는 죄책감이 그녀의 사랑에 대한 예의가 아니라고 생각한 때문이었다. 같은 이유로 아내에게 먼저 전화를 하는 일은 없었다. 그로부터 한 달 이상을 신화와 관련된 책을 읽으며 보냈다. 신화가 불러일으키는 환상의 환기 작용은 늘 낯선 세계 속으로 나를 이끌었으며, 신화 속에서 나는 그녀와의 깊은 꿈속으로 빠져들었다.

현실 속에서 그녀를 만날 수 있는 기회는 좀처럼 없었다. 퇴근 후 혼자 있을 때면 그녀가 전화를 했다. 그녀를 보는 대신 그녀의 '보고 싶다'는 말에 만족해야 했지만 통화하는 동안 나는 신화 속으로 미끄러져 들어가는 가상의 현실에 빠져들었다. 그녀는 현실 속에 존재하지만 나에게는 존재하지 않는 가상의 실체였다. 모든 건 깊은 현실의 잠 속으로 사라졌고 환상의 감각만이 살아 움직이는 그런 날들이었다.

그녀를 위해, 아니 나를 위해, 내 머릿속의 한 구석을 헐어내어 비밀의 방을 만들기로 했다. 단단한 붉은 벽돌로 쌓아 올리고 모든 창문에는 쇠창살을 단단히 박아 넣었다. 붉은 벽돌을 덮을 수 있도록 창문 아래 담쟁이를 잔뜩 심어 올리고, 사방 두어 걸음 떨어진 곳에는 촘촘히 나무를 심어 건물의 어느 끝도 보이지 않게 했다. 문에는 아무도 열 수 없도록 무거운 자물쇠를 달고 열쇠에 쇠가죽 끈을 달아 나의 목에 걸었다. 그녀를 거기에 데려갈 것이다. 그녀조차 절대 나올 수 없도록 자물쇠를 채울 것이다. 그리고 비밀의 방 둘레에 높은 담장을 칠 것이다. 위선과 가식과 속임수로 다지고 거짓말로 두껍게 마감을 한 담장을 끝도 보이지 않게 쌓을 것이다. 그 너머에 도대체 무엇이 있다는 사실조차 아무도 상상할 수 없도록 할 것이다.

어느 날 나는 비밀의 방을 만들었노라고 그녀에게 말해 주었다. 그녀는 아무 말도 하지 않았지만 슬퍼하는 기색이 역력했다. 비밀의 방을 헐기로 했다. 쇠창살을 걷어내고 붉은 벽돌을 부쉈다. 자물쇠를 파묻어 버리고 그 자리에 들꽃을 심었다. 조팝나무와 싸리나무를 번갈아 심어 낮은 담장을 두르고, 지나는 길에는 무릎까지 자라는 긴 금잔디를 깔았다. 한 켠에 네 입을 가진 토끼풀 씨를 뿌리고 몇 군데는 그녀의 향기를 가진 장미를 심었다. 비밀의 정원에는 문을 만들지 않았다. 문이 없기 때문에 누구든 들어갈 수도 나올 수도 없을 것이다. 문이 없기 때문에 언제든 들어갈 수도 나올 수도 있을 것이다. 그녀가 거기에 가고 싶을 때 그녀는 거기에 있을 것이며, 그녀가 나오고 싶을 때 그녀는 거기 없을 것이다. 비밀의 정원을 다시 그녀에게 보여 주었다. 그녀가 웃었다. 그녀의 웃음소리가 새처럼 날아올라 나뭇가지에 앉았다. 거짓말의 담장도 헐어 버릴 것이다. 그 대신 짙은 안개와 구름으로 가득한, 누구도 알아듣지 못한 모호한 언어로 감쌀 것이다. 아마 이 정원이 완성되면 세상의 풍경이 달라질 것이다. 하지만 아무도 그 풍경의 끝에 그렇게 낮은 구름이 깔리게 된 이유를 알 수 없을 것이다. 절대로.

나는 한동안 내가 만들어 놓은 비밀의 정원에서만 놀았다. 그녀는 거기서 늘 나를 기다리고 있었고, 상상과 현실의 벽을 간단히 허물어 버렸으며, 가상의 실체를 현실의 존재로 뒤바꾸는 즐거움에 탐닉했다. 이제 상자 속 자료는 더이상 나에게 아무런 의미가 없었다. 그 안에는 지금으로부터 몇 천 년 전 동해안에 있었다고 추정되는 가부루국의 문자가 가득했고 그 문자들이 전하는 신화와 전설이 있었지만 그건 단지 역사적으로 그러했다는 사실의 편린일 뿐이었다. 점토문자가 지니고 있는 학술적 가치나 그 존재만으로도 획기적인 역사적 사건일 수밖에 없는 가부루국의 기록은 선생이 말한 대로 그저 아무런 근거도 없는 이야기일 뿐이었다.

이제 와 고백하거니와 나는 그 가부루문자와 기록의 가치에 대해 아마 선생이 생각한 것의 십분의 일도 깨닫지 못했다. 선생이 자신의 잘못으로 유물을 잃어버린 것 때문에 죽음에 이르렀다는 것을 알면서도 나는 그런 일로 생을 망친 선생을 이해하지 못했다. 변명하자면 내가 할 수 있는 일이 무엇인지 알지 못했다. 갑작스럽게 다가온 그녀와의 관계는 선생이 나에게 남겨 준 상자를 골칫거리로 만들어 버렸다. 선생은 제자를 잘못 선택한 것이었다.

한동안 미뤄 놓은 선생의 상자 속에서 여섯째 노트와 일곱째 노트를 꺼내 펼쳐 놓으면서도 내 머릿속은 그녀와 함께 이야기할 수 있는 현실 속의 기회를 만들고 싶은 생각으로 가득했다. 부끄럽지만 그녀와의 또다른 역사를 만들고 싶은 속셈이 아니었다면 가부루의 역사를 들여다보지도 않았을 것이다.

그런데 가부루의 역사는 간단히 정리될 그런 자료가 아니었다. 가부루의 역사 초고는 예상보다 훨씬 복잡했다. 그건 선생이 초고 수준으로 해독해 놓은 탓도 있었지만, 이야기 자체가 마구 뒤섞여 있었다. 마치 끊어져 엉킨 실 뭉치를 하나씩 풀어 놓고 순서를 찾아 이어가지 않으면 안 되는 복잡한 퍼즐게임과 같았다. 점토판의 원본 자체가 깨져 나가거나 훼손된 부분이 많았기 때문이어서인지 문장 역시 일관된 흐름을 보여 주지 못했다. 또 선생이 처음부터 점토판에 일련번호를 부여하고 그 순서대로 흐트러짐 없는 상태를 유지했음에도 불구하고 순서 자체가 이미 뒤바뀐 것으로 보이는 경우가 많았다. 그것은 그의 실수가 아니라 이것을 기록하고 그것을 가져다 놓는 과정 혹은 그것을 다시 보게 되는 과정에서 발생할 수 있는 문제였을 것이다.

그는 여섯째 노트부터는 단어에 대한 주해 말고는 어떤 다른 해석이나 의견을 거의 달아 놓지 않았다. 아마 그는 여섯째와 일곱째 노트에 가부루의 역사에 대한 해석을 초고 수준에서 끝을 내고 곧장 고성으로 달려갔을 것이다.

두 권의 노트를 대강 읽으면서 마구 엉킨 이야기들의 파편만을 보았을 뿐인데 호기심과 함께 막연한 불안감이 끊임없이 밀려왔다. 그것은 이 상자를 받았을 때 느낀 감정과 유사한, 모든 게 뒤섞인 미지의 세계로 빠져드는 것 같은 그런 기분이었다. 어쩌면 선생 역시 나처럼 가부루의 역사를 해석하는 도중에 자신이 조족문을 전유하면서 오게 된 불안의 실체를 거기서 발견한 것인지도 몰랐다. 그를 죽음으로 내몬 것이 가부루의 역사 자체였을지도 모른다는 생각마저 들었다.

가부루의 역사는 가부루의 수장들, 가부루라고 불렸던 부족의 우두머리들에 의해 기록되었다. 그러나 곳곳에서 누군가 마지막으로 기록한 사람일 것으로 보이는 숨결이 느껴졌다. 그것은 일곱째 노트의 뒤쪽으로 갈수록 확실해졌다. 가부루의 역사는 가부루의 전체 역사라기보다는 가부루국이 멸망한 시기에 어느 한 가부루에 의해 기록되었음이 틀림없었다. 문자를 풀어 놓은 곳마다 그 옛날 가부루의 역사를 마지막으로 기록한 서사가 가진 자책과 회오의 시선이 그대로 담겨 있었고, 그것은 그대로 선생에게 전이되었을 것이다. 그리고 그때 가부루의 역사를 보고 있는 나에게도.

어쨌든 알려지지 않은 역사의 파편이란 뭉쳐진 실타래처럼 언젠가는 하나의 이야기 실로 엮어져야 할 것들이었다. 비록 실타래가 끊어진 채 흩어져 있을지라도 그 색색의 실오라기는 어느 것 하나 버릴 게 없었다.

가부루의 역사 노트를 컴퓨터에 입력하면서 곧바로 그 단절적인 문장에 매혹되기 시작했다. 부서진 토기의 파편 하나하나가 전체의 필연적인 한 부분이라는 것을 알게 되는 순간

파편의 부서진 모서리들이 의미를 갖기 시작하는 것처럼, 중간에 끊어지고 도무지 알지 못할 언어로 가득한 문장의 파편이 아름답게 보이기 시작했다.

때로 앞서 입력한 문장이 중간의 문장과 이어져 하나의 완성된 문장으로 나타날 것 같은 순간엔 당장이라도 ctr-x와 ctr-v를 두드리고 싶은 충동이 일기도 했다. 뒤섞인 문장이 하나의 단락으로 완성될 때마다 나는 선생이 원문을 해석할 때 느꼈을 희열을 떠올렸다. 흩어진 문장을 이어 맞추고 없어진 문장에 다른 문구를 채워 넣을 때마다, 밀려오는 작은 희열로 자판의 속도를 더할 때마다, 그것을 전유하고 싶은 욕망에 사로잡히기 시작했다. 처음으로 아득한 과거에 좌절된, 글을 쓰고 싶어 하던 젊은 시절의 욕망을 다시 불러들여 조족문의 그 파편화되고 매혹적인 문장들을 나의 언어로 뒤바꾸고 싶은 유혹에 빠져들었다.

나는 어느새 가부루의 신화를 독차지하려 한 선생을 닮아 갔고, 가부루의 문자를 독점하려 한 가부루를 닮아 갔다. 그리고 가부루의 역사에 등장하는 마지막 가부루가 그랬던 것처럼, 그리고 가부루의 역사를 독해한 선생이 그랬던 것처럼 가부루의 전설을 아니 역사를 다시 쓰기 시작했다.

제4장

\\ *

지금으로부터 6천 년 전보다 더 오래전, 동쪽의 해안에 스스로 가부루라고 불렸던 부족이 살았다고 해야 한다.**

가부루인들이 누구인지 어디서 왔는지는 알 수 없다. 지금 살아 있는 모든 사람들의 조상이 그랬던 것처럼 가부루인들은 세상을 끝없이 이어 주는 해안선을 따라 그곳에 이르게

* 4장 가부루의 역사는 제6 노트와 제7 노트에 기록된 점토문자의 해석본을 기초로 한 것이다. 이후 "가부루는 이렇게 말했다"로 시작되는 인용문은 독해 원문 그대로이며 이 글의 앞부분과 중간의 해설 부분은 점토문의 기록을 바탕으로 재구성한 것이다.

**제6 노트 36면. 선생은 "강원도 고성군 일대에서 발견된 신석기 유적이 기원전 4, 5천 년 전으로 이 시기가 가부루국의 존재와 일치한다면 대략 6, 7천 년경으로 추정할 수 있다"고 적었다.

되었을 것이다. 아니면 나무들 사이로 뛰어다니는 짐승들을 쫓다가 산을 몇 개 넘고 더는 넘을 산이 없어 그곳에 머물게 된 것인 지도 모른다. 그도 아니면 고기를 잡으러 바다에 띄운 뗏목이 폭풍을 만나서 정처 없이 떠돌다 어느 날 눈을 뜬 곳이 거기였는지 그것은 정말 알 수 없는 일이다.

가부루인들은, 스스로 그렇게 믿었듯이, 숲에서 태어났다. 나무껍질과 가지와 잎과 가시와 열매로 만들어진 사람들이었다. 신화에 기록된 대로 숲의 미움을 받아 쫓겨 나오게 된 곳이 처음 정착한 그곳이었다. 가부루인들이 현재 그 일대에서 살고 있는 사람들의 족보에 기록되지 못한 아주 먼 선조였는지는 확인할 바가 없다.

가부루인들은 구름조차 멈칫거리는 높은 산과 흰수염 고래가 자맥질하는 깊은 바다 사이의 좁고 긴 땅에서 살았다. 가부루인들은 남북으로 길게 이어진 해안을 따라 이동했다. 농사를 지었지만 열매를 따 먹고 물고기를 잡던 수렵과 어로 역시 그들의 생계 수단이었다. 고고학적으로 보자면 구석기 시대와 신석기 시대 사이에 존재했고, 석기인들의 전형적인 주거 형태를 가졌다. 그러나 그들을 원시적인 부족이라고 말할 수는 없었으며, 청동기 시대까지 이어지는 긴 역사를 가지고 있음이 분명했다.

처음 가부루인들이 정착한 곳은 해안에서 유일하게 바다로 흘러가는 비교적 큰 두 갈래의 강이 있는 곳이었다. 높은 산이 연이어 막혀 있었지만 완전히 고립되어 있지는 않았다.

그곳에서 정착하고 난 뒤 가부루인들은 위쪽의 산맥을 넘어 내려온 다른 부족의 침략으로부터 비교적 손쉽게 자신들을 방어할 수 있었다. 간헐적으로 얼마동안이었는지는 알 수 없지만, 수십 년에 한 번씩은 산을 넘고 해안을 타고 내려오는 낯선 부족과의 전쟁이 있었다. 가부루족은 그들과 싸우기도 하고 그들을 달래기도 하고 때로 그들에게 도움을 주기도 하면서 낯선 부족을 복속시켰다. 가부루인들은 강과 강 사이에 자리 잡기 시작하면서 점차 자신의 부족 수를 늘려 갔다. 인구가 불어나 많을 때는 4천 호에 이르기도 했다.

가부루인들은 뛰어난 농사꾼들이었다. 비록 구부러진 나무 조각이나 큰 짐승의 정강이뼈를 긴 나무에 단단하게 엮어 만든 것이었지만 호미와 괭이와 쟁기를 이용할 줄 알았고, 비를 기다려 땅을 파고 볍씨와 기장 씨를 심어 수확했다. 돌조각을 갈아 만든 날카로운 창으로 숲에서 사냥을 했고, 싸릿가지나 버들가지를 촘촘하게 엮은 망태로 강에 나가 물고기를 잡았으며, 짐승의 가죽과 나뭇가지로 만든 배를 만들어 바다로 나가 고래를 잡았다.

가부루인들이 정착한 이래로 북으로부터 많은 부족이 유입되었다. 대개는 숲에서 사슴을 뒤쫓다가 열이면 아홉은 실패하고 허기진 배를 도토리 따위로 달래거나 바닷가에서 손쉽게 잡을 수 있는 조개를 구워 먹으며 흘러들어온 사람들이었다. 말도 안 되는 어설픈 무기를 들고 가부루족의 영역을 대책 없이 뛰어든 부족도 많았다. 그러나 그들이 누구이든 단 한 차례도 가부루족을 이겨 본 적이 없었다. 대부분은 소리만 지르고 달려들었을 뿐 가부루족의 날카로운 창끝에 비명 한 번 제대로 질러 보지 못하고 죽었다. 그래도 덜 무모한 사람들은 살아남아 가부루인들에게 농사를 짓거나 배를 만드는 법을 배워 그곳에 정착하거나 새로운 땅을 찾아 남쪽으로 이동했다. 그들의 수효가 점점 많아져 하나의 부족을 이루게 되었는데, 가부루인들은 그들을 고미슥족이라고 했다. 그것은 '아래쪽에 사는 열등한 족속'이란 뜻이었다.

때로 북쪽에서 내려온 부족이 가부루인들과 싸우다가 지쳐 그곳에 그대로 정착하는 경우도 없지 않았다. 그들 역시 오랫동안 가부루인들에게 고래 뼈를 갈아 쟁기를 만드는 법을 배우고 나무껍질을 벗겨 그물을 짜는 법을 배우면서 그곳에 머물렀다. 그들은 가부루인들이 불렀던 대로 스스로 이롯족이라고 말할 수밖에 없었는데, '아직 사람이 되지 못한 위쪽의 짐승들'이라는 뜻이었다.

고미슥족과 이롯족은 비록 가부루인들은 아니었지만 점점 가부루족의 일원이 되었다. 그리하여 가부루족은 이들 두 부족과 간헐적으로 유입되어 이름조차 없는 여러 부족과 함께 제법 큰 국가를 만들었다. 모든 부족을 통치한 부족은 당연히 원래의 가부루인들이었다. 가부루인들에게는 왕이라고 불리던 지위는 존재하지 않았다. 다만 가부루족 중에서도 다시 가부루라고 불리던 순수 혈통을 지닌 '진정한 가부루' 들이 있었고, 그들이 부족민을 다스리고 부족 간의 전쟁과 화해를 주도했다.

가부루국의 여러 부족은 그들의 혈통과 생김새 그리고 얼마나 먼 조상을 가졌는지에 따라 각기 다른 지위를 가졌다. 이를테면 고미슥인은 이룻족에 비해 더 먼 조상을 가졌고, 그들의 수염이 이룻인들보다 더 적다는 데 우월감을 가졌다. 반면 이룻인들은 비록 가장 낮은 지위(물론 그보다 더 지위가 낮았던 작은 부족이 없지 않았지만)를 누릴 수밖에 없었지만 더 강건한 육체와 훨씬 더 많은 털을 가진 걸 자랑스러워했다. 하지만 각 부족의 지위를 결정한 것은 생김새나 혈통이 아니었다. 그건 그다지 중요하지 않았다.

강 아래쪽에 살고 있던 고미슥인들은 전쟁의 위협으로부터 안전했을 뿐 아니라 따뜻한 기온과 기름진 땅이 있어서 비교적 풍족한 삶을 누렸다. 그들은 평평한 바닥이 깔린 집을 지었고, 많은 돼지를 가졌으며, 자식들도 훨씬 더 많았다. 자주 축제를 벌였고, 아이들은 놀이를 즐겼으며, 여자들은 몸을 치장하는 데 반나절을 보냈다. 이에 비해 강 위쪽의 이룻인들은 모든 게 미비했다. 그들은 농사를 짓는 데도 서툴렀고, 강 아래에 비해 땅도 거칠고 기온도 낮았기 때문에 곳간을 넉넉히 채울 수 없었다. 다혈질인 그들은 싸움도 잦았다. 아이들과 여자들은 남자들의 싸움을 구경하는 것을 놀이로 삼았다. 하지만 그들은 주저 없이 거친 바다에 뛰어들 수 있는 용기를 지녔기에 항해하는 데 거침이 없었다. 그들이 잡아오는 고래의 수는 아래쪽보다 많았다.

고미슥이나 이롯, 그 어느 부족도 원래의 가부루족이 살던 강 유역의 풍요로움에는 미치지 못했다. 가부루족은 오래된 농사 기술과 정교한 선박 기술을 가지고 있었다. 큰 그물을 짜는 방법을 알고 있어서 바다에서 강으로 올라오는 고기들을 쉽게 잡을 수 있었다. 바다에 나가 목숨을 거는 것과 비교하면 너무나 쉬운 일이었다. 오직 가부루족들만 강에서 고기를 잡을 수 있는 권리를 가졌다.

가부루인들은 숲으로 들어가 사냥하는 생활을 버렸지만 창과 화살을 만드는 기술이 어느 누구보다 뛰어났다. 마음만 먹으면 언제든지 축제에 쓸 멧돼지 몇 마리쯤은 잡아올 수 있었다. 그들은 먹고 살기 위해 사냥을 하지 않았다. 그 대신 숲에 사는 짐승을 잡아와 우리에 가두어 길렀다. 가부루족이 사는 마을에는 밤이면 온갖 짐승들의 울음 소리가 그치지 않았다. 가부루족은 북쪽의 부족들이 바친 짐승 가죽으로 된 옷과 남쪽의 부족들이 바친 나무껍질로 짠 옷을 때 맞춰 갈아입었으며, 여럿이 힘을 합해 바닥이 평평하고 지붕이 높은 집을 지었다. 매일 축제를 벌여도 곳간에는 늘 식량이 남아돌았다.

가부루족들은 강 아래와 강 위의 모든 부족들에게 추앙을 받았을 뿐 아니라 서로의 존재를 잊지 않도록 함으로써 신망을 얻었다. 이룻인들이 숲에서 잡은 사냥감이나 바다에서 잡아 올린 고기들을 고미슥인들에게 전해주었고, 그들로부터는 곡물을 받아 강 위의 부족에게 나눠 주었다. 가부루인들은 분쟁이 일어나면 이를 해결하는 방법을 알았으며, 새로운 부족이 내려와 전쟁이 일어나면 힘을 모아 물리칠 수 있는 지혜가 있었다. 그리고 축제가 벌어질 때마다 모든 부족장을 불러 함께 즐기는 여유를 가진 부족이었다.

모든 부족들은 그들이 처음 가진 부족의 이름을 버리고 가부루인이 되고자 했으며, 비록 가부루족이 될 수 없었지만 가부루국의 일원이 되어 가부루들이 지어 주는 새로운 이름에 만족했다. 그들은 모든 부족 중의 부족, 가부루족의 가부루가 누구임을 알고 있었으며, 그들에게 진정한 존경을 표하는 데 주저하지 않았다.

여러 부족으로 구성된 가부루국에는 원래의 가부루족이 있었으며, 가부루족에서도 가부루라고 불리는 사람들이 따로 있었다. 모든 사람들은 그들을 일컬어 진정한 가부루라고 불렀는데, 그들만이 가부루라는 이름을 사용했다. 가부루가 아닌 다른 모든 사람들은 각기 다른 이름을 가졌다. 진정한

가부루들은 처음(그들의 역사가 시작된 최초의 기록에 의하면)
모두 스무 명이었다. 하지만 어느 때는 마흔 명이 될 수도 있
었고 어느 때는 예순 명에 이르기도 했다.

진정한 가부루들은 모든 게 달랐다. 그들은 아버지와 아
들이, 아들의 아들이나 아버지의 아버지가 모두 같은 이름,
즉 가부루라는 이름을 썼다. 하지만 가부루의 아들이라고 해
서 모두 가부루가 될 수는 없었다. 가부루의 아들은 여덟 살
이 되면 가부루가 되어야 할지 말아야 할지를 결정해야 했
다. 오직 하나의 아들만이 가부루라는 이름을 얻었다. 가부
루가 된 아이는 열여섯이 넘으면 가부루족 중에서 여인을 맞
아 혼례를 치렀다. 가부루의 아내가 된 여인은 우모루라고
불렸다.

가부루가 되지 못한 자식들은 새로운 이름을 받아 가부루
족이 사는 마을로 보내져 평범한 가부루족의 일원으로 살아
야 했다. 가부루가 아닌 가부루 부족에서 태어난 아이는 오
직 가부루들에 의해서 새로운 이름을 받았다. 그렇지 않을
때는 그 아이가 사내라면 아버지와 같은 이름을 쓰고 계집아
이라면 어머니의 이름을 물려받았다. 북쪽이나 남쪽에 살고
있는 부족들이 따로 이름을 가지고 있었는지는 자세히 알 수
없다.

진정한 가부루들이 가부루족뿐 아니라 모든 부족을 통치
할 수 있었던 것은 그들만이 사람의 이름뿐 아니라 모든 만
물에 이름을 붙일 수 있는 능력이 있었기 때문이었다. 가부

루들이 그런 능력을 부여받은 것은 선조인 최초의 가부루들
에 의해서였는데 그들이 후손들에게 모든 걸 가르쳐 주었다.

가부국의 모든 역사는 그들로부터 시작되었다. 이 모든
사실은 가부루의 역사에 기록되어 있다. 가부루들은 오래전
부터 문자를 가지고 있었다. 문자는 오직 가부루들만이 쓰고
읽을 수 있었다. 가부루들은 세상의 모든 일을 기록했다. 가
부루들은 위대한 조상인 가부루가 이 세상을 연 순간부터 해
를 꼽을 수 없을 만큼 오랜 세월 동안 가부루의 가부루의 가
부루들이 벌여 온 모든 일을 기록했다.

∧

가부루들은 언제나 모여 지냈다. 그들은 가부루족이 살고
있는 주변의 여러 마을 가운데 마을 하나를 이루며 살았다.
진정한 가부루들의 집은 그들이 모든 부족을 통치한다는 사
실에 비춰 보면 놀라울 정도로 작고 초라했다. 그것은 가부
루들이 자신의 집에 머무는 경우는 거의 없기 때문이었다.
아내인 우모루를 만나야 하는 신성한 날을 제외하고는 가부
루들은 마을 한가운데 자리 잡은 큰 집에 모여 지냈다.

그 집은 어느 고대 문명에서 보이는 지구라트와 흡사한
것이라고 말할 수는 있었지만, 신을 숭배하기 위해 지은 신

전은 아니었다. 가부루국에는 신이 존재하지 않았다. 그 집은 가부루국에서 가장 크고 넓었으며, 사방이 트인 네모난 형태로 수많은 나무기둥 위에 그보다 많은 서까래로 엮은 지붕이 높이 솟아 있었다. 그 한가운데는 제단처럼 보이는 정방형의 그리 높지 않은 단이 놓여 있었고, 거기엔 언제나 가부루의 문자판이 정성스럽게 모셔졌다.

가부루들은 그 집에서 일상적인 이야기를 주고받으며 만물의 이치와 세상의 운행을 점치고, 심오한 철학적 주제에 대해 토론하고, 모든 부족 간에 벌어지는 일을 점검하고 정사를 논했다. 가부루들이 하는 일은, 부족을 다스리기 위해 서로 번갈아가며 여행을 하거나 부족의 마을에 일이 벌어졌을 때 이를 시찰하기 위해 자리를 비운 몇 사람을 제외하고는, 늘 모여서 문자를 쓰고 읽으며 그것을 보관하는 일이 전부였다.

가부루들은 각각 다른 직책을 가졌다. 모두 글을 읽고 쓰는 일과 관련된 것이었다. 가부루들이 서로를 부를 때는 그 직책으로 말했다. 직책은 매번 달라졌기 때문에 문자를 기록하거나 공식적인 의례일 때가 아니라면 보통은 각각 그들이 가지고 있는 탁월한 능력 중의 하나를 별명으로 삼아 불렀다. 이를테면 흙을 다지는 데 빼어난 손놀림을 가지고 있는 가부루는 '손 빠른 가부루'라고 불렀으며, 서가의 모든 기록을 외우는 가부루는 '기억의 가부루'라고 부르는 식이었다.

문자를 기록할 일이 생겼을 때는 모두 모여 엄격한 절차에 따른 의식을 거행했다. 가부루들이 탁월한 기억력과 예민한 관찰력, 기민한 판단력을 갖추게 된 것은 어렸을 때부터 보아온 이런 의례 때문이기도 했다. 모든 가부루들은 자신이 보고 듣고 말한 것을 그대로 다른 가부루들에게 전할 수 있어야 했다.

가부루들은 매월 그믐이 되는 날 정기적으로 기록했다. 별의 운행, 천재지변을 기록했고, 부족 간의 전쟁이나 마을의 사건, 인간의 탄생과 운명, 한 달 동안 거래한 모든 물품과 그 내역을 상세하게 기록했다. 한 달 동안 일어난 모든 일은 기록하기 전에 각각 이를 담당한 가부루들의 머릿속에 들어 있어야 했다. 따라서 가부루들의 기억력은 다른 어느 부족들보다 뛰어났다.

그믐 첫날에 가부루들은 모두 모여 각각의 기억들을 말하고 이를 기록했다. 정기적인 기록은 매우 엄격한 의식에 따라 거행했고, 보통 달이 없는 날을 택해 사흘간 계속되었다. 그러나 매우 특별한 사건이 발생했을 때는 언제라도 기록을 위한 모임을 열었다.

각 부족을 시찰하고 여행에서 돌아온 가부루는 모든 가부루들이 모인 자리에서 자기가 보고 들은 이야기를 큰소리로 말했다. 그것을 듣고 나면 비교적 나이든 원로들이 모여 그 이야기를 즉시 기록해야 하는지 말아야 하는지를 토론했다. 마침내 기록해야 한다고 결정하면 의식을 거행하기 시작했다. 가부루들 말고는 모두 누대의 근처에서 물러나 있어야 했으며, 부족민들은 어떤 경우에도 의식 도중에 접근할 수 없었다. 가부루들이 누대의 가장자리를 따라 둘러서면 처음 사건을 보고 겪은 가부루는 다시 한 번 이야기를 해야 했고, 다른 가부루가 그것을 듣고 한마디 틀림도 없이 전해야 했으며, 마지막으로 다른 가부루가 똑같이 반복해 말했다.

의식이 벌어지는 동안 가부루들의 아들들, 이제 막 가부루가 된 어린 가부루들은 강에 나가 진흙을 날라 오고 조금 더 자란 가부루들은 진흙을 반죽했다. 또 다른 가부루는 나무를 반으로 갈라 네 귀를 엮은 상자를 만들었다. 상자는 반듯한 탁자 위에 올려놓게 되는데, 상자 안에 고운 모래를 얇게 깔고 반죽을 넣고는 다졌다. 점토판은 이야기가 짧으면 한 개만 만들었으며, 길 때는 한꺼번에 열 개까지 만들었다. 하지만 점토판의 개수는 마지막 이야기를 듣는 순간 결정해야 했다. 그것이 나중에 글자를 새겼을 때 하나라도 많거나 적을 때는 점토판을 만든 젊은 가부루는 엄한 벌을 받았고 진흙을 날라 오는 일부터 다시 시작해야 했다.

점토판에 글을 쓰는 가부루는 비교적 젊고 모든 경험을 한 번쯤 거친 가부루 중에서 선발했다. 그는 멧돼지의 송곳니를 갈아 만든 첨필을 들고 마지막 가부루의 말을 받아 적었다. 쓰기를 마치고 점토판이 어느 정도 마르면 가부루 중의 하나가 읽는데, 그는 문자를 배운 지 1년이 지난 가부루 중에서 선발했다. 글을 읽으면 처음 이야기한 가부루가 이를 들었으며, 도중에 틀린 부분이 있거나 다르게 적힌 부분이 있으면 모든 절차에 따라 처음부터 다시 해야 했다.

문자를 기록한 점토판은 누대 가운데 놓인 단 위에 올렸다. 점토판이 마를 동안 나이가 많은 가부루들은 둘러 앉아서 거기에 기록된 일에 대해 이야기를 주고받았다. 그들은 그 옆에서 자고 밥을 먹었으며, 이는 점토판이 완전히 마를 때까지 계속되었다. 사흘이 지나 점토판이 마르면 상자를 떼어 내고 정자 앞 마당에 놓인 화덕 안에 넣었다. 하루 동안 구운 문자판은 하루를 더 화덕 속에 넣어 두었다.

점토판을 꺼낼 때는 다시 모든 가부루들이 모였다. 점토판을 꺼내는 순간 기록한 일의 길흉을 점치기 위해서였다. 만일 점토판에 금이 가 있으면 흉조였고 대책을 세워야 했다. 점토판이 완전히 쪼개져 버리거나 갈라진 틈이 문자의 파인 부분을 건드렸다면 그 점토판은 모두 보는 앞에서 산산이 깨뜨렸다. 반드시 기록해야 할 일이었거나 없애 버려야 할 만큼 나쁜 일이 아니었다면 그로부터 첫 번째 그믐이 되는 날 모든 절차에 따라 다시 기록할 수 있었다.

완성된 점토판은 누대 옆에 있는 서가로 옮겼다. 그곳은 가부루의 역사가 모두 담겨 있는 수만 장의 문자판이 보관되어 있는 장서고였다. 서가에는 모든 것이 있었다. 과거로부터 내려오는 수많은 신화와 전설들, 죽은 가부루들이 지닌 모든 별명과 일화, 남쪽 바다에서 올라온 작은 부족의 기원, 우주론적인 관점에서 설파한 사물과 인간에 관한 여러 학설,

숲에 사는 짐승들의 이름과 계통의 분류, 4백 년 동안 쏟아져 내린 유성의 수와 낯선 별에 대한 기록, 1년 동안 거래한 고래와 곡물의 양, 숲을 횡단하여 땅의 반대편을 다녀온 가부루의 여행담, 가부루의 아내가 된 이롯의 아름다운 여인, 살쾡이가 변신해 우모루가 된 이야기 등등.

하지만 누구나 점토판을 볼 수는 없었다. 서가를 마음대로 출입할 수 있는 자는 가부루 중에서 가장 현명한 자로 꼽히는 단 한 명뿐이었다.

첫 번째 책을 이루는 점토판에는 가부루의 선조인 최초의 진정한 가부루들에 대한 이야기가 실려 있었고, 그것의 한 대목은 이렇게 시작되었다.

"가부루는 이렇게 말했다.

남쪽의 땅이 열렸을 때 강이 흘렀다. 강은 숲에서 나와 바다로 흘렀고, 바다는 모두 스무 줄기로 갈라졌다. 스무 명의 우모루들이 바다를 나누어 가졌다. 그 우모루의 자손들이 자라 한곳에 모였을 때 바다는 다시 하나가 되었고, 그 뒤로 바다가 갈라지는 일은 없었다.

바다와 달이 맞닿은 날, 우모루의 자손들이 가부루를 뽑기 위해 모였다. 자손들은 바다를 가장 멀리 건널 수 있는 자를 선택해 그를 가부루로 삼았다. 우모루의 딸들 중에서 숲에서 가장 많은 열매를 따오는 여인을 가부루의 아내로 삼게 했고 그녀가 우모루가 되었다. 가부루와 우모루는 여섯 명의 자손을 낳았다. 그들 중 모래밭을 가장 빨리 달린 아들을 가부루로 삼았고, 마을에서 찔레나무 가시를 가장 빨리 따 버린 여인을 아내로 맞아 우모루로 삼았다. 가부루와 우모루는 모두 열한 명의 자식을 생산했다. 그중에서 돌을 던져 호수의 그림자를 가장 멀리 무너뜨리는 아들을 가부루로 삼았다. 그는 마을의 여인들 중에서 빗속에서도 젖지 않은 여인을 맞아 우모루로 삼았다. 가부루와 우모루는 여덟 명의 자녀를 낳았다. 그들은 모두 여덟 살이 되기 전에 죽었고 그중 한 명의 아들만 살아남았기에 그가 가부루가 되었다. 마을에서 푸른 꽃씨로 붉은 물감을 만드는 여자가 그의 아내가 되었으며 그녀가 우모루가 되었다.

가부루가 마을을 다스렸을 때 모두 아흔여덟 채의 집이 있었다. 처음 가부루가 마을을 다스리기 위해 나타났을 때, 마을의 노인들은 뱀 일곱 마리를 풀어 가부루가 건너오는 다리를 막았다. 가부루는 일곱 마리의 뱀에게 그의 털을 하나씩 뽑아 주고 물리쳤다. 마을의 노인들은 살쾡이 다섯 마리를 마을 어귀에 풀어놓았다. 가부루는 그의 살점 다섯 조각을 떼어 주고 살쾡이를 물리쳤다. 마을의 첫 집에 다다랐을 때 마을의 노인들은 성난 멧돼지 세 마리를 그 앞에 놓았는데, 가부루는 먹은 걸 세 번 게워 멧돼지를 물리쳤다. 그가 마을의 신전에 다다랐을 때 마을 노인들은 가장 힘센 사내를 그 앞에 데려왔다. 가부루는 그에게 검은 이빨을 보여주고 물리쳤다.

마을의 노인들과 여인들, 마을의 사내들과 아이들은 숲 가에서 붉은 새 한 마리와 나무 끝에 오른 하늘소와 땅 속에서 막 꺼낸 커다란 지렁이 그리고 바다에서 잡아 올린 가는 발의 큰 게를 가부루에게 바치고 길을 열어 주었다. 그는 스무 해를 세 번 지나도록 마을을 다스렸다. 가부루의 가부루인 그가 바로 문자를 만든 '위대한 가부루' 였다.*”

위대한 가부루는 가부루족을 이 땅의 진정한 주인으로 만든 가부루였다. 그는 지혜와 용기의 화신이었으며, 겸손과 연민을 지녔고 분노와 갈등을 다스릴 줄 알았다. 어느 날 위대한 가부루가 마을을 나와 숲으로 향했다. 두려움을 모르는 그 역시 숲은 두려운 존재였다. 숲은 가부루인의 살과 피를 주었지만 그들 부족이 숲을 떠나온 뒤로 다시 숲으로 돌아갈 수 있는 가부루는 그가 처음이었다. 가부루는 숲에 들어가 노래를 부르기 시작했다.

*이 부분은 제6 노트의 21면에 수록되어 있다. 이후 인용된 부분은 반드시 노트의 해석본의 순서와 일치하지 않는다.

"가부루는 이렇게 말했다.

숲은 나뭇가지를 꺾어 가부루의 팔다리를 만들었습니다. 나의 존재는 당신의 흙, 가부루의 팔과 다리를 돌려주십시오. 숲은 잎으로 가부루의 갈라진 손과 발을 만들었습니다. 나의 존재는 당신의 빗물, 가부루의 손과 발을 돌려주십시오. 숲은 열매로 가부루의 얼굴을 만들었습니다. 나의 존재는 당신의 태양, 가부루의 얼굴을 돌려주십시오. 숲은 씨앗으로 가부루의 눈을 만들었습니다. 나의 존재는 당신의 천둥, 가부루의 눈을 돌려주십시오.

숲은 가시로 가부루의 머리털을 만들었습니다. 나의 존재는 당신의 바람, 가부루의 머리털을 돌려주십시오."

위대한 가부루가 숲에서 나온 뒤로 모든 가부루인들은 다시 숲으로 들어갈 수 있었다.

가부루는 세상의 원리를 알고 싶어 했으며, 세계를 지배하는 보이지 않는 힘을 찾아다녔다. 그리고 마침내 위대한 가부루가 찾아낸 진리가 있었으니 그것은 만물의 원리가 數에 의해 지배된다는 것이었다. 그는 홍수가 난 뒤 물이 빠진 강가를 거닐다가 진흙뻘에 찍힌 새발자국을 보고 세상의 이치를 깨달았다. 그리고 그 형상을 보고 문자를 만들었다.

위대한 가부루는 세상의 이치를 마을 사람들에게 가르치기 시작했다.

"가부루는 이렇게 말했다.

세상의 만물은 네 가지로 구성되었다. 숲과 바다와 하늘과 땅이 그러하고 우리의 몸이 그러하다. 우리가 사는 곳도 그렇지 아니한가? 산이 있고 들이 있으며 강이 있고 우리가 머무는 집이 그러하다. 넷은 모여 하나를 이루고 하나는 반드시 넷으로 갈라진다. 넷은 다시 다섯으로 나뉘며 그것은 또 다른 하나가 된다. 이는 다섯이 네 개가 모여 또 다른 하나가 되는 것과 같다. 우리의 손가락을 보아라! 모두 다섯이며 그것이 모여 사지四肢가 되는 것이다. 넷과 다섯은 하나가 덜하고 하나가 더한 것이지만 넷이 다섯보다 덜하지 않고 다섯이 넷보다 더하지 않은 것이다."

가부루의 수는 4진법과 20진법을 혼용해서 쓰는 독특한 체계였다. 가부루족이 진법을 기초로 한 수를 알고 있었다는 것은 놀라운 일이 아닐 수 없었다. 가부루족은 이 수를 바탕으로 세상을 이해했다. 그뿐이 아니었다. 강 아래의 부족과 강 위의 부족 간에 행하는 모든 물물교환 형태의 상업적 거래를 중개할 수 있었다. 물론 이런 일들을 가부루가 직접 하는 경우는 드물었다. 부족들 간의 거래는 가부루족 사람들이 주도했다. 비교적 큰 규모의 장사를 하게 될 때는 반드시 가부루 중의 한 사람이 입회해야 했으며, 가부루는 숫자를 통해 그 거래를 매우 공정하고 합리적으로 이끌었기 때문에 누구도 불만을 갖지 않았다. 그랬을 뿐 아니라 이를 통해 가부루들은 절대적인 권위와 신뢰를 쌓을 수 있었다. 가부루들이 알고 있는 수는 스물이 스무 개인 수의 스무 번을 넘어서기도 했으며, 그것이 기록되어 있는 가장 큰 수다.

하지만 가부루들이 알고 있는 수의 비밀은 그들이 가지고 있는 문자의 비밀에 비하면 아무것도 아니었다. 가부루가 아닌 모든 부족민들은 가부루들이 문자를 기록하고 읽는 능력에 대해 신앙심과도 같은 경외감을 가졌다. 가부루가 아닌 어느 부족인도 가부루처럼 같은 말을 그처럼 완벽히 반복해 낼 수 있는 능력을 지닌 자는 없었다.

가부루들은 문자를 통해 모든 사람들의 과거뿐 아니라 현재와 미래까지도 지배했다. 현재를 기록하고 현재가 과거가 될 때 과거를 불러내 다시 현재로 만들어 내는 능력은 마치 그들이 미래의 보이지 않는 사실까지 현재로 끌어내 눈앞에 드러나게 하는 능력을 가진 것처럼 보이게 했다.

가부루들은 모든 사람의 운명과 모든 만물의 이치를 지배하고 있는 자들이었다. 가부루인들의 세계에서는 신적인 존재는 없었다. 그들은 신을 섬기지 않았다. 가부루들 자신이 신과 같은 존재였기 때문이다. 그리고 그들의 문자는 가부루들에게 신의 지위를 부여했다.

신성한 문자를 가진 존재, 그들만이 모든 부족민을 진정으로 지배할 수 있는 보이지 않는 가장 큰 힘을 지닌 자들이었다. 가부루들은 올바르고 지혜로우며 완전한 인간들이었다. 가부루들은 언제나 부드럽고 온화하며 다정한 미소로 부족민을 대했다. 가부루들이 신망을 잃은 적은 없었다. 가부루들이 단호하고 극단적이며 인정머리 없는 결단을 내릴 때도 그들에 대한 존경과 경외감은 줄어드는 법이 없었다.

가부루들 모두 문자를 쓰고 읽을 수 있다고 하더라도 결코 문자를 사사로운 데 쓸 수는 없었다. 가부루들은 사실을 기록하고 세상을 다스리기 위한 것이 아니면 문자를 쓸 수 없었다. 그게 가부루의 법이었다. 문자를 아무 곳에나 기록하는 일도 없었다. 하다못해 어린 가부루들이 모래밭에서 뛰어놀다가 장난으로 문자를 썼다가는 그 길로 죽음 직전에 이르는 벌을 받아야 했다. 가부루들의 '지혜의 그릇'이라고 부르는 점토판에 기록하는 것 이외의 모든 글자 기록은 허용하지 않았다.

가부루들은 엄격한 규율과 체계적인 훈련 속에서 자랐고 이를 통해 현명하고 지혜로운 인간이 되었다. 문자를 기록하는 것과 마찬가지로 그들에게는 어떤 결정이든 혼자서 판단하고 행동하는 것이 허용되지 않았다. 일이 생기면 모든 가부루들이 모여 토론을 통해 결정했다. 그렇기 때문에 사적인 감정이나 극단적인 결론을 내리는 경우는 드물었다. 반드시 가부루들의 선소들이 남겨 놓은 지혜의 그릇인 문자판의 기록에 준해서 판단했기 때문에 잘못 판단을 내리는 경우는 극히 드물었다. 가부루들은 말 그대로 진정한 가부루들이었다.

14

어느 날*, 강 위의 이롯족 마을에서 큰 싸움이 일어났다. 부족민들, 특히 이롯족이 싸울 때는 가부루들조차 잔뜩 긴장해야 했다. 가끔 그들 부족 마을의 사소한 다툼이 마을 간의 싸움으로 번지는 경우가 없지 않았다. 그뿐 아니라 이롯족의 싸움이 북쪽에서 내려온 유민의 침략으로 인한 것인지를 살펴야 했다.

이롯족의 한 마을에서 오랜 비가 끝난 뒤 첫 번째 떠오른 보름달을 보고 고래를 잡기 위해 마을의 사내들이 바다로 나갔을 때였다. 마을에 남아 있던 한 여인과 젊은이 사이에서 벌어진 문제로 다툼이 벌어졌다. 싸움의 발단은 이랬다.

보름 전 북쪽에서 내려온 유민과의 작은 싸움에서 부상을 입은 젊은 이롯인이 있었다. 다른 때 같았으면 고래를 잡기 위해 바다로 나가야 했던 한 젊은이는 마을에 남아 다친 다리를 치료했다. 그날 마을에는 여인들과 아이들만 있었고 남아 있는 사내는 그가 유일했다. 저녁이 되자 젊은이는 마을에서 가장 아름다운 여인을 찾아 하룻밤을 보냈다. 마침 젊은이는 바다 냄새가 그리웠고, 그가 찾아간 여인에게서

---

* 제6 노트의 67면 해석본에는 넷째 해의 두 번째 스무날의 세 번째 날이라고 표기되어 있다.

바다 냄새가 났기 때문이었다. 그때 고래를 잡으러 나갔다가 갑작스러운 폭풍을 만난 여인의 남편이 돌아왔다. 마을의 관례에 따르자면 남편은 자신이 없는 동안 다른 사내와 하룻밤을 보내는 아내를 위해 집을 내주어야 했다. 남편은 마땅히 젊은이의 집으로 가 하룻밤을 보내고 그 다음날 집으로 돌아가야 했다. 그러나 어찌된 일인지 남편은 젊은이를 즉시 내쫓았고 쫓겨난 젊은이는 분을 이기지 못했다. 그리고 젊은이가 그 사실을 마을 전체에 알리면서 사단이 발생한 것이었다.

마을 사람들은 두 패로 나누어졌다. 그 남편의 처사가 옳지 못한 것이기 때문에 그의 옷을 벗기고 매질을 한 다음 마을 밖으로 추방해야 한다는 의견과 잘못은 했지만 그를 추방해서는 안 된다는 의견이 팽팽하게 대립했다. 마을 사람들이 오랜 관례에도 불구하고 남편의 편을 든 것은 이유가 있었다. 그는 마을에서 가장 힘이 센 사내였으며, 그만이 한 차례 작살을 던져 고래의 심장을 멈추게 할 수 있는 유일한 이롭족이기 때문이었다. 급기야 두 패로 갈린 마을 사람들은 서로 치고받고 싸우기 시작했는데, 그 싸움이 얼마나 격렬했는지 부족의 여인들과 아이들이 가부루들이 살고 있는 곳까지 피해 도망쳐야 하는 사태까지 이르게 된 것이었다.

이 사실을 알게 된 가부루들이 파견되어 싸움을 중재하게 되었다. 가부루가 도착했을 때 마을 사람들은 거의 모두 피투성이가 되어 있었다. 싸움에 이긴 쪽은 고래의 심장을 관통할 수 있는 사내의 편을 든 사람들이었다. 그들은 오래된 관례를 깨고 이제부터 자신들의 아내를 누구도 건드릴 수 없다는 걸 새로운 관례로 한다는 걸 막 선포하려던 참이었다. 싸움에 진 쪽의 수는 많았지만 대개 나이든 축에 속하거나 여인들이었다. 그들은 구석에 몰려 장차 새로운 관례를 따를 것인지 아니면 목숨을 버릴지를 선택해야 하는 절박한 지경에 몰려 있었다.

가부루 중의 하나가 마을에 도착해 그들의 이야기를 듣고 다시 가부루의 마을로 돌아와 모든 가부루들에게 이 사실을 알린 다음 서가로 달려갔다. 그는 서가를 관장하는 가부루에게 일어난 일을 상세히 말했다. 서가의 가부루는 잠시 기억을 더듬다가 적절한 점토판을 찾아서 그에게 주었다.

점토판을 지닌 가부루가 다시 이롯족의 마을로 갔을 때 싸움은 이미 끝난 뒤였다. 가부루는 만신창이가 되어 여기저기 흩어져 있는 이롯의 어리석은 부족들을 불러 모아 천천히 위엄 있는 목소리로 문자판을 읽기 시작했다.

"가부루는 이렇게 말했다.

가부루가 숲으로 가 사냥을 하고 있을 때, 집에 있던 우모루에게 바다의 바람이 불었다. 우모루는 집을 나서 다른 가부루들 중에서 가장 젊고 아름다운 가부루를 데려왔다. 그들이 함께 잠을 자고 있을 때 가부루가 사냥을 마치고 돌아왔다. 가부루는 우모루에게 바다의 거품이 일어나고 있는 것을

보았고, 그 길로 다른 가부루의 집에서 하룻밤을 보냈다. 우
모루는 그로부터 스무날을 열네 번 보낸 뒤 아이를 낳았고
그는 자라 가부루가 되었다."

읽기를 마친 가부루는 젊은이와 하룻밤을 보낸 아름다운
여인, 고래의 심장을 관통시킨 사내의 아내를 불러내어 그
녀가 바다 냄새를 맡았는지를 물었다. 그녀는 그렇다고 말
했다.

"가부루는 이렇게 말했다.
이롯의 여인이 바다 냄새를 맡았으니 여인이 젊은이의 집
으로 가지 않았으되 젊은이를 불러온 것이다. 여인은 스무날
이 열네 번을 지나 고래의 심장을 관통할 수 있는 자의 아들
을 낳을 것이고, 남자는 후손을 얻을 것이다. 만일 남자가 후
손을 원치 않는다면 지금 스스로 바다에 뛰어들어야 할 것이
다. 이는 남자가 여자에게 바다 냄새가 나는 것을 알지 못한
채 바다로 나갔기에 일어난 일이기 때문이다. 만일 스무날이
열네 번 지나도록 여인이 아이를 낳지 않는다면 여인은 바다
냄새를 맡지 않았음에도 바다의 냄새를 맡았다고 거짓을 범
한 것이다. 그때 남자는 그대가 원하는 대로 하라."

후손을 간절히 원한 남편은 추방을 면하는 대신 발가벗겨
진 채 마을을 한 바퀴 돈 후에 집으로 돌아갔다. 마을은 다시

평화를 되찾았다.

가부루들은 가부루의 법으로 모든 부족을 다스렸다. 가부
루의 법은 가부루의 말이었으며, 가부루의 말은 글로 쓰여
가부루의 법이 되었다. 가부루들이 현명하게 부족을 다스렸
으므로 부족 간에는 큰 다툼이 벌어지지 않았고, 가부루들이
직접 다스린 가부루족 마을은 어떤 분쟁도 일어나지 않았다.
어느 때는 몇 달 동안이나 아무런 일이 일어나지 않아 새롭
게 쓰일 점토판이 아예 없기도 했다. 하지만 가부루들은 여
전히 달 없는 그믐이 시작되는 날에는 반드시 모여 천상의
운세와 만물의 변화를 기록했다.

어느 날 가부루족의 마을에 큰 축제가 벌어졌다. 축제는
달이 가장 크게 뜬 날부터 시작해 사흘 동안 벌어졌다. 축제
가 끝났을 때 모두 지쳐 있었다. 그 뒤로 오랜 장마가 시작되
었는데 이에 대한 가부루의 기록을 보면 이렇다.

"가부루는 이렇게 말했다.

모든 부족이 촉촉한 나무 등걸에 붙어 있는 민달팽이가
되었다. 그들의 몸에는 번들거리는 기름이 발라졌고, 모두

벌거벗은 채 죽은 듯이 누워 있었다. 올빼미들이 새장을 나와 그들의 가슴을 쪼아 대도 그들은 모른 채 잠에 빠졌으며, 포개어진 한 쌍의 남자와 여자는 뱀이 그 위를 지나도 알지 못했다. 아이들은 독풀 잎을 먹고 취해서 소리를 지르며 동네를 돌아다녔다. 그 뒤로 여드레 동안 쉬지 않고 비가 내렸다. 구름이 하나가 되어 하늘을 만났기에 비는 그치지 않았고, 바다에서는 물기둥이 끊임없이 올라 천둥과 번개를 만들어 냈다. 가부루가 말하기를 가부루와 우모루가 처음 만난 날과 같았다고 하니 사람들은 두려움에 떨었다. 강물이 넘쳐서 마을이 물에 잠겨들었으며, 여드레가 지난 후에야 강물은 바다로 흘렀다. 그 뒤로 마을의 축제는 더 이상 벌어지지 않았으며 1년에 한 번씩 벌어지는 축제에도 옷을 벗지 못하게 했다.”

한 차례 큰물이 지난 뒤 가부루들이 다스리는 모든 부족은 여전히 평화로웠다. 태양은 곡식을 단단히 여물게 했고, 바다에서 불어오는 바람은 부드러웠으며, 산을 넘어오는 빗줄기는 숲을 적시고 강으로 흘러 물고기들이 부드러운 살을 늘려갔다. 들판에서 풀을 뜯는 순한 동물들은 언제든 그들의 피를 바칠 준비가 되어 있는 듯이 태연하게 노닐었다. 바다는 잔잔했고 돌고래들은 떼를 지어 헤엄쳤다.

가부루들은 할 일이 없었다. 그들은 마을 정자에 모여 이야기를 나누다가 그도 지겨우면 들판에 나가 낱알이 익는 소리를 들었다. 때로는 숲을 거닐며 딱정벌레가 교미하는 부끄러운 장면을 물끄러미 들여다보거나, 손가락으로 버마제비와 팔씨름을 하기도 하고, 쓰르라미를 잡아 소매 깃에 넣고 울음 소리를 들었다. 아니면 마을로 내려가 아이들의 웃음 소리를 들었다.

가부루들, 특히 아직 이마에 주름도 없고 머리가 세려면 한참을 기다려야 하는 젊은 가부루들은 앞을 다투어 강 위의 이롯족과 강 아래의 고미슥족이 사는 마을로 시찰을 나가고 싶어 했다. 가부루들은 이롯족과 고미슥족 마을에 각각 세 명의 가부루를 번갈아 파견했다. 모든 마을에는 족장이 있어 작은 다툼이나 사소한 문제는 그들의 손에 의해 처리되었지만 중요한 일은 가부루들이 나서야 했다.

가부루들은 한번 나가면 닷새는 부족민과 스스럼없이 어울릴 수 있는 기회를 가졌다. 부족민들의 이야기를 듣고 그들의 사는 모습을 보는 것만으로도 젊은 가부루들에게는 즐거운 일이었다. 젊은 가부루들은 부족민들의 삶 속에서 다스림의 지혜를 얻을 수 있었고, 무엇보다 가부루들의 세계에서는 볼 수 없는 활기찬 세상의 풍경을 즐길 수 있었다. 요란하게 차려 입은 고미슥족의 혼례식, 어마어마하게 큰 고래를 끌고 포구로 들어오는 이롯족의 어부들, 들판에서 벌이는 사냥 축제, 밭을 갈고 수확하는 모습까지 그들은 짧은 여행에서 돌아와 자신들이 본 것을 말했다. 하지만 이야기를 전하는 가부루들의 말을 들어보면 그 어디에서도 아무런 일도 일어나지 않았다.

세상은 평화로웠고 가부루들은 할 일이 많지 않았다. 그런 날들이 지나갔다.

⋀⋀

어느 날, 남쪽 강안에 자리 잡고 있던 가부루족의 한 마을에서 작은 소란이 일었다.

한 코홀리개 계집아이가 깨진 항아리로 소꿉놀이를 하고 있었다. 우연히 그곳을 지나던 한 가부루가 그 장면을 보게 되었다. 계집아이는 깨진 항아리 파편 위에 흙이며 풀씨를 올려놓고 풀을 찧어 소꿉놀이에 한창이었고, 가부루는 얼굴에 미소를 띤 채 이를 하염없이 바라보았다. 그러다 가부루는 소스라치게 놀라고 말았다. 깨진 항아리에 글자가 쓰여 있는 것이었다. 비록 한두 글자에 불과한 것이었지만 여자아이가 지니고 있던 항아리 파편에는 분명 글자가 있었다. 그런 일은 있을 수 없었다. 글자는 가부루들만 쓸 수 있었을 뿐 아니라 함부로 아무 데나 쓸 수 없다는 것을 모르는 사람은 없었다. 물론 그 아이가 그게 글자인지 뭔지 알 리는 없었다.

아이의 소꿉놀이를 바라보고 있던 가부루는 깜짝 놀라 아이의 손에서 그릇 조각을 뺏어 들고는 놀라서 울기 시작한 아이를 들쳐 업고 그 길로 가부루들에게로 뛰어왔다. 누대 위에서 시끄럽게 울어 대는 매미 소리에 목청을 높이며 세상 이야기에 열을 올리던 가부루들도 놀라기는 마찬가지였다. 가부루들은 머리를 맞대고 앉아 점토 조각을 들여다 보았다. 거기에는 분명 문자가 적혀 있었다.

그 문자는 가부루가 쓴 글씨가 아니었다. 그릇 조각의 글자는 그들이 사용하는 멧돼지 송곳니로 만든 날카로운 첨필로 그어진 것이 아니라 무딘 나뭇가지와 같은 것으로 새긴 것이었다. 그렇지만 점토 조각에 새겨진 글자는 분명 가부루의 신성한 문자임이 틀림없었다. 그런 일은 없었다. 그런 일은 가부루들도 처음 겪는 일이었다. 그들은 도무지 어떻게 해야 할지를 알지 못했다.

가부루들은 작은 파편 하나가 갑자기 그들의 평화를 깨뜨려 버린 사실에 당혹해했으며, 한편으로는 새로운 할 일을 찾은 듯 갑자기 분주해졌다. 하지만 그때까지도 그 일이 그들조차도 감당할 수 없는 엄청난 사건의 시발이 되리라는 것을 아무도 알지 못했다. 가부루들은 마을 사람들을 모두 불러 모았다.

"가부루는 이렇게 말했다.
가부루가 가부루인 것은 진정한 가부루에게서 지혜의 문자를 얻었기 때문이다. 가부루는 모든 부족들에게 그 지혜를 골고루 나누어 주었으며, 모든 부족들은 그 지혜를 받아 풍족하게 살 수 있었다. 지혜는 날마다 떠오르는 태양과 같아서 어디에나 밝은 빛을 비추고 하루도 빠짐없이 땅을 덮혀 곡식을 익게 한다. 하지만 태양이 하나이듯 지혜 또한 하나다. 지혜의 말은 수만 가지지만 지혜를 담는 그릇은 하나다.

이제 지혜를 담는 그릇이 쪼개져 아무렇게나 처박힌다면 누가 지혜를 말할 수 있으며 누가 지혜로써 부족을 다스릴 수 있겠는가? 진정한 가부루가 전한 장엄한 지혜의 그릇인 문자가 저 코흘리개의 더러운 손에 쥐어진다면 저 아이가 지혜의 말을 전해야 하고 모든 부족들을 다스려야 하겠는가? 저 아이에게 거룩한 문자를 손에 쥐어 준 자는 앞으로 나서라. 그가 정녕 문자를 가진 자라면 그에게 모든 부족을 이끌 수 있는 힘을 주고자 하느니 문자를 옮긴 자는 앞으로 나서라."

그렇게 말한 가부루는 하얀 머리털을 가진 원로 가부루였다. 그는 분노의 눈썹을 파르르 떨었지만 한껏 목소리를 가다듬어 말했다. 그는 부족민 앞에서 참으로 오랜만에 가부루의 위엄을 높일 수 있는 기회를 누릴 수 있었다. 강가의 가부루족 마을 사람 어느 누구도 앞으로 나서는 자가 없었다. 서로 얼굴만 쳐다본 채 멀뚱하게 서 있을 뿐이었으며, 그렇게 하루 반이 지나도록 아무도 그 자리를 떠나지 못했다.

가부루들 역시 밤을 지새우며 끊임없이 토론하고 쉼 없이 이야기했지만 문자를 옮겨 놓은 더러운 손을 찾을 수는 없었다. 현명한 가부루들이 아무리 머리를 쥐어짜 내고 서가로 달려가 선조들이 기록한 점토판을 모두 뒤져 보았지만 거기서도 문자를 훔친 자를 찾아낼 지혜는 없었다. 하는 수 없이 가부루들은 마을 사람들을 집으로 돌려보내야 했다.

가부루들은 고민에 빠졌다. 어쩌면 가부루의 역사상 단한 차례도 일어나지 않은 일이 벌어진 것인지도 몰랐다. 문자를 도둑맞았고 훔쳐간 자를 찾아내지 못했다. 그런 전말을 문자판에 기록할 수는 없었다. 누구도 말하지 않았지만 이를 모를 리 없었다.

가부루들은 식음을 전폐하고 토론에 토론을 거듭했지만 끝내 아무런 결론을 얻지 못했다. 처음 새로운 일거리에 흥미를 느낀 가부루들도 아무것도 해결할 수 없는 사태에 당혹했다.

사흘 뒤 가부루들은 모두 기진하여 쓰러졌다. 노인들은 그대로 정자에 너부러졌고, 조금 젊은 축은 누하에 쪼그려 앉아 졸고 있었으며, 누구는 기둥을 잡고 눈을 부릅뜬 채 잠이 들었고, 누구는 난간에 기대어 목을 젖힌 채로 코를 골았으며, 누구는 아예 마당 한가운데 퍼져 누워 잠이 들었다.

가부루들이 잃어버린 문자 때문에 골머리를 앓고 있다는 소문은 곧 모든 부족민들에게 퍼졌다. 부족민들은 가부루들과 똑같이 분노했으며, 가부루의 시름을 전해 듣고 근심어린 표정이 되었다. 그리고 평화로운 세상의 법칙이 깨질지도 모른다는 가부루의 근심을 이해했다. 물론 결국에는 가부루들이 모든 사태를 현명하게 해결하리라는 것을 의심하는 부족민들은 없었다.

그로부터 다시 사흘이 지난 뒤, 한 사내가 가부루가 여기저기 너부러져 자고 있던 누대의 앞마당에 나타났다. 그는 모든 가부루들을 큰 소리로 깨워 자신이 문자를 훔쳐간 자라고 말했다. 가부루들은 모래알이 서걱이는 듯한 눈을 비비고 주먹덩이만한 눈곱을 떼어 내고 일어나 앉아 놀랍고 반갑고 분노에 찬 눈으로 그를 바라보았다.

그는 넓은 이마와 짙은 눈썹에 불거져 나온 광대뼈와 강한 턱을 가진 젊은이였고 머리는 산발한 채였다. 얼굴 여기저기에 허물이 져 피부가 얼룩덜룩했지만 굳게 다문 입과 우뚝한 콧날을 가진 그를 알아보지 못하는 가부루는 없었다. 그가 바로 가부루가 가부루가 되고 가부루가 가부루가 되는 누대 동안 단 한 번도 있을 수 없는 일을 겪은 유일한 존재, 가부루이면서 가부루가 되기를 거부한 가밋이었다.

AA

10여 년 전의 일이었다. 가부루의 아들인 가밋이 여덟 살이 되던 그해였다. 그의 아버지는 장서고를 관장하는 가부루였다. 그는 부족에 일이 생겨 가부루들이 서가에서 지혜의 말을 찾을 때, 정확히 거기에 맞는 문자판을 찾아내는 중요한 직책을 맡고 있었다. 그는 머리가 비상하여 가부루들이 이제까지 기록한 모든 말을 외우는 유일한 가부루이기도 했다. 그는 서가의 문자판에 기록된 모든 내용, 가부루의 신화와 역사를 낱낱이 기억했기 때문에 그의 지혜는 끝이 없었다. 말을 잘 옮기는 가부루, 글을 잘 쓰는 가부루, 계산이 빠른 가부루, 점토를 가장 잘 반죽하는 가부루, 화덕의 온도를 잘 맞추는 가부루들 중에서 누구보다 더 존경을 받던 바로 '기억의 가부루'가 그였다.

기억의 가부루는 아들이 여덟 살이 되자 아들을 데리고 가부루들이 모두 모여 있는 누대로 갔다. 아들을 가부루로 삼을 것인지 마을로 내려 보내야 할지를 결정해야 할 때가 되었기 때문이었다. 그는 아들을 사랑했다. 아들은 총명했을 뿐 아니라 매사에 신중하고 사려 깊었다. 아이는 여덟 살이 되기 전에 이미 진흙을 반죽할 줄 알았고 나무상자를 짜 지혜의 그릇이 될 흙판을 그럴 듯하게 빚어냈다. 그에게는 어린 아들이 셋이 더 있었지만 아무도 그에게 미치지 못할 것을 알았다. 아들은 진정한 가부루가 되기에 손색이 없었으며 아비의 판단은 옳았다.

기억의 가부루가 아들의 손을 잡고 나타나자 모든 가부루들은 머리를 끄덕였다. 가부루들은 그의 아들을 가부루로 맞는 의식을 거행할 준비를 시작했다. 모두 의식에 필요한 흰 두루마기를 걸쳐 입었고 머리에는 해오라기의 깃털을 꽂았다. 허리에는 붉은 색으로 물들인 요대를 차고, 발목을 푸른 색의 끈으로 장식했다. 모든 가부루의 출생 내역이 담긴 점토판을 누대 가운데 있던 단상에 일렬로 세워놓았으며, 그 한가운데 아직 쓰이지 않은 새로운 점토판이 놓여졌다.

의식을 집행하는 가부루 여섯 명이 차례로 늘어섰고 다른 가부루들은 누대에 둘러앉았다. 기억의 가부루가 아들을 앞으로 데려갔다. 아이는 한가운데로 걸어가 모든 가부루들을 향해 절을 올리고 나서 아비에게서 들은 자신의 출생 내력을 읊어야 했다. 그때 돌연 그의 아들이 가부루들을 향해서 낭랑한 목소리로 점토책의 한 구절을 읊기 시작했다.

"가부루는 이렇게 말했다.

가부루는 바닷가에 흩어진 나무를 주워 기둥을 삼고 짐승의 가죽을 벗겨 지붕을 만들었으며, 억새와 풀을 말리고 새의 깃털을 엮어 잠자리를 만들었다. 사슴의 뿔을 잘라 쟁기를 만들었으며 흙을 빚어 커다란 항아리를 만들었고 거기에 곡식을 담았다. 조개껍데기에 구멍을 뚫고 사슴의 힘줄로 엮은 목걸이를 만들어 우모루를 아내로 삼았으며, 멧돼지 이빨로 사슴 가죽을 벗겨 우모루의 옷을 만들었고, 모래를 파 스며드는 맑은 물에 몸을 씻을 수 있게 했다.

가부루는 만물에 있으되 가질 수 없는 것을 세상에 주었다. 가부루는 땅이 만들지 못한 것을 땅으로 만들었으며, 바다가 만들지 못한 것을 바다로 만들었으며, 하늘이 만들지 못한 것을 하늘로 만들었다."

가부루들은 깜짝 놀랐다. 아들이 엉뚱한 내용을 읊었기 때문은 아니었다. 정식으로 가부루가 되기 전 어린아이가 서가의 점토판을 읽거나 외울 수는 없기 때문이었다. 가부루들은 그들의 어린 아들이 서가의 어느 귀퉁이에 꽂혀 있을지도 모르는 문자판의 글귀를 한 자도 빼놓지 않고 읊는 것을 보고 의아해하고 또 경탄해 마지않았다. 그의 아버지인 기억의 가부루는 아들의 돌발적인 행동에 입가에 미소를 띠며 자신이 읊은 것을 아들이 듣고 말했을 뿐이라는 걸 가부루들에게 말했다. 모든 가부루들은 고개를 끄덕이며 그의 아들이 가부루의 지혜와 세상의 이치를 가장 빨리 터득하는 '지혜의 가부루'가 될 것이라며 기뻐했다.

잠시의 술렁거림이 멈추자 아들이 다시 말을 하기 시작했는데 이번엔 그의 말이었다.

"가부루들께 말합니다.

가부루의 가부루인 최초의 가부루가 이 세상의 모든 것을 만들었습니다. 가부루가 만든 것을 모든 부족이 골고루 나누었고 모든 부족은 풍족함과 평화로움을 누릴 수 있었습니다. 이제 가부루의 가부루 그리고 가부루의 가부루가 지난 지금, 만물은 세상에 가득 차 더 이상 새로운 물건을 만드는 가부루는 하나도 없습니다. 모든 걸 가부루의 선조들이 만들어놓았기 때문일 것입니다.

하지만 들판에 낟알이 익었을 때 이삭을 베는 돌칼은 너무 무디고, 그물을 짜는 북은 너무 커서 씨줄과 날줄이 촘촘해지지 않으며, 짐승 가죽을 말리는 장대는 너무 힘이 없어 바람에 넘어가고 맙니다. 우모루가 밥을 지을 때 그릇은 너무 뜨겁고, 조개의 입을 벌리는 돌칼은 너무 쉽게 부서집니다.

위대한 가부루가 모든 것을 만들었지만 모든 게 위대하다고는 말할 수 없습니다. 가부루의 지혜를 담는 그릇은 무한히 넓고 무한히 깊지만, 그 지혜가 불에 덴 나의 어미 우모루의 손을 낳게 할 수 없었고, 무딘 창끝으로 고래의 가죽을 뚫지 못한 부족민이 바닷물에 휩쓸리는 걸 막을 수 없었고, 높은 나무에서 떨어진 사람의 숨을 다시 불어넣을 수는 없었습니다.

저는 가부루가 되어 지혜의 그릇을 만드는 자가 되고 싶지 않습니다. 저는 지혜의 그릇이 되고 싶을 뿐입니다. 제가 세상에 모자란 물건을 만드는 가부루가 될 수는 없을까요?"

가부루들은 다시 놀라지 않을 수 없었다. 그러나 이번엔 큰 충격을 받았다. 어떤 가부루도 아니 어떤 부족민들도 가부루를 비난할 수 없었다. 가부루의 권위와 법률을 거부하는 자는 이제껏 없었다. 더군다나 이제 막 가부루가 되려는 숭고한 의식의 자리가 아닌가? 그릇을 만들고 배를 만들며 그물을 깁고 창과 화살을 깎거나 쟁기를 만드는 일들은 더 이상 가부루의 일이 아니었다. 그런 일은 마을의 부족민이나 이롯족 혹은 고미슥족이 해야 할 일이었지 모든 부족을 다스리는 가부루들이 할 일은 아니었다. 가부루들이 손으로 하는 유일한 일은 점토판을 만들거나 굽는 일이었다. 그런데 아이는 참으로 당돌하게 지혜의 그릇을 만드는 신성한 일을 거부한 것이었다.

아이의 말을 듣고 어떤 가부루는 그 자리에서 분노를 참지 못해 발을 동동 구르기도 했고, 어떤 가부루는 고개를 숙인 채 깊은 생각에 잠겨들었으며, 어떤 가부루는 그의 말이 옳지 않다고 말할 수 없다고 혼자서 중얼거렸고, 어떤 가부루는 아이의 말을 두려워했다.

가부루들이 서로 바라보며 귀엣말을 나누며 갑론을박으로 소란스러워지자 의식을 집행하던 가부루가 손을 들어 좌중을 진정시킨 후 앞으로 나섰다.

"가부루는 이렇게 말한다.

보이지 않는 저 하늘 위에서 떠돌던 하나의 씨앗이 이 세상에 떨어졌을 때, 그것이 자라 우리의 땅을 만들었으며 나무를 자라게 하여 숲을 이루었다. 그리고 숲은 우리 진정한 가부루들의 선조를 만들었다. 만물을 만든 건 하나의 작은 씨앗이었으며, 그로부터 만물은 다시 만물을 만들었다.

가부루의 선조가 만든 만물은 오직 그가 사랑하던 우모루를 위한 것이었으며 그것이 나중에 모든 부족에게 전해진 것이다. 그리고 이제 모든 부족은 평화롭고 풍요로운 세월을 보게 되었으며, 그것은 오직 가부루의 선조가 모든 걸 완전히 이루었기 때문이다. 우리는 부족함이 없으며 그 나머지는 만물이 만물을 만든 그대로다. 만물은 부족함이 없으며 가부루가 만든 그대로다.

가부루가 우모루를 만난 이후 어떤 가부루도 단 한 차례 만물의 이치를 거역한 적이 없었다. 그것은 오늘날까지 그러했다. 가부루의 말이 가부루의 글이 되고 가부루의 글이 가부루의 지혜로 다져지는 세월 동안 가부루가 그 지혜를 따르지 않는 법은 없었다. 그러니 이제 가부루가 되려는 자가 가부루의 말을 따르지 않는다면 그가 가부루가 될 수는 없는 일이다. 가부루의 지혜를 만드는 일과 그 지혜를 전하는 일을 하지 않는다면 그를 진정한 가부루라고 말할 수는 없는 일이로다."

더 이상 의식을 진행할 수 없었다. 가부루들은 기억의 가부루에게 아이의 생각을 되돌릴 수 없다면 의식은 중지될 것이라고 말했다. 아비가 아이를 달랬으나 아이의 뜻은 분명했다. 아이는 한사코 가부루가 되어 사물을 만들 수 없다면 가부루가 되지 않겠노라고 말했다. 가부루들은 오래 숙의한 끝에 그 아이를 가부루로 삼지 않기로 했다. 아이가 가부루가 된다면 지혜의 그릇을 소홀히 하는 자가 될 것이며, 그렇게 되면 가부루의 세계가 다시 갈라질지도 모르며 모든 부족을 통치할 수 있는 힘을 잃어버릴 것이라고 결론지었다. 아이의 아버지인 기억의 가부루는 망연자실했지만 이미 어쩔 수 없는 일이었다.

아들은 결국 가부루가 되지 못했다. 그 대신 그는 가밋이라는 새로운 이름을 얻었으며, 가부루가 되지 못한 가부루족이 살고 있는 마을로 내려갔다.

ΛΛ

바로 그 가밋이었다. 가부루들은 가밋이 나타나자 모든 사태를 짐작할 수 있었다. 적어도 가밋이라면 문자의 비밀을 아는 자일 수 있었다. 가부루의 문자가 지혜의 그릇에 담기지 않았다면 그것을 할 수 있는 자는 가밋뿐이었다.

그때 그 자리에 있었던 가밋의 아비, 기억의 가부루는 아들을 보고 어찌할 바를 몰랐다. 그는 자신이 사랑한 아들을 마을에 내려 보낸 뒤로도 그를 잊지 못했다. 가끔씩 아들을 찾아갔을 때 아들은 마을 구석에서 흙을 만지며 무언가를 만들고 있었다. 그는 비록 가부루가 되지 못해 가밋으로 살아가고 있지만 누구보다 명민하고 지혜로운 아들에게 많은 이야기를 들려주었다. 그런 아들이 난데없이 신성한 문자를 훔친 자가 되어 나타난 것이다. 기억의 가부루는 앞으로 나서지 못했다. 그는 근심어린 눈으로 깊은 한숨만 쉴 뿐이었다.

다른 가부루가 조심스럽게 가밋에게 물었다.

"너는 어째서 네가 버린 지혜의 그릇을 훔쳤는가?"

가밋은 눈물을 가득 머금고 하늘을 보며 큰숨을 몰아쉬더니 천천히 말하기 시작했다.

"저는 가부루가 되지 못한 가부루족의 가밋입니다. 저는 마을로 내려간 뒤, 죽은 자를 위해 항아리를 만들던 노인 해가에게 보내졌습니다. 저는 거기서 열두 해를 항아리 만드는 일을 해 왔습니다. 제가 만든 항아리는 모든 가부루족의 안식처였습니다. 그들이 마지막 숨을 거둔 후, 이 세상의 맛난 음식과 부드러운 아내의 살과 지저귀는 새들의 노랫소리를 잊고 잠이 들었을 때 나는 그들을 위한 집을 지어 주었습니다.

저는 육신의 그릇을 한치 어긋남이 없도록 만드는 데 최선을 다했습니다. 오그라진 몸을 곧게 펴 향기 나는 꽃잎으로 죽은 자들의 코와 입과 귀를 막아 벌레가 들지 못하게 했고, 그들이 살아서 손에 쥐었던 작은 쟁기를 만들어 안겨주었고, 그들이 팔뚝에 힘줄이 불거지도록 잡아당기던 활과 창을 만들어 그들의 곁에 놓아 주었으며, 그들이 입던 따뜻한 옷을 가져와 다시 입혀 주었습니다. 제가 죽은 자들이 살 집을 지을 때, 저 깊은 땅속에서 추위에 떨지 않도록 크지 않게 만들어 주었으며, 죽음의 숨을 들이킬 수 있도록 작지 않게 만들어 주었습니다.

하지만 그들에게 아무리 잘 맞는 항아리를 만들어 준다 해도 이 세상에서 가져가야 할 모든 것을 줄 수는 없었습니다. 그들이 장차 항아리 속에서 녹아 숲의 뿌리가 되고 뿌리가 자라 줄기가 되고 줄기가 자라 잎을 내고 열매를 맺어 그 열매가 우리에게로 돌아올 때까지 그들에게는 침묵의 순환만이 있게 될 뿐입니다. 그리하여 저는 죽은 자들을 위한 노래를 지어 주었습니다. 그들을 위해 그들의 육신이 머무는 그릇에 죽음의 지혜를 새겨 주었습니다.

가부루들이시여! 살아 있는 자들에게 지혜를 주는 가부루들이시여!

산 자들의 지혜를 죽은 자에게 나누어 줄 수 있겠습니까? 그들의 영혼이 길고 차디찬 순환의 여정을 떠날 때 그들에게 죽음의 지혜를 들려줄 수 있겠습니까? 저는 살아 있는 자를 위해 지혜의 그릇을 훔친 적은 단 한 번도 없었습니다. 저는 죽은 자를 위해, 그들이 영원의 여행을 떠날 때 그들을 위한 노래를 그들의 집에 새겨 주었을 뿐입니다. 제가 죽은 자를 위해 만든 육신의 그릇에 새긴 글귀는 한 번도 땅 위로 올라온 적이 없었습니다. 그 문자는 영원히 지하의 세계에서 불리는 노래로 남아 있을 것입니다."

가밋의 눈에서는 두 줄기 눈물이 흘러내렸다.

"그렇다면 저 계집아이의 더러운 손에 쥐어진 문자는 무

211

엇인가?"

"그것은 저도 모르겠습니다. 그것이 어디서 온 것인지 저도 알지 못합니다."

가부루들은 분노했다. 가밋의 등장으로 가부루들은 자신들이 할 일을 찾을 수 없었던 불안감을 떨쳐 버릴 수 있었지만 그렇다고 가밋의 말이 가부루들의 분노를 가라앉힐 수는 없었다. 가밋이 계집아이의 손에 들려진 문자를 유포한 게 사실이든 그렇지 않든 그건 이제 중요한 일이 아니었다. 가부루 아닌 자에 의해서 문자가 쓰였고 그것이 가밋의 짓이라는 것이 밝혀진 이상 가밋의 죄는 명백했다.

가밋이 스스로 밝힌 말들은 가부루들을 더욱 분노하게 했다. 가부루들은 산 자를 위한 것이든 죽은 자를 위한 것이든 그들만이 지녀 온 지혜의 그릇이 가부루 아닌 자의 손에 의해 더렵혀졌다는 사실에 경악했다. 게다가 그들의 문자가 신성한 장서고가 아니라 구더기가 들끓는 더러운 흙 속에 묻혀 있었다는 걸 도저히 참을 수 없었다.

가부루들은 다투어 가밋을 성토했다.

"가부루는 이렇게 말한다.

지혜에 산 자를 위한 것과 죽은 자를 위한 것이 있다는 말은 들어 본 적이 없다. 산 자들은 가부루의 말을 들을 것이며, 죽은 자들은 만물의 소리를 들으면 될 것이다. 죽은 자에게 살아 있는 가부루의 말들을 들려줄 수는 없는 일이다. 그럼에도 가부루 아닌 자가 가부루의 말을 흉내 내어 지혜의 말을 전해 준다면 그것은 살아 있는 많은 이들에 대한 모독일 뿐 아니라 가부루에 대한 모독이 아닐 수 없다.

가밋이여! 그대는 두 가지 명백한 죄를 지었노라. 하나는 문자를 망령되이 죽은 자에게 전해 준 죄이며, 다른 하나는 문자를 함부로 더럽혀 땅에 묻은 죄이다."

가밋에 대한 동정이 없는 것은 아니었다. 가부루 중에는 가밋이 겪은 깊은 절망과 회의를, 앞으로 그에게 가해질 고통을 생각하며 몸서리 치는 이들도 있었다. 기억의 가부루는 말할 것도 없었다. 그러나 어떤 가부루도 나서서 가밋을 옹호할 수는 없었다.

"가부루는 이렇게 말한다.

가밋이여! 그대가 죽은 자를 생각하며 겪었을 고통이 무엇인지를 모르지 않는다. 그건 살아 있는 모든 자의 고통이 가부루의 고통과 다르지 않는 것과 같다. 돌림병이 마을을 휩쓸고 다닐 때처럼 죽음의 공포는 분명 산 자들의 것이었다. 그러나 무릇 존재하는 것만이 행복과 고통을 나누는 법. 그대의 말은 죽은 자의 말처럼 허무하고 덧없도다. 어리석은 자들만이 죽음을 삶과 똑같은 방식으로 자신을 옭아매는 것. 그대가 가부루를 선택하지 않았듯이 죽음의 허무와 절망과 덧없음을 선택한 것은 그대의 운명일 것이다. 그대에게 분명히 보여 줄 것이다. 그대의 운명이 가야 할 길을……."

가밋은 용서되지 않았다. 그리고 가밋에게 그 자신을 더 말할 수 있는 기회는 더 이상 허용되지 않았다. 가밋 역시 가부루들이 분노하는 이유를 모르지 않았지만, 그가 죽은 자들에게 들려준 죽음의 시를 가부루들에게 들려줄 수 있다면 그들의 마음을 더 깊은 곳까지 이르게 할 수 있으리라는 생각을 할 뿐이었다. 가밋의 옷이 벗겨지고 나무에 매달렸다.

가밋은 나뭇가지에 손목이 묶인 채 자신이 죽은 자를 위해 지은 노래를 조용히 읊기 시작했다.

"사흘 낮과 밤이 지난 뒤
바람이 태양을 차갑게 식혀 버렸다네.
땅속의 세계는 눅눅한 습기로 가득해
겹겹으로 치장한 이승의 옷도 말릴 수 없지.
검은 이빨 사이로 달콤한 향기를 내뱉던 혀들은
침묵의 어둠 속으로 썩어 들어가
창백한 저승의 소리를 담아낸다네.
풀뿌리가 그대의 육신을 스쳐 지나가거든
조용히 말하라. 가벼운 신음을 내어,
나뭇잎을 스치는 여인의 손길을 기억할 수 있도록."

가부루들은 물오른 뽕나무 껍질을 꼬아 만든 채찍으로 가밋에게 마흔 대의 채찍을 가하고 문자를 쓴 그의 오른 손목을 잘랐다. 그리고 가밋을 배에 묶어 강으로 밀어 넣었다.

가부루들은 지혜의 문자가 흩어져 더는 세상을 혼란스럽게 만드는 걸 받아들일 수 없었다. 가부루들은 가밋이 만든 모든 무덤을 찾아 파헤쳤다. 다시는 가밋과 같은 자가 부족에서 나오지 않게 하기 위해서였다. 가부루들은 가밋이 지난 10년 동안 만든 옹관들을 일일이 찾아내어 꺼낸 뒤 바위에 내려쳐 박살을 내고 남은 파편도 잘게 부숴 버렸다. 어떤 항아리에서는 흙더미만 쏟아졌지만, 어떤 것에서는 뱀이 무더기로 쏟아졌고, 어떤 항아리에서는 짙은 안개만 피어올랐으며, 어떤 것에서는 수많은 벌레들이 끊임없이 기어 나왔고, 어떤 항아리에서는 붉은 꽃잎을 문 시체가 굴러 떨어졌다.

가부루들이 달포 전에 홀로 늙어 죽은 시신을 담은 옹관을 파헤쳤을 때, 붉은 흙물이 잔뜩 밴 흰옷을 입은 주검이 기어 나왔다. 시신의 한 손에는 가밋이 흙과 나뭇가지로 만들어 준 작은 창이, 다른 손에는 작은 그릇이 쥐어져 있었다. 한 가부루가 옹관을 들어 바닥에 메어꽂는 순간, 고통스럽게 신음하는 소리가 반쯤 입을 벌린 시신의 입에서 흘러나왔다. 모두 놀라 들여다보니 해골의 아래턱이 조금씩 움직이고 있었다. 거기서는 하얀 김이 모락모락 흘러나오며 작은 노랫소리가 들렸다.

"조용히 말하라. 가벼운 신음을 내어, 나뭇잎을 스치는 여인의 손길을 기억할 수 있도록……"

가밋이 죽은 자를 위해 옹관의 테두리에 새긴 시들은 파편이 되어 대기 속으로 흩어졌다. 가부루들은 단 한 개의 문자도 남아 있지 않도록 항아리를 잘게 부수고 남은 조각을 모두 모아 강 속에 던져 버렸다. 이 일로 가밋의 아버지인 기억의 가부루는 스스로 강에 몸을 던졌고 죽어서 바다로 흘러가 버렸다.

가밋의 일로 가부루 아닌 모든 부족들은 두려움에 떨었다. 부족민들은 모든 주검을 파헤친 가부루의 분노에 몸서리를 쳐야 했다. 부족민들 누구도 진정한 가부루들이 그렇게 분노하는 진정한 이유를 이해하지 못했지만 가부루의 분노를 말없이 받아들였다. 그들 중 아무도 가부루에 대한 알지 못할 원망과 공포가 자신들의 마음속에 자리 잡기 시작한 것을 눈치 채지 못했으며, 가부루들 누구도 그 일이 반란의 씨앗이 되리라고는 생각하지 못했다.

가밋이 작은 배에 묶여 바다로 흘러간 뒤, 마을에서는 더이상 죽은 자에게 안락한 잠자리를 만들어 주는 사람은 없었다. 가부루들은 흙으로 빚은 옹관을 만들지 못하게 했다. 죽은 자들은 모두 그대로 땅에 묻혔고, 그들이 다시 땅 위로 나오지 못하도록 그리고 다시는 죽은 자의 목소리가 대기에 섞일 수 없도록 무덤 위에 커다란 돌을 올려놓는 것만 허용했다. 마을의 족장뿐 아니라 가부루들이 죽었을 때조차 옹관을 만들 수 없었으며, 그 대신 돌 위에 큰 돌을 다시 하나 더 올려놓는 것으로 죽은 자에 대한 경의를 표할 수 있도록 했다.

그 뒤로 죽은 자들에 대한 기억은 세상에서 사라졌다.

∧∧∧

가밋의 일이 있고 나서 가부루의 마을에는 다시 평화가 찾아왔다. 그러나 그 평화는 이제까지와는 다른 침묵의 평화였다.

가부루족의 마을 사람들이 그랬던 것처럼 가부루들에게도 변화가 일어나기 시작했다. 겉으로 달라진 것은 아무것도 없었다. 가부루들은 여전히 이야기를 하고 문자를 쓰고 구웠으며 이를 보관하는 일을 계속했다. 하지만 가부루들은 누구나 할 것 없이 알 수 없는 불안에 시달렸다. 가부루들은 이전처럼 평정심을 유지할 수 없었다. 그건 예기치 못한 변화였다.

가부루들은 그들의 역사가 시작된 이후 처음으로 그들이 지배할 수 없는 또 다른 세계가 존재할 수 있다는 사실을 알게 되었다. 그건 가밋이 지배한 죽음과 절망과 침묵의 세계였다. 가부루들 누구도 입 밖으로 말하지 않았지만, 가밋이 죽은 자를 위해 만든 옹관에 새긴 문자들을 보지 못한 것을 후회했다. 시신에서 들려오는 노랫소리를 듣지 못한 것을 안타까워했다. 가부루가 아닌 자의 말은 어떤 것인지 호기심을 갖는 것조차 두려워 옹관을 꺼내자마자 박살을 내버린 사실을 부끄러워했다. 가부루들은 점점 말이 없어지고 무리에서 떨어져 나와 혼자 있으려는 이들이 많아졌다. 그러나 가부루들은 그들 자신의 침묵이 자신들이 오랫동안 지녀 온 관례와 법칙과 원칙 그리고 자신들이 지켜 온 지혜와 통찰력, 단호하고 명쾌한 논리, 무한한 말들의 질서 속에 자리 잡은 진리에 대한 믿음에 균열이 가기 시작한 증거라는 걸 알지 못했다.

급기야 시간과 역사를 관장하던 젊은 가부루, 어린 시절 가밋과 동무였고 가밋이 가부루족 마을로 떠났을 때 가장 슬퍼한 가부루가 사라져 버리는 일이 일어났다. 시간의 가부루는 어느 날 홀로 서쪽 숲으로 가서는 달포가 지나도록 돌아오지 않았다.

숲 속에서는 밤마다 짐승의 신음 소리가 들렸다. 나뭇잎을 스치는 소리와 나무 줄기가 서로 비벼 대는 소리에 섞인 알 수 없는 짐승의 낮은 울음 소리는 며칠이고 계속되었다. 가부루들은 잠을 이루지 못했다. 그러나 아무도 시간의 가부루를 찾아 나서지 않았다. 밤새 뜬눈으로 새운 가부루들은 아침에 일어나 모였지만 누구도 밤에 들은 신음 소리를 말하지 않았다.

사라진 시간의 가부루에 대한 기록은 이렇게 남아 있다.

"가부루는 이렇게 말했다.

죽은 자의 노래를 강물에 던져 버린 뒤 시간의 가부루는 숲으로 갔다. 그는 위대한 가부루의 역사를 기록한 자였으며, 세상을 처음 연 시간을 기억하고 있는 가부루였다. 그는 현명하고 아름다웠으며 지혜롭고 용감했다. 바다로 흘러간 가밋의 몽매한 말이 아직 지상에 떠돌고 있을 때 시간의 가부루는 세상의 처음을 열어 준 숲의 말을 듣기 위해 떠났다. 그 것은 오직 가부루의 신성한 말들을 더 이상 더럽히지 않기 위한 용기 있는 선택이었다. 시간의 가부루는 숲의 말을 들을 것이다. 그리고 그 지혜를 다시 세상에 돌려주기 위해 돌아올 것이다."

그러나 시간의 가부루는 끝내 돌아오지 않았다. 그 뒤로 모든 가부루들은 점점 서로 말하기를 피했으며, 나중에는 서로 눈도 마주치려고 하지 않았다. 특히 젊은 가부루들은 더 심했다. 그들은 죽은 자의 떠도는 말에 감염된 것처럼 깊은 침묵 속으로 빠져들었다.

가부루들이 가밋의 일에 그토록 분노한 이유는 자신들의 말 이외에 다른 말들이 존재한다는 사실에 대한 두려움 때문이었다. 그러나 이제 가부루들은 가밋이 죽은 자를 위한 육신의 그릇에 새긴 문자를 산산이 쪼개버린 자신들의 판단이 옳지 않을 수 있다는 생각에 괴로워했다. 여럿이 있는 자리에서는 결코 말할 수 없었지만 혼자 있게 될 때에는 자신들의 세계와 다른 세계가 분명히 존재할 수 있다는 사실을 받아들여야 했다.

가부루들은 현명했지만 그만큼 여리고 예민한 감성을 지닌 사람들이었다. 어떤 가부루에게는 가밋의 말들이 지상으로 올라와 소리 없이 떠드는 소리가 들려왔다. 가밋이 땅속에 묻어 둔 말들이 전부 으깨어 사라졌음에도 가밋의 노래는 여기저기 흘러 다녔다. 가부루들은 숲에 부는 바람에서 가밋의 노래를 들었으며, 시냇물 소리와 풀벌레 소리에서도 가밋의 노래를 들었다.

새로 장서고를 맡은 가부루만은 가밋의 죽음 뒤에 일어난 그 모든 사태의 진정한 이유를 간파했다. 그는 가부루 중에서 죽은 기억의 가부루 못지않은 현명한 자였으며, 모든 가부루에게서 진심어린 존경을 받고 있는 자였다. 그를 일러 사람들은 '밝은 눈의 가부루'라고 불렀다. 그는 죽은 기억의 가부루와 절친한 사이였으며, 그 역시 가밋을 매우 사랑했다.

그는 가부루들 자신이 숭배하는 신성불가침의 말들이 가져올 수 있는 불행한 사태와 그 결과에 대해 회의에 빠져 있음을 깨달았다. 그 두려움이 가부루들로 하여금 점점 침묵을 강요하고 있었다. 가부루들의 침묵을 깨지 않으면 죽은 자를 위한 가밋의 노래는 살아 있는 가부루의 육신마저 병들게 할 것이다. 그는 가부루들을 불러 모아 말하기 시작했다.

"가부루는 이렇게 말했다.

가부루들이여! 가부루는 모든 가부루의 마음을 알고 있다. 진리와 지혜를 따르는 겸허하고 신중하며 사려 깊은 가부루의 강건한 마음이 죽은 자의 문자로 더럽혀지고 있는 걸 알고 있다. 그러나 가부루들이여! 신성한 문자들이 더러운 흙속에 파묻혀 있을 때 가부루들은 이를 알지 못했다. 죽은 자들의 말들이 떠돌아 산 자들의 마음을 어지럽히는 것은 우리 가부루의 잘못이 아니다. 그러니 죽은 자들을 흉내 내어 침묵으로 지혜의 말을 막는 것은 옳지 못하다. 그것이야말로 신성한 지혜의 그릇, 가부루의 문자를 모독하는 일이다.

이제 가부루는 가부루로서 이렇게 말한다. 죽은 자는 떠났고 다시는 산 자로 돌아오지 않을 것이다. 죽은 자에게 문자를 들려준 자도 떠났고 그는 다시는 돌아오지 않을 것이다. 두려울 것이 무엇인가? 불안해할 이유가 무엇인가? 우리는 오직 산 자를 위한 지혜의 말을 전해 주고 산 자를 위한 기쁨의 노래를 불러 주며, 산 자를 위한 슬픔의 눈물을 닦아주면 그것으로 충분하다. 죽은 자를 위한 지혜가 있다면 그것은 죽은 자에게 줘 버리라. 죽은 자의 기쁨이 있다면 그건 죽은 시신에게 노래 부르게 하라. 죽은 자의 슬픔이 있다면 그걸 그의 육신에 묻어 두게 하라.

가부루들이여. 일어나 살아 있음을 노래하라."

그 말로도 충분치는 않았다. 그러나 밝은 눈의 가부루는 기회 있을 때마다 젊은 가부루들에게 말했다. 문자에 대한 신념과 말에 대한 용기를 불러일으킬 수 있는 말을 끊임없이 지어내 들려주었다. 그의 말을 들은 가부루들은 마음 깊은 곳에 자리 잡고 있던 죽음과 삶에 대한 혼란을 완전히 없애지는 못했지만 조금씩 생기를 찾기 시작했다. 젊은 가부루들은 서서히 말을 나누기 시작했고 그들의 입가에, 비록 우울함이 깃들기는 했지만, 미소가 번지는 날이 많아졌다. 가부루들은 차츰 자신들의 해야 할 일을 찾을 수 있다는 작은 희망을 품었다.

가부루들은 세상의 모든 일을 함께 모여 말하고 판단하고 결정하는 일에 익숙한 사람들이었다. 그들은 모두 달랐지만 마음을 전하고 받아들이는 데 한몸처럼 행동했다. 침묵이 번지는 것도 한 순간이었지만 그것을 깨는 것도 오래 걸리지 않았다. 가부루들은 다시 모여 세상의 모든 일을 말하기 시작했다. 그리고 그때부터 가부루들은 그들이 이제껏 겪어 보지 못한 새로운 시대를 열게 되었다.

가부루들은 처음 살아 있는 자를 위한 기쁨의 노래를 부르기 시작했으며, 나중에는 가밋의 일을 잊기나 한 듯 죽은 자를 위한 슬픔의 노래까지 지어 불렀다. 처음에는 가부루들 스스로 알지 못할 불안감을 떨쳐 버리기 위한 것이었지만 점차 그들의 말이 얼마나 아름답고 교묘하며 장엄한지를 깨달으면서 전혀 다른 세상을 발견하기 시작했다.

가부루들은 매일 아침 바다 위로 떠오르는 태양을 노래했으며, 햇살이 바다에 일렁이고 구름 사이로 번지는 모습을 시로 읊었다. 가부루들은 숲에 떨어져 죽은 새를 보고 그 슬픔이 사람의 마음에 닿아 또 다른 슬픔을 낳는다는 것을 알게 되었으며, 그것을 불멸의 문자로 다스려 진실의 말 속에 새겨 넣는 법을 발견했다. 그들은 어린아이의 재잘거림과 햇빛에 반짝이는 풀잎 위의 물방울이 어떻게 똑같이 아름답고 위태로운 숲의 존재가 될 수 있는지를 알게 되었다.

가부루들은 세상의 모든 일, 슬프고, 아름답고, 즐겁고, 처절하고, 고통스럽고, 잔인한 모든 일을 보고 말했으며 이를 시로 읊었다. 매일 수많은 글을 지어내고 서로 말해 주었으며 그러면서 눈물짓고, 깔깔거리고, 슬퍼하고, 즐거워했다.

가부루들은 이제 매일 문자판을 채워 나갔다. 서로 들려준 이야기 중에서 가장 아름다운 말들은 진흙의 문자판에 새겨 넣었으며 그것을 정성스럽게 구워 서가에 보관했다. 얼마 지나지 않아 장서고를 한 채 더 지어야 했다. 자신들의 심오한 말들이 점토판에 구워지는 것을 볼 때마다 그들은 가부루로 태어난 것에 긍지를 느꼈고 삶에 대한 깊은 만족감을 얻었다.

Λ∧ΛΛ

가부루국의 역사가 시작된 이래 그런 때는 없었다. 바로 그때가 가부루들에 의해 수많은 신화와 역사와 이야기가 지어지던 황금의 시기였다.

가부루들은 처음으로 자신들의 글자가 지혜를 담는 그릇보다 훨씬 크고 넓다는 사실을 발견했다. 가부루들은 사소한 것조차 놓치지 않고 진리와 지혜와 감정의 그릇에 옮겨 새겼으며, 점차 그들이 하고 싶은 이야기의 세계를 하나씩 차지하면서 더 많은 말들을 지어냈다.

누구는 사랑의 기쁨과 아름다움을 차지했고, 누구는 슬픔과 괴로움을 다루는 데 능숙했으며, 누구는 기억과 망각과 추억을 관장했고, 누구는 절망과 비탄의 말들로 모두를 울릴 수 있었으며, 누구는 질문과 의문과 호기심으로 낯선 세상으로 빠져들었고, 누구는 변명과 논리의 예리한 말들을 끊임없이 다듬었다.

가부루들은 모든 것을 말할 수 있는 완전한 자유를 누렸다. 그들은 완전한 의식의 자유로움 속에서 거침없는 말의 향연에 빠져들었다. 모든 감각의 문을 열고 그들 자신의 눈과 코와 귀와 피부로 스며드는 세상의 모든 것을 받아들였다. 감각의 중추가 발기된 성기처럼 예민한 손끝으로 사각거리며 긁혀지는 문자 속에 수십 수백 수천 수만의 갈래로 쪼개지고 흩어지고 증식되는 새로운 언어의 의미를 만들어나갔다.

무수히 많은 말들이 쏟아졌고 엄청난 수의 시가 지어졌으며 끝도 없는 이야기가 만들어졌다. 그때마다 문자판의 수는 늘어 갔고 서가를 보관하는 장서고도 늘어났다. 급기야 점토판을 만들기 위해 강가에 가서 진흙을 퍼오던 어린 가부루들은 지쳐 나가떨어졌고, 진흙을 반죽해 점토판을 만들던 가부루들은 손이 부르터 더 이상 일을 할 수 없었다.

가부루들은 그들의 신성한 말들을 좀더 많이 기록하기 위해 가부루 아닌 가부루족 마을 사람들로 하여금 진흙을 조달하도록 할 수밖에 없었다. 나중에는 강가의 진흙이 모자라 배를 띄워 강 건너편의 진흙을 퍼 와야 하는 일도 일어났다. 점토를 구울 땔감을 구하기 위해 숲의 나무가 수없이 잘려나갔고, 나무를 구하기 위해 애꿎은 부족 사람들이 숲의 꼭대기까지 기어올라야 했다.

가부루들의 시를 향한 열정과 이야기를 지어내는 열의는 그칠 줄 몰랐다. 모든 게 달라졌다. 가부루들이 엄격히 지키던, 글자를 말하고 기록하는 의식의 절차는 간략하게 축소되었다. 글을 쓰는 의식과 제도는 현명한 판단과 합리적인 결정으로 빠르게 바뀌어 갔다. 급기야 모든 가부루들은 그들의 입에서 흘러나오는 말들을 점토판 위에 직접 적어 넣게 되었다. 그리고 더 나중에는 점토판조차 굽지 않았다. 그들은 점토판이 마르기 전에 새로운 글을 지어냈으며, 먼저 기록한 점토판을 뭉개고 그 위에 다시 쓰는 일까지 벌어졌다. 그럼에도 점토판은 턱없이 부족하여 수많은 가부루족 마을 사람들이 점토판을 만드는 일에 징발되었는데, 이로 인해서 가부루에 대한 불만이 조금씩 쌓여 가기 시작했다.

가부루들이 이처럼 자유롭고 풍요로운 삶을 산 적은 그 어느 시절에도 없었다. 그들은 세상의 만물들과 인간 사이에 자리 잡고 앉아 풍부하고 깊은 영혼의 울림으로 충만한 언어를 쏟아 낼 수 있는 기쁨의 나날을 보냈다. 가부루들의 생각과 의식의 지평은 끝없이 넓어졌으며, 이를 통해 한없는 정신적인 행복에 빠져들었다.

가부루들은 형이상학적이고 신비주의적인, 때로는 유물론적이면서 불가지론적인 세계로 서슴없이 뛰어들었다.

논리와 변명에 빠져든 가부루는 만물의 존재 방식을 그들 선조의 지혜를 빌려 네 가지로 구분해 내기도 했다. 그는 모든 사물은 셀 수 있는 수, 크기와 모양과 같은 상태, 다른 사물과의 관계와 현상으로 제시되며 이를 알면 만물의 진리에 도달할 수 있다고 설파했다. 그는 자신의 논리를 바탕으로 모든 부족의 수와 생김새와 부족 간의 관계와 그들이 하는 일을 관찰하고 기록해 모든 부족의 기질과 운명을 정확히 예시함으로써 다른 가부루들을 놀라게 했다.

인간과 만물의 역사를 관장하는 가부루는 세상에 가득한 짐승들을 넷으로 나누었고, 그들이 모두 같은 선조를 두고 있음을 밝혀냈다. 그는 숲에서 사는 털 짐승과 하늘을 나는 날짐승과 물속에 노니는 비늘 짐승, 그리고 땅속을 기어 다니는 벌레들의 기원을 밝혀냈다. 하지만 그의 주장에 대한 반박과 논란이 그치지 않자 그는 모든 짐승들의 선조를 데리고 오겠노라고 말하면서 먼 길을 떠났다.

기억과 망각을 연구하는 가부루는 인간의 기억은 현재의 외피 속에 감추어진 과거의 사건들이며, 기억이란 과거가 현재의 외피를 뚫고 나오는 현상으로 이해할 수 있다고 말했다. 그는 현재와 과거의 사건은 기억과 망각의 상관 관계 속에서 결정되는데, 현재가 불안해져 현재를 현재로 받아들이지 못하는 순간 현재의 외피가 얇아지고 과거의 기억이 드러나는 것이라고 주장했다. 사실 그의 말을 이해하는 가부루는 그다지 많지 않았다.

가부루들이 짓는 시와 이야기에 주목한 가부루도 있었다. 그는 말과 문자 사이에는 심각한 간극이 있으며, 그 간극을 채우는 능력이 오직 가부루들에게만 있는 천부의 재능이라는 결론에 도달했다. 그는 처음으로 모든 소리 중에서 인간의 소리만이 말을 이룬다는 것을 밝혀내기도 했다. 그는 말이 글자로 새겨지는 순간 이 세상을 지배하는 근본적인 원리가 작동하게 되며, 그것은 보이지 않는 세계가 보이는 세계를 지배하고, 다시 보이는 세계가 보이지 않는 세계를 지배하는 순환의 법칙이라고 주장했다. 그리고 이러한 비밀을 알고 있는 유일무이한 존재가 바로 가부루라는 결론을 이끌어 내었다. 그의 결론은 모든 가부루에게 자부심을 안겨 주었다.

어떤 가부루가 어떤 생각을 하든 그것은 자유였다. 가부루들은 생각이 떠오르면 점토판을 가져오게 하고 그 위에 무수한 말들을 적어 놓았기 때문에 가부루가 사는 곳에는 늘 점토책이 여기저기 널려 있게 되었다. 그들이 모여 이야기하던 누대뿐 아니라 그들이 먹고 자는 집에도 이제는 그들만의 작은 서가가 갖추어졌다. 가부루들은 자신들이 쓴 점토판을 자신만의 서가에 보관하는 것을 자랑스러워했다. 때로는 남들이 써 놓은 문자판을 보관해 놓고 시시때때로 들여다보며 새로운 영감을 얻기도 했다.

이전에는 감히 상상도 할 수 없는 일이 일어나기도 했다. 가부루들이 가장 좋아한 글은 그들의 선조가 남긴 위대한 신화였다. 가부루들은 그 신화를 베껴 자기 집의 서가 맨 위 칸에 보관해 두는 걸 기쁨으로 알았으며, 수시로 그것을 꺼내 보면서 세상을 열던 아득히 먼 과거의 세계로 빠져드는 즐거움을 누렸다. 신화들은 그것을 베낀 가부루에 따라 약간의 첨삭이 되어 자신들의 입맛에 따라 조금씩 변형되었다. 그 중에서 역사와 운명에 심취한 가부루가 베낀 신화는 다른 누구의 것보다 장엄하고 아름다웠기 때문에 서로 그의 판본을 가지고 싶어 했다.

신화의 여러 판본 중에는 가부루들이 은밀히 서가의 맨 아래 칸에 보관하던 문자판도 있었다. 그것은 그들의 선조 가부루가 숲에서 나온 우모루를 만났을 때의 이야기를 농밀하고 아름다운 언어로 부풀려 놓은 것이었다. 처음 그 신화를 쓴 가부루가 그걸 다른 가부루에게 보여 줬을 때 그는 다시는 얼굴을 들 수 없을 만큼 혹독한 비판을 받았지만, 어찌된 일인지 그 점토판은 깨뜨려지기 전에 사라져 어느샌가 누군가에 의해 은밀하게 베껴지고 또 베껴져 결국은 모든 가부루들이 몰래 보고 즐기는 점토판이 되었다.

그 점토판은 처음에는 신화로 시작했으나 나중에 가서는 그걸 보는 사람조차 차마 손이 떨려 보지 못할 정도로 흥분을 일으키는 관능적이고 감각적인 묘사로 충만한 문자들로 가득했다. 그 글을 통해 가부루들은 자신들이 써 놓은 글이 인간의 육체까지 절정에 이르게 할 수 있다는 사실을 발견하게 되었으며, 그것이 자신들이 가진 위대한 문자의 힘이라고 믿었다.

가부루들은 이제 글을 위해서라면 어느 것도 거리낄 게 없었다. 무한한 지혜와 샘솟는 감정과 깊은 생각의 절대적인 힘을 지닌 자로서 할 수 있는 모든 것을 했다. 가부루들은 점차 마음뿐 아니라 몸을 뜨겁게 덥힐 수 있는 이야기를 짓는 데도 부끄러움을 느끼지 않았으며, 서로 돌려보고 흥분과 절정을 체험하고 실천하는 걸 일상의 전부로 삼았다.

가부루들의 언어는 맛있고 시원하지만 독풀이 담긴 우물처럼 위험했고, 붉고 푸르고 노란 무지갯빛으로 찬란했지만 핏빛으로 물들 수밖에 없는 격한 감정의 강렬한 색채로 덧칠이 되었으며, 깨끗하고 신성하고 찬란하면서도 더럽고 추한 토사물로 범벅이 된 듯한 교묘한 이중성과 눈을 멀게 하고 생각을 멈추게 할 만큼 숨 막힌 관능의 소리로 울리는 마술과 같은 기호와 상징으로 가득해졌다.

집집마다 서가를 갖추고 점토판이 늘어 가자 가부루의 아내인 우모루들도 점차 글을 알게 되었다. 처음엔 가부루가 우모루의 욕정을 불러일으키기 위해 은밀한 점토판을 읽어 주면서 시작되었다. 서가에 꽂힌 책이 지혜의 그릇일 뿐 아니라 욕망의 그릇임을 알게 된 우모루들은 가부루에게 더 많은 책을 구해 오도록 했고 그걸 돌려가며 읽었다.

문자를 알게 된 것은 우모루들뿐이 아니었다. 진흙을 퍼나르고 상자를 만들어 주던 가부루족 사람들 역시 자연스럽게 새발자국을 손에 넣었다. 비록 가부루들이 쓰다버린 문자판이었지만 거기서도 지혜의 맛은 볼 수 있었고 환희의 향기를 맡을 수 있었다. 가부루들이 쓰고 남은 문자판은 폐기되지 않고 빼돌려져 마을의 가부루족에게 전해지기도 했다. 점토판을 만들어 주던 야힌이라는 자는 가부루들의 점토판 중에서 가장 아름답고 유혹적인 관능의 시를 빼돌려 젖은 점토판 열 장을 가져오는 자에게 한 장을 나누어 주는 식으로 장사를 했다. 나중에는 부족민들에게 곡물을 받고 점토판을 대량으로 넘겨주기도 했다. 비록 가부루들에게 적발되면 엄한 벌을 받아야 했지만 가부루족이 사는 마을의 집집마다 점토판 한두 개쯤이 지붕 밑 천장에 숨겨져 있는 건 보통이었다. 가부루들도 그걸 눈감아 주었다.

어떤 가부루들은 가부루족의 집에서 자기가 쓴 점토판이

놓여 있는 것을 보고 분노하기는커녕 오히려 기뻐하기도 했다. 자신의 아름다운 문장이 널리 읽히는 것에 대한 자부심이 들기도 했으며, 공공연히 다른 가부루에게 그 사실을 털어놓으며 자랑하기도 했다.

어느덧 문자는 가부루뿐 아니라 우모루, 가부루족 사람들 그리고 극소수이긴 했지만 이롯족과 고미슥족의 몇몇에게는 일상적인 것이 되었다. 그들은 이제 어디서든 언제든 마음만 먹으면 지혜를 얻을 수 있었으며, 세상의 이치를 발견하는 기쁨을 누릴 수 있었고, 약간의 곡물이나 작은 짐승이나 가축 한두 마리를 주면 아름답고 매혹적이고 환상적인 문자의 쾌락에 빠져들 수 있었다.

문자판이 늘어나면서 점토판을 구울 나무는 더 많이 베어졌고, 더 많은 사람들이 가부루의 욕망을 채우기 위해 희생되어야 했다. 숲이 줄어든 덕분에 농사짓는 땅도 늘었지만 더불어 더 많은 사람들이 노역에 시달렸다. 숫자를 익힌 부족민들 덕에 강 위와 아래 부족 사이의 교역도 늘어 갔다. 물론 가부루들이 참여하지 않은 은밀한 거래였다. 있는 자들은 더욱 많은 것을 갖게 되었고, 그들에게는 새로운 세상이 열린 듯 보였다. 마을은 풍요로웠고 사람들은 바쁘고 활기에 넘쳐 보였지만 그만큼 보이지 않는 그늘도 점점 깊어갔다.

그러나 이런 호사는 오래가지 않았다. 이제까지의 모든 일은 강가를 산책하던 가부루가 바닷물과 만나는 곳 근처,

물이 빠진 강의 둔치 아래 진흙 뻘에 쓰인 글을 발견하기 전까지의 일이었다.

‌ＡＡＡ

그날 기억과 망각의 글을 관장하던 가부루가 강가에서 마치 서너 마리의 물떼새가 종종걸음을 친 뒤 남긴 발자국처럼 서툰 글씨로 거칠게 써 갈긴 문자를 발견했다. 거기에는 도저히 이해할 수 없는 내용이 담겨 있었다.

"가부루 아닌 모든 자는 이렇게 말한다.

가부루가 세상을 연 뒤 가부루와 모든 부족은 하나가 되었다. 가부루는 지혜의 샘을 퍼 올려 모든 부족에게 나누어 마시게 함으로써 모든 부족을 하나로 만들었다. 가부루는 기억과 예지로써 모든 사람의 과거와 미래를 알았고 모든 사람들은 가부루들에게 기꺼이 현재를 바쳤다. 그러나 이제 가부루는 신성한 문자로 모든 사람들의 현재를 영원한 과거로 묶어 두었으며, 미래조차 과거의 기억 속으로 파묻어 버렸다. 그러나 가부루들은 알지 못한다. 그들이 말하고 생각하고 느끼는 모든 것을 과거의 흙더미 속에 가두어 둘 때마다 현재와 미래가 하나씩 사라져 버린다는 것을.

가부루들은 눈을 들어 하늘을 바라보지만 하늘의 높음을 보지 못하고, 귀를 기울여 숲에서 우는 새들의 노래를 듣지만 그들의 슬픔을 듣지 못하고, 혀를 놀려 여인의 부드러움을 말하지만 그들의 아름다움을 말하지 못한다. 가부루들은 그들만의 눈과 귀와 입을 위해 문자를 새길 뿐이다. 새를 잡아 날개를 꺾어 그 비명소리로 시를 짓고, 어린아이를 발가벗겨 자신의 더러운 육신에 문지르며 환희의 시를 만들고, 산 자를 난자하여 그 고통에 흘리는 눈물로 비탄의 시를 노래한다. 가부루가 환희와 비탄과 절망을 흙더미 속에 새겨 넣을 때마다 모든 사람들은 고통과 절망과 슬픔의 현재를 잃어버렸다.

가부루 아닌 모든 자들이여!

가부루의 노래를 위해 숲을 헤매며 온갖 새들을 잡아다 바치고, 가부루의 슬픔을 위해 손가락이 꺾이고 다리가 잘려 나가며, 가부루의 기쁨을 위해 가랑이 사이에 뱀을 집어넣어야 하고, 가부루의 이야기를 위해 폭풍의 바다에 배를 띄워 고래 밥이 되는 모든 부족들이여!

가부루에 빼앗긴 현재를 찾아 모든 자에게 돌려주라! 가부루의 기쁨과 슬픔과 분노를 가부루가 아닌 모든 자의 것으로 돌려주라!"

강가에 적힌 글이 기억과 망각의 가부루에 의해 한 자도 빼놓지 않고 가부루들에게 전해졌지만, 처음엔 그들 대부분

그게 무얼 의미하는지조차 알지 못했다. 가부루들에게는 수많은 어휘와 풍부한 수사와 그럴듯한 묘사를 위한 말들이 널려 있었지만 그들에게 익숙지 않은 '반란'이란 말을 쉽게 떠올릴 수는 없었다.

강가에 간 가부루가 처음 가부루들이 모여 있는 곳으로 달려갔을 때 정자 위의 젊은 가부루들은 우모루들과 발가벗은 채 환희의 시를 읊으며 뒹굴고 있었고, 나이든 어떤 가부루는 마당 끝에서 끓는 가마솥에 살쾡이를 집어넣으며 눈에서 뿜어져 나오는 살의를 즐기고 있었으며, 어떤 가부루는 난간에 걸터앉아 자신의 배에 화살촉을 꽂아 넣으며 고통의 쾌락에 빠져 있었다.

가부루들은 새롭고 놀라운 이야기가 적혀 있다는 말을 듣고 하나둘 강가로 나왔다. 그들은 무수히 찍힌 새발자국을 보았다. 아무도 그것이 왜 그곳에 써 있는지 그게 무얼 의미하는지 알 수는 없었지만 모두 섬뜩한 두려움을 느껴야 했다. 가부루들은 사람을 시켜 그 발자국을 모두 지우게 한 다음 마을로 돌아왔다. 아직 사태를 미처 깨닫지 못한 가부루들이 흐릿한 눈을 제대로 뜨지 못하고 있었지만, 대개는 진지한 표정이 되어 대책을 논의하기 시작했다.

"그것을 쓴 자가 누구인가?"

"가부루가 아닌 자 중에서 글을 아는 자가 누구인가?"

"어느 때부터 문자를 아는 자들이 그렇게 많아졌는가?"

"과거와 현재와 미래를 말할 수 있는 자가 누구인가?"

"도대체 문자가 얼마나 유포된 것인가?"

가부루들은 모든 걸 말하고 모든 걸 생각했다. 그리고 그런 사태가 온 일말의 책임이 자신들에게 있다는 결론에 이르지 않을 수 없었다. 며칠이지만 가부루들은 글을 쓰는 즐거움을 누릴 수 없었다. 오랜 시간 깊은 토론 끝에 가부루들은 모든 걸 되돌려 놓아야 하고, 그러기 위해서는 자신들을 포함한 모든 것들에 새로운 질서가 필요하다는 결론을 내렸다.

"가부루는 이렇게 말했다.

가부루만이 신성한 문자를 쓸 수 있었다. 가부루들이 육신을 던져 감각의 문을 열고 혀를 다듬어 말을 만들고 손끝으로 문자를 적을 동안 가부루의 문자는 도처에서 지저분한 육체와 어눌한 혀와 뭉개진 손으로 더럽혀졌다. 지혜의 그릇이 산산조각이 나 그 날카로운 파편이 우리의 발에 밟혀 피를 낸다면 그것은 더 이상 지혜의 그릇일 수없는 일이다.

이제 가부루들은 신성하고 위대한 문자를 거두어들일 것이다. 이제부터 가부루 아닌 자가 가부루의 말을 담는 그릇을 훔쳐 가는 일은 없을 것이다. 우리의 선조들이 그랬던 것처럼 가부루들만이 글을 읽고 가부루들만이 글을 쓰는 엄숙한 질서를 회복할 것이다."

더 이상 논란이 필요 없었다. 가부루들은 자신들의 쾌락을 위한 글쓰기를 중지할 필요도 없었지만 가부루를 제외한 모든 사람에게 쾌락의 글을 나누어 줄 필요도 없었다. 지혜와 진리와 쾌락은 오직 가부루만이 전유할 수 있었으며, 지혜로운 자만이 진리와 쾌락의 심오한 깊이를 체득할 수 있다는 걸 그들은 의심하지 않았다.

가부루들은 마을을 돌며 점토판을 가진 모든 자들을 끌어내 그 자리에서 처형했다. 점토판을 빼돌려 판 야힌이라는 자가 가장 먼저 참수를 당했음은 물론이다. 부서진 점토판 조각을 들고 있던 어린아이는 그것을 쥔 채 그대로 강으로 던져졌으며, 문자판 몇 장을 포개 베개 삼아 낮잠을 자던 노인은 그대로 깨지 못할 잠에 빠져 버렸다. 가부루들은 자신들의 집에 있는 서가를 모두 부수어 버렸으며, 엄청나게 큰 장서고를 새로 지어 여기저기 흩어져 있는 그들의 책을 거두어들였다.

하지만 가부루들이 모든 문자를 거두어들이는 것은 결코 쉬운 일이 아니었다. 가부루족뿐 아니라 다른 부족들에게까지 문자는 이미 너무 많이 퍼져 있었다. 가부루들은 눈에 보이는 모든 문자를 없애 버렸지만, 부족민들의 머릿속에 새겨진 문자까지 거두어들일 수는 없었다. 문자 특히 가부루의 숫자는 이미 모든 부족 간의 거래에서 없어서는 안 될 수단이었다. 가부루의 숫자 없이는 담비 가죽 한 장도 구할 수 없었으며 고래의 지느러미를 곡물과 바꿀 수도 없었다. 숫자와 문자는 상인들을 통해 은밀히 통용되었고, 그들은 오징어 먹물로 숫자를 손등에 그리고 지우는 방식으로 장사를 계속했다. 가부루들이 그 사실을 알고 손등이 까만 자들을 모두 잡아들여 처형했지만 문자는 끊임없이 나타났고 도처에서 그려졌다.

가부루들은 이제 더 이상 지혜를 말하고 감각의 말들을 쓰고 보관하는 일에만 매달릴 수 없었다. 모든 부족에게 문자를 빼앗아 오기 위한 법을 만들었고, 이를 집행할 관리 체계를 수립했다. 가부루들은 한동안 새로운 법을 만들고 이를 감시하고 감독할 제도를 만드는 데 모든 시간을 보내야 했다.

한편으로 가부루들의 법과 질서를 집행할 관리와 군사도 두어야 했다. 간혹 발견된 문자를 둘러싸고 시비가 벌어지기도 했고 때로 불손한 부족들이 가부루에게 감히 반항하는 일도 벌어졌기 때문에 그들의 군사는 점점 더 많아져야 했다.

법을 어긴 자들을 끌어오고 도망간 자들을 찾아내기 위해서도 또 다른 군사가 필요했다. 가부루는 가부루족 마을에 살고 있는 거의 모든 사내들을 가부루를 위한 군인으로 만들었다. 가부루족들의 반발은 크지 않았다. 그들 대부분이 실제 가부루와 친척 관계에 있는 자들이기 때문만은 아니었다. 들판에 나가 땅을 파거나 물고기를 잡는 일보다 문자를 쓰고 달아난 자를 뒤쫓거나 다른 부족들에게 공물을 받아오는 일이 훨씬 쉬웠다. 가부루 법의 엄중함을 집행하는 일은 그들에게 자부심을 안겨 주기도 했다.

가부루국은 점점 국가의 형태를 지닌 체제로 변해 갔다. 그러면서 가부루들은 이제까지 그들이 갖지 못한 새로운 엄청난 힘의 존재를 깨달았다. 군사의 창과 화살이 지혜의 그릇보다 더 분명한 힘을 보여 줄 수 있다는 사실도 알게 되었다. 그럴수록 더 많은 식량과 물자가 필요했고 그 모든 것은 강 아래와 위에 살고 있는 부족들에게서 조달해야 했다.

가부루들과 그들의 수족이 된 가부루족을 제외한 모든 부족은 이제 더 이상 행복하고 평화로운 날을 기대할 수 없었다. 그들은 아무리 열심히 일해도 그들의 곳간을 채울 수 없었으며, 아무리 많은 고기를 잡아도 자신과 아내와 자식들의 배를 불릴 수 없었다. 게다가 수시로 부족들이 만든 배를 가부루족의 병사들에게 바쳐야 했으며, 어느 때는 살고 있는 집의 기둥을 손수 빼내 무기 창고를 만드는 데까지 가져다 주어야 했다.

"가부루는 이렇게 말했다.

가부루가 숲에서 걸어 나온 뒤 세상은 질서가 잡혔다. 땅은 움직임을 멈추었고, 강은 바다로 흘러갔으며, 바다는 그 자리에서 움직이지 않았다. 태양은 밝았고 달은 어두웠으며, 바다는 넓고 강은 좁았으며, 산은 높고 나무는 낮았으며, 땅은 위 아래로 갈라져 그 가운데 마을이 자리 잡았다. 그리고 이제 진정한 가부루의 후손으로서 위대한 가부루들의 세상이 되었으니 만물의 질서에 따르는 인간의 새로운 질서를 세우게 되었다. 아비가 어미보다 강하며, 어른이 아이보다 강하듯이 모든 부족은 아비와 어미와 아이의 질서로 바로잡았으니 이는 영원히 그러할 것이다."

가부루의 말대로 모든 부족은 명확하고 흔들림 없는 질서의 세계로 편입되었으니, 가부루가 있고 그 밑에 가부루족이 있으며 그 아래 고미슥족이 있고 그 아래 이롯족이 있었으며 그 아래 작은 부족으로 해그밋족과 가야흑족이 있었다. 이제 가부루국은 강력한 중앙집권적 형태의 고대 국가의 면모를 갖추었다.

후대의 사가들이 국가의 출현을 그 민족 역사의 자랑스러운 시작으로 기록한 것과는 달리, 가부루국 대부분의 부족민들은 더 이상 자신들이 가부루국의 일원임을 자랑스럽게 생각하지 못했다. 그들은 이제 가부루의 혈통을 받지 못한 한낱 노예에 불과했다. 그것은 부족민 자신들의 입 안에 들어갈 식량이 급격히 줄어들었음에도 죽지 않을 만큼 일하고 일한 전부를 고스란히 갖다 바쳐야 하는 처지로 전락한 것을 의미했다.

모든 부족민의 삶은 고통과 좌절로 채워졌다. 문자는 없어도 좋았다. 지혜의 그릇은 어차피 그들의 것이 아니었으며 문자로 배를 불릴 수도 없었다. 그럼에도 가부루가 아닌 모든 부족에게 유일하게 남은 희망이 있었다. 풀뿌리보다 더 가늘고 갈대 줄기보다 더 약한 기대가 있었다. 그것은 강가의 갯벌에 끊임없이 가부루를 비난하는 문자가 쓰이고 그 글자를 쓴 자가 끝내 잡히지 않았다는 사실이다.

강가의 해괴한 글자는 계속해서 나타나 그럴 때마다 가부루들은 분노에 떨고 불안에 시달렸다. 어느 때는 아주 선명하게, 강 건너의 부족들도 눈을 가슴츠레하게 뜨면 보일 정도의 큰 글씨로 "가부루는 더 이상 가부루가 아니다"라고 써 있기도 했다.

가부루들은 글씨가 나타날 때마다 강 아래 고미슥족이나 강 위의 이롯족에서 의심을 살 만한 자들을 잡아 죽쳤지만 그러는 중에도 강가의 글씨가 돌연 나타나기도 했다. 가부루들의 폭정이 심해질수록 문자는 자주 나타났고 그럴수록 가부루들은 더 포악해졌다.

해괴하고 야릇한 소문이 돌았다. 그 글자가 강변을 거닐던 물떼새들과 괭이갈매기들이 황급히 쓰고 달아난 것이라거나, 강 속에 숨어 있던 자라가 한밤중에 몰래 나와 써 놓고는 물속으로 들어가 버린 것이라는 소문이 그것이다. 가부루의 군사들이 새들을 쫓아내고 자라를 잡아들이고 심지어 뻘 위를 기어 다니던 게들까지 쫓아 버렸지만 그 글씨는 보름이 멀다하고 또다시 나타났다.

반란의 글자들. 강가의 글씨는 바로 가밋의 소행이었다.

그 일이 있은 후, 온몸을 채찍으로 맞고 오른 손목이 잘린 채 배에 실려 강물에 버려진 가밋은 바다로 흘러가 열흘 밤낮을 떠돌았다. 가밋은 피를 흘릴 때마다 그의 기억이 맹렬한 속도로 하늘로 빨려 들어가는 것을 보았다. 벌레를 잡아 손에 올려 주던 아버지의 미소, 불에 덴 어머니의 손가락, 가부루가 되지 못한 날의 어수선한 의식, 옹관을 만드는 법을 가르치던 해가의 부드럽고 따뜻한 눈빛, 사랑하는 사람을 잃고 피를 토하며 죽은 여인의 주검, 육신의 그릇에 새긴 수많은 시가 별빛이 되어 스쳐 지나갔다.

잔잔하고 고요한 바다 한가운데로 흘러들어간 가밋은 죽음의 문에 다다랐다. 죽은 자의 영혼이 세상에 가득했다. 가밋은 꿈속 같은 세상에 떠 있었다. 태양이 이글거리며 타오르는 한낮에는 갈매기들이 배 위를 날아 그늘을 만들었다. 별이 우박처럼 쏟아지는 밤에는 돌고래 떼들이 배 주위에 몰려들어 가밋이 죽은 이들을 위해 들려주던 노래를 불렀다. 가밋이 여덟 살 이후로 한 번도 품에 안겨 보지 못한 우모루의 품속 같은 바다에서의 열흘이었다.

열흘이 지난 뒤였다. 고래를 잡으러 바다로 나갔다가 돌고래 한 마리도 잡지 못하고 애꿎게도 여섯 명의 부족민을 바다에 줘버리고 돌아오던 고미슥족 어부들이 가밋을 발견했다. 마을로 실려 온 그가 문자를 훔쳐낸 가밋이라는 것이 밝혀지자 어부들은 그를 다시 바다로 돌려보내려 했다. 그러나 가밋이 이미 지은 죄에 대한 대가를 받았으니 다시 바다로 돌려보내지 않아도 될 것이라고 말한 늙은 어부가 그를 집으로 데려갔다.

피를 너무 많이 흘린 가밋이 계속 신열에 시달리고 있을 때 늙은 어부의 딸이 그를 보살폈다. 그녀는 고미슥 부족의 아름다운 딸 우니로였다. 그녀는 가밋이 비록 팔 하나를 잃었지만 벌어진 어깨와 단단한 왼팔이 남아 있는 것을 보았다. 가밋의 입은 잔뜩 부풀어 올랐고 코는 상처가 아물지 않아 진물이 흘렸으며 눈꺼풀은 허물이 벗겨져 있었지만 우니로는 그를 무서워하지 않았다. 우니로는 가밋에 대한 연민을 감출 수 없었다. 아침저녁으로 그의 몸을 닦아 주고 조개를 끓여 입에 넣어 주는 동안 우니로는 가밋을 사랑하게 되었다. 가밋은 우니로 옆에서 스무날을 두 번 보냈다.

가밋이 깨어나자 우니로는 아비인 늙은 어부에게 이별을 고했다. 가밋과 우니로는 혹여 있을지도 모르는 가부루의 추격을 피해 고미슥족이 사는 곳의 가장 아래쪽인 남쪽 마을 끝에서 다시 한나절을 내려간 산기슭으로 몸을 숨겼다. 그들은 움집을 짓고 거기에 머물렀다. 가밋의 상처가 아물자 손목이 잘린 것을 빼놓고는 그의 몸은 예전처럼 돌아왔지만 가밋은 마음의 고통에서 벗어나지 못했다. 가밋은 분노를 회의로 잠재우는 나날을 보냈다.

어느 날 가밋이 그의 아내가 된 우니로에게 말했다.

"사람이라는 것은 누구나 알지 못하는 순간에 태어나는 법이오. 그리고 아무도 알 수 없는 운명의 끈을 따라 살아가는 법이라오. 그리고 아무도 알지 못하는 순간에 죽음을 맞게 되는 거라오."

우니로가 말했다.

"내가 아는 어떤 이는 그렇지 않습니다. 그는 자기가 태어난 일을 기억하고, 자신의 운명의 끈을 꼬아 삶을 낚으며, 죽음의 아름다운 순간을 선택하지요."

"그런 자가 누구란 말이오?"

"바로 당신이지요."

가밋은 그곳에서 아름다운 아내의 헌신적이고 사랑스런 보살핌으로 한 해를 보냈다. 그러면서 가끔 고미슥족의 마을로 나가 세상일을 몰래 엿들었다. 가부루들이 저지르는 고상한 행태와 위엄 있는 폭력에 대해 마을 사람들이 전하는 분노의 말을 들을 때마다 그 자신에게 남아 있는 왼손의 할 일을 곰곰이 생각해 보곤 했다.

몇 년 후에 가밋과 우니로는 고미슥족이 있는 북쪽 끝 마을, 그러니까 가부루족의 가장 남쪽 마을과 강 하나를 사이에 둔 마을의 숲 속에 숨어 살았다. 가밋이 돌아와 가장 먼저 한 일은 그동안 이를 갈며 가슴에 깊이 걸러 뱉어 놓은 말들을 강가에 문자로 쓰는 일이었다. 그렇게 할 수 있었던 것은 그의 아름답고 현명한 아내 덕분이었다. 우니로는 가밋에게서 지혜를 나누어 가졌을 뿐 아니라, 지혜를 문자로 전하는 방법도 배웠다. 사실 강가에 글씨를 쓴 자는 바로 그녀, 우니로였다.

강가에 쓴 분노의 문자가 모든 부족민에게 남은 마지막 희망이라는 사실은 가밋에게 새로운 용기를 주었다. 죽은 자를 위해 부른 노래가 살아 있는 자들을 위한 노래로 불릴 수 있는 순간을 꿈꾸게 되었으며, 분노의 시가 꿈틀거리고 일어나 기쁨의 노래로 울려 퍼지는 순간을 기다릴 수 있게 되었다.

가밋과 우니로는 몰래 마을 사람들을 만나면서 그들에게 세상을 바라보는 방법을 가르쳐 주었다. 가부루의 학정에 시달린 사람들은 가밋의 말을 두려워했으나 그 두려움 속에서 분노를 배우고 그것을 통해 희망을 읽었다. 가밋은 알고 있는 모든 것을 부족민들에게 가르쳤다. 생각하는 법을 가르쳤고, 생각을 문자로 적는 법을 가르쳤으며, 문자를 감추는 법을 가르쳤다. 가부루의 신화를 말해 주고 역사를 가르쳤지만 그것은 가부루의 장서고에 기록된 것과는 달랐다. 만물의 이치와 사람의 위계를 말해주었지만 가부루의 법전과도 달랐다. 산 자들의 세상에 대해 말했지만 죽은 자의 세계도 함께 보여 주었다.

가밋이 마을 사람들에게 가르친 것에는 마음을 보이지 않은 채 생각을 전달하는 술법도 있었고, 자신의 생각과 전혀 다른 말을 할 수 있는 방법도 있었다. 그래서 가부루의 병사들이 강가에 글씨를 쓴 자를 찾겠다고 그 마을로 찾아왔을 때 마을 사람들은 그 불성한 자들은 손목이 아니라 아예 목을 잘라버려야 한다고 먼저 펄쩍 뛰었다. 그리고 그런 자를 본다면 자신들이 솔선해서 그걸 행할 것이라고 말하면서 그런 짓을 할 자는 강 이남에서는 아마 흑갈매기나 자라밖에는 없을 것이라는 말을 천연스럽고 기품 있게 할 줄 알았다.

몇 해 동안 가부루의 공출과 노역에 시달렸던 고미슭족의 모든 마을에서는 아낙네들의 웃음소리가 들리지 않았고 아이들의 재잘거림이 칭얼거림으로 변해 버렸다. 젊은이건 늙은이건 손에 물집이 터져 피가 나지 않는 날이 없었다. 겉으로는 어떤지 몰라도 더 이상 가부루를 마음으로 받아들이는 사람들은 없었다. 비록 고미슭족의 일부이긴 했지만 가밋에 의한 반란의 싹은 점점 자라나고 있었다.

⋀⋀⋀⋀

강 위의 이롯족도 사정은 크게 다르지 않았다. 아니 더 심했다. 이롯족은 대개 굶거나 힘든 노동에 이골이 난 사람들이었지만 그들에게도 가부루의 폭정을 견딜 수 있는 재간은 없었다. 그 무렵 엎친 데 덮친 격으로 북쪽의 유민 한 떼가 밀려들어 왔다. 이롯족만으로는 도저히 그들에 대항할 수 없었기 때문에 가부루의 군사들과 힘을 합쳐 싸우게 되었다. 정확히 말하자면 이롯족이 유민들과 합세하여 가부루의 마을로 쳐들어올 조짐이 있었기에 가부루들이 서둘러 군사를 파견한 것이었다.

전쟁이 시작되었다. 새로 나타난 유민들은 이전에 내려온 유민들과는 달랐다. 그들은 곰의 머리 가죽을 벗겨 만든 가면을 반쯤 뒤집어썼고, 사슴의 뿔로 만든 장식을 허리에 찼으며, 가슴과 발목에는 오색실을 주렁주렁 매달았다. 유민들은 불과 몇 백 명에 불과했지만 모두 날래고 용감했을 뿐 아니라 손에는 이전까지 보지 못한 이상한 무기까지 들려 있었다. 이를 처음 본 이롯족뿐 아니라 가부루의 병사들도 두려움에 떨었다.

가부루의 병사를 이끌고 이롯족과 함께 싸운 가부루가 있었다. 그는 전쟁의 가부루라고 불린 자였다. 그는 처음 전쟁이 시작되었을 때 겁을 잔뜩 먹고 꼬리를 빼며 달아난 가부루였다. 전쟁의 가부루가 나중에 쓴 점토판에는 이렇게 적혀 있었다.

"가부루는 이렇게 말했다.
한 무더기의 짐승 같은 부족들이 강 위로 반나절이 걸리는 작은 둔덕 위에서 이롯족의 마을 하나를 덮치려 할 때 가부루국의 용맹한 병사들이 긴 창으로 그들을 물리쳤다.

짐승 같은 부족들은 가슴을 푸른 그릇으로 감싸고 창을 맞았는데 여덟에 일곱은 죽지 않았다. 그들은 한 손에 붉은 망태를 들고 다른 한 손에는 햇빛을 쏟아내는 무기를 들었다. 그들의 숨소리가 들리는 곳까지 이르면 군사들은 칼에서 나오는 빛에 눈이 멀어 더 이상 앞으로 나아가지 못했다.

그 칼은 가부루의 긴 창끝에 달린 날카로운 촉을 사정없이 박살내 버렸으며 단칼에 가부루족 병사의 심장을 꿰뚫고 지나갔다. 그들이 태양으로 만든 칼을 휘두를 때마다 가부루의 병사들은 강가에 내던져진 물고기처럼 퍼덕거려야 했으며, 칼이 빛을 가르고 지나간 뒤엔 피가 솟구쳐 붉은 무지개가 떠올랐다.

이롯의 우매한 족속 절반과 가부루의 용맹한 병사 절반을 잃고서야 그 야만스런 짐승들을 물리칠 수 있었고, 그들이 손에 쥔 무기를 빼앗을 수 있었다. 그들의 칼은 돌보다 단단하고 나무보다 질기며, 한 번 내리칠 때마다 불꽃이 일어나고 물을 가르면 흔적도 남기지 않았다.

아! 놀랍도다. 나뭇잎보다 가벼운 그 얇음이여!

아! 놀랍도다. 돌덩이보다 무거운 그 단단함이여!

그들 야만스런 족속의 말에 의하면 그 칼은 돌 속에서 흘러나온 불덩이로 만들었으니 땅의 분노와 태양의 노여움으로 빚어진 신의 손바닥이라고 하더라."

가부루와의 전쟁에서 패하고 사로잡힌 유민들은 가부루에

게 끌려와 남김없이 처형되었다. 이제껏 그런 적은 없었다. 전쟁에서 패배한 부족을 죽이는 일은 가부루의 역사상 한 번도 없었다. 이제까지 가부루들은 전쟁에 진 유민들에게 농사 짓는 법과 고기 잡는 법을 가르쳐 남쪽으로 내려 보내거나 북쪽 끝에 정착시켜 가부루국의 일원으로 받아들였다. 그러나 그건 모두 옛날 일이었다. 그들 스스로 예고막족이라고 부른 유민들을 처음 보았을 때 가부루들은 이제까지 어떤 부족들에게서 느낄 수 없는 두려움에 사로잡혔다.

예고막족은 모든 게 달랐다. 이제까지 내려온 어느 부족과는 달리 각자의 이름을 가지고 있었으며, 그들이 입고 있는 옷과 치장물들은 이제까지 본 어떤 것보다 정교하고 아름다웠다. 예고막인들은 사로잡혀 있는 동안에도 끊임없이 누군가의 이름을 부르곤 했는데, 그때까지 가부루족 어느 누구도 그들이 신을 믿는 부족임을 알지 못했다. 가부루들은 예고막족에게서 느껴지는 신성한 기운을 두려워 했고, 그들에 대한 두려움을 떨쳐 버리기 위해서 그들을 모두 없애버려야만 했다.

하지만 가부루들은 예고막 부족의 마지막 숨을 빼앗기 전, 그들의 입 속에서 태양의 칼을 만드는 비법을 훔쳐 냈다. 가부루들은 놀라운 통찰력과 추리력으로 돌에서 불을 만들고, 불에서 쇳물을 뽑아내고, 모래 거푸집에 부어 칼을 만드는 방법을 알아냈다. 그리하여 예고막족이라 불리던 부족은 가부루인들에게 청동검을 전해 주고 이 세상에서 사라졌다.

　예고막족이 가부루족과 싸울 때, 가부루 병사의 공세에
밀려 자신들의 태양의 칼을 버리고 항복을 하지 않으면 안
되었을 때, 이웃의 마을로 숨어든 단 한 명의 예고막인이 있
었다. 부족이 전멸 당하는 순간 칼을 등에 감추고 숲 덤불을
기어 그곳을 빠져나온 예고막의 전사 이루부였다. 예고막족
의 부족장이기도 한 이루부는 싸움이 끝나 부족이 거의 전멸
하고 남은 몇몇이 끌려가는 것을 보면서도 워낙 많은 수의
가부루 병사들 앞에서 나설 용기를 내지 못했다. 그는 자신
의 비겁함과 죽은 부족에 대한 연민으로 손톱이 다 빠지도록
땅을 긁으며 통한의 눈물을 흘릴 수밖에 없었다.

　이루부는 입고 있는 옷을 벗어 버리고 죽은 이웃족의 옷
으로 갈아입고 마을로 숨어들었다. 그는 가부루들이 있는 곳
까지 몰래 숨어들어가 남아 있는 그들 부족이 마지막으로 몰
살당하는 것을 끝까지 지켜보았다. 그리고 가부루들이 태양
의 칼에 담긴 비밀을 풀어내는 과정을 목격했다.

　이루부는 몇 년동안 가부루국의 이곳저곳을 떠돌며 지내
다가 그들의 말에 익숙해지자 이웃족의 한 마을에 정착해 살
았다. 이웃의 어느 마을에서 이루부는 처음으로 가부루의 문
자라고 불리는 가부루족의 신을 보았다. 모든 마을 사람들은
가부루의 손에 들려 있는 네모난 흙판을 보고 거기에 무릎을
꿇고 경배했다. 그들이 섬기는 신의 사제임이 틀림없는 가부

루라고 불리는 자들이 흙판을 들여다보며 신의 목소리를 전하는 걸 그는 똑똑히 들었다. 그걸 처음 본 순간 이루부는 놀라지 않을 수 없었다. 자신의 부족은 신의 소리를 듣기 위해 산이나 높은 언덕의 꼭대기로 올라가야 했다. 모든 신 중에 가장 높은 신은 하늘과 가장 가까운 곳에서 만날 수 있기 때문이었다. 그런데 가부루들이 신의 목소리를 담은 그릇을 지니고 다닌다는 것은 참으로 놀랍고 신기한 일이었다. 나중에 이루부는 그것이 가부루들이 써 놓은 문자판이라는 알게 되었지만, 그 신비한 흙판이 가부루들이 섬기는 신이 들어 있는 그릇이며 그것을 없애지 않고는 가부루족에 대한 복수를 할 수 없다는 것을 잊지 않았다.

유민 예고막족을 물리친 이후 가부루들의 위엄은 더욱 높아졌다. 가부루들과 가부루족의 병사들은 이제 태양의 칼인 청동검으로 무장했다. 모든 부족은 더욱 가부루를 두려워했다. 가부루들은 필요할 때는 언제나 그들 입을 통해 법령을 만들어 냈다. 가부루들은 이제 한 손에는 칼을 다른 한 손에 지혜의 문자를 들고 세상을 통치했다. 폭정에 시달린 부족들의 불만이 점차 높아져 때로 반란의 기운이 없지 않았지만 그들은 눈 하나 깜짝하지 않았다.

가부루들은 어떤 것도 무서운 것이 없어 보였다. 그러나 그들은 잠잘 때조차 태양의 칼을 풀어 놓지 못했다. 정작 가부루들의 근심은 짐승과 다를 바 없는 부족들의 아우성이 아니라 언제부터인가 가부루들 사이에서 벌어지고 있는 보이지 않는 갈등과 은밀한 암투였다.

가부루들은 서로를 존중할 줄을 알았다. 서로 의견이 부딪힐 때도 예의를 갖춰 더 지혜로운 의견에 동조할 줄 알았다. 현명한 판단과 통찰력을 잃지 않은 매끄러운 처세의 기술은 한치 어긋남이 없는 그들만의 완벽한 사회를 이끌었다. 적어도 가부루들 사이에서는 완전한 평등과 민주의 원칙이 관철되었다. 그러나 가부루들은 언제부턴가 자신 외에는 아무도 믿지 못했다.

숲이 만든 최초의 인간인 가부루들은 숲이 그들을 만들었을 때 한없이 나약한 존재였다는 것을 잊어버렸다. 인간이 나무껍질을 벗어 버렸을 때부터 인간은 바닷가에 내던져진 민달팽이와 같은 존재에 불과했다. 비록 짐승 가죽을 벗겨내 뒤집어쓰고, 풀을 엮은 옷가지로 그의 몸을 가리고, 쇳덩이와 돌조각을 손에 들고 있다고 하더라도 그들은 거추장스러운 집을 짊어지고 뒤뚱거리며 기어가는 달팽이에 불과했다. 가부루들의 저 깊은 마음속에서는 그들도 아직 인간이었다.

예고막족과의 싸움에서 이긴 후 가부루들은 마을의 한복판에 휘황한 불꽃을 피워 놓고 축제를 벌였다. 거친 수염이 달린 부족에 대한 공포가 승리의 기쁨으로 녹아내릴 때 전쟁을 담당한 가부루는 태양의 칼을 녹여 더 크고 찬란한 빛을 내는 무기를 손에 쥐고 나타났다. 그때부터 전쟁의 가부루에게 영광의 시를 지어 주던 가부루와 이를 멋지게 암송하여 지혜의 그릇에 담아내던 가부루와 전쟁에서 죽은 사람들에 대한 사랑과 연민을 이야기하던 가부루와 그들의 죽음과 슬픔을 노래하던 가부루들 그리고 그들을 포함한 모든 가부루들에게 유지되던 힘의 균형이 서서히 무너지기 시작했다.

실제로 물리적인 힘이 가장 약한 사람들은 이롯족이나 고미슥족, 가부루족의 병사들이 아니라 물리적인 힘의 정점에 있는 그들 가부루들이었다. 그들은 칼과 창의 폭력과 법의 위세로 뭉쳐진 권력이라는 새로운 힘의 원천을 발견했지만 그 어느 누구보다도 폭력에 대한 두려움을 떨치지 못했다. 가부루들은 들판에서 다져진 근육도, 뜨거운 태양 아래서 단련된 피부도, 싸움으로 거칠어진 가슴도, 폭력으로 단련된 체념 그 어느 것도 가지지 못했기 때문이었다.

권력에 대한 재빠른 복종과 한없는 충성을 보이지 않으면 그 칼끝이 언제든 자신의 목을 향해 날아올 수 있었다. 가부루들은 이를 직감했다. 전쟁을 이끈 가부루가 비록 전쟁 중에 도망쳤다는 사실을 모르는 가부루는 아무도 없었지만, 어쨌든 그가 수많은 희생을 치르고 결국 승리로 이끌었다는 것을 받아들여야 했다. 그리고 또 한 가지, 처음 그들 중 어느 누구도 전쟁의 가부루가 되려고 한 자가 없었다. 그렇기에 피의 축제, 죽음의 아수라장에 뛰어든 전쟁의 가부루에 대한 존경심과 두려움을 갖지 않을 수 없었다.

전쟁의 가부루는 늘 가부루족 중에서 가까운 친족으로 구성된 호위병을 달고 다녔다. 전쟁의 가부루가 가는 곳이면

언제나 붉은 깃발 사이로 푸른 칼들이 번쩍였다. 그의 호위
병들은 모든 부족에 대한 도발 행위를 서슴없이 저지르면서
자신들의 세를 과시했다. 심지어는 가부루들에게까지 그들
의 힘을 드러내며 위세를 부렸지만 가부루들은 조금도 반발
하지 못했다.

전쟁의 가부루를 중심으로 가부루의 세계는 재편되기 시
작했고, 가부루 사이의 힘의 균형은 무너져 버렸다. 전쟁의
가부루는 가부루 중의 가부루, 가부루의 왕이라는 뜻으로 스
스로 가부루부루라고 불렀다. 그후로 어떤 가부루도 그렇게
부르지 않을 수 없었다.

"가부루는 이렇게 말했다.

가부루가 세상을 연 뒤 스무 명의 우모루에게서 열 명의
가부루가 태어났다. 그 뒤로 가부루의 가부루가 지혜의 샘을
퍼 올린 뒤 수많은 가부루의 선조들이 찬란한 부족의 이름을
세웠으니 오늘날 여든두 명의 가부루가 모든 부족 중의 부
족, 가부루족의 가부루가 되었다.

이제 지혜의 문자를 준 위대한 가부루에 못지않은 태양의
칼을 쥔 진정한 가부루를 보았으니 그가 가부루부루, 가부루
의 왕이로다. 가부루부루는 모든 살아 있는 자에게 지혜의
칼을 휘둘러 죽음으로 복종케 하니 진정한 힘을 가진 위대한
부루이시다. 가슴으로 생각하고 머리로 말하는 숭고한 진리
에 태양의 칼을 쥔 굳센 팔뚝을 더했으니 더는 세상에 고귀

한 사는 없으리로다."

∧.∧∧∧

가부루들은 여전히 말의 쾌락을 즐겼으며 쾌락의 말을 지어내기 위한 행위를 즐겼다. 비록 그들의 세계가 힘으로 재편된 아찔한 위험 속으로 빠져들고 있었지만 가부루들은 아직 자신들의 말과 문자를 사랑했다.

가부루들이 가부루부루에게 아낌없는 찬양의 시를 바치는 의식을 거행하던 어느 날, 마을 밖에서 이상한 소리가 들려왔다. 그 소리는 우리에 갇혀 있는 이리의 울음 소리에 한밤중에 울어 대는 부엉이의 괴이한 소리를 더해 놓은 것 같았다. 소리가 점점 가까이 들려왔다. 그것은 한 마리의 짐승이 울부짖는 소리와 그 비명을 창끝에 매달고 오는 가부루족 병사의 고함 소리였다.

"강가에 해괴한 문자를 그려 넣은 자를 잡았습니다."

병사 중 하나가 고하는 순간 가부루들은 온몸에 더러운 갯흙을 잔뜩 묻힌 채 벌거벗겨진 짐승이 소리를 지르며 끌려오는 것을 보았다. 그 짐승은 하얀 이빨과 붉은 눈을 번득이면서 계속해서 승냥이의 울음 소리를 냈다.

가부루들이 모두 모였다. 마당 한가운데 끌려나온 짐승의 온몸을 덮은 갯흙에서 지릿한 냄새가 진동했으므로 물을 퍼 그 더러운 몸뚱이에 쏟아 부었다. 그러자 긴 머리와 하얀 속살이 드러나고, 팽팽하게 솟은 젖가슴과 동그란 두 개의 아름다운 엉덩이를 지닌 여인이 나타났다. 그녀는 발가벗겨진 채 물이 뚝뚝 떨어지는 푸른빛이 나는 머리칼을 한 손으로 추켜올리고 허벅지 사이의 푸른 빛 거웃을 다른 손으로 가렸다.

모든 가부루는 그녀의 관능적인 아름다움에 빠져들지 않기 위해 초인적인 의지를 발휘해야 했다. 가부루들은 최대한 그녀를 거칠게 다뤘다. 그럼에도 아무도 마음속으로는 그녀의 길고 하얀 손이 강가에 지저분한 글씨를 써 놓은 괭이갈매기의 발을 닮았다고는 생각할 수 없었다.

가부루의 왕 부루가 칼을 빼어들어 가랑이 사이에 꽂고 칼자루를 두 손으로 꼭 쥔 채 흥분한 목소리로 말했다.

"너는 누구인가? 수년 동안 진흙 뻘 속에 숨어 문자를 만들어 낸 거북이가 그대인가?

가부루의 우모루조차 새발자국만 보아도 고개를 돌려야 하는 이때에, 고래의 수염을 팔기 위해 문어의 먹통을 훔쳐 손등에 그려 넣은 자들의 손목이 수도 없이 잘려 나간 이때에, 오직 가부루들만이 가슴으로 찬양하고 머리로 노래하는 문자를 거룩한 그릇에 담아낼 수 있다는 걸 모든 부족이 알고 있는 이때에, 해괴한 문자와 현란한 글자로 모든 부족의 마음을 어지럽히는 문자를 더러운 강바닥에 써 놓은 그대는 누구인가?"

그녀는 벌거벗은 몸 때문에 부끄러움을 느꼈지만, 가부루들에게 던지는 붉은 눈빛은 날카롭게 빛났으며 입에서 나오는 말은 거침없고 당당했다.

"나는 우니로다. 그대들의 신성한 문자를 죽은 자들에게 들려주던 가밋의 아내다.

오른팔이 우리 속의 멧돼지들에게 던져지고 낡은 조각배에 묶여 바다의 태양으로 온몸의 피가 말라붙은 채 나에게로 왔을 때, 그의 상처를 핥아주고 그의 분노를 몸으로 담아내고 그의 증오를 가슴에 담은 가밋의 아내 우니로다.

그대들은 아는가? 저 강 위의 이롯족에서 저 강 아래의 고미슥족에 이르기까지 가밋과 우니로의 증오가 가득하다는 것을. 그대들은 알고 있는가? 수많은 가밋과 우니로가 분노의 칼을 갈고 있다는 것을.

그대들의 말에 영롱한 이슬이 담길 때마다 부족의 아이들은 젖은 모래로 갈라진 입 안을 적셔야 했고, 그대들의 시에 숨 가쁜 사랑의 열정이 담길 때마다 부족의 처녀들은 태양 아래 발가벗긴 채 그대들의 욕정에 시달려야 했으며, 그대들의 장엄한 이야기가 지어질 때마다 부족의 사내들은 불 속을 뛰어들어야 했고, 그대들의 말에 논리를 갖출 때마다 어린 사내아이들이 낭떠러지에서 나뭇잎 날개를 타고 추락해야 했으며, 그대들의 용맹함을 찬양할 때마다 젊은이들은 맨 몸으로 호랑이 우리에 던져져 피투성이로 죽어 가야 했다.

그대들의 빛나는 칼이 하늘을 가르면 누구는 갈라진 배를 움켜쥐어야 했으며, 그대들이 축제와 향연으로 살을 불리면 모든 부족민들은 흙을 집어먹으며 갯흙과 같은 똥을 싸야 했다. 그대들의 지혜는 그대들을 살찌웠고, 그대들의 욕망은 그대들의 피를 붉게 했지만 그것은 그대들의 피와 살일 뿐 우리 부족민들의 것이 아니다.

가밋은 이렇게 말했다. '죽음이 우리를 데려가지 않으면 가부루가 우리를 데려갈 것이다' 라고. 가밋은 또 이렇게 말했다. '살아 있는 자의 한숨이 죽은 자의 한숨보다 길지 않으니, 어찌 죽음을 두려워 하랴! 모든 살아 있는 자들은 죽음과 싸우기 위해 가부루와 싸울 것이다' 라고."

우니로가 말을 마치자 가부루들에게 잠시 무거운 침묵이 흘렀다. 모두 우니로의 몸에서 시선을 떼지 못했고, 우니로의 말에 관능보다 더 짙은 분노가 실려 있는 것을 들었다. 가부루들은 몇 년 전 가밋의 일로 겪은 오랜 침묵의 고통을 기억해 냈다. 어떤 가부루들은 그들이 이루어낸 어떤 서사시보다 더 위대한 이야기가 가밋과 우니로에 의해 쓰일지도 모른다는 엉뚱한 생각을 하기도 했다. 가부루들이 자신들의 마음속에서 일어나는 뭔지 모를 두려움의 실체를 알게 되었다고 하더라도 그들이 할 수 있는 것은 아무것도 없었다.

가부루부루는 우니로를 마당 끝에 서 있는 거대한 떡갈나무 가지에 매달고 하루 종일 물 한 모금 먹이지 않은 채 그녀의 몸을 원하는 자들에게 내맡겼다.

그날 새벽녘 가밋은 분노로 뒤척일 때마다 그랬던 것처럼 우니로가 그의 슬픔을 가슴에 담은 채 지난 밤 사라졌다는 것을 알았다. 가밋은 우니로를 찾아 강가로 나섰다. 그러나 날이 밝기 시작하고 해가 바다를 보랏빛으로 물들일 때까지도 우니로를 찾지 못했다. 강 건너 바라보았지만 갯벌에는 갈매기 한 마리 보이지 않았다. 그는 강가에 희미하게 써 있는 글씨를 보게 되었는데 그것은 바로 우니로가 밤새 쓴 것이었다.

"가부루의 칼이 가부루의 입을 막을 것이다."

가밋은 자신의 분노가 너무 지나쳐 우니로를 계속해서 위험에 빠뜨리고 있다는 사실을 깨달았다. 그는 초조하게 강둑을 오가며 우니로를 찾으려 했지만 갈대숲 속에서도 강물 위에도 우니로의 그림자는 볼 수 없었다.

날이 밝아 더 이상 머무를 수 없었던 가밋은 고기를 잡기 위해 새벽 강으로 나가던 고미슥의 한 부족민에게 우니로가 가부루의 병사에게 끌려갔다는 이야기를 들었으며, 그녀가 가부루에게 고문을 당하고 있다는 사실도 알았다. 가밋은 자신의 왼팔에 굵은 힘줄이 곤두서는 것을 보았다. 비로소 남아 있는 팔이 해야 할 일을 찾은 것이다.

가밋은 고미슥족의 마을로 내려가 그가 그동안 은밀히 말의 비법을 전해 주고 세상의 새로운 이치를 깨닫게 해 준 다섯 명의 사내들을 찾았다. 가밋은 그들에게 분노의 불을 지필 때가 다가왔으며, 그것은 우니로를 구하는 일부터 시작할 것이라고 말했다. 다섯 명의 고미슥 사내들은 기꺼이 동참했다. 그들은 우선 마을의 우리 속에 잡혀 있는 짐승들을 풀어 산으로 돌려보내고, 그 짐승들이 숲으로 달려가며 우는 소리를 듣고 모여든 마을 사람들에게 가밋의 말을 전했다. 마을 사람들은 집집마다 돌아다니며 더 많은 사람들을 불러 모았으며, 각각 다섯 방향으로 사람을 보내 모든 부족에게 그들의 일을 알렸다.

모든 일은 순식간이었다. 반나절 만에 올 수 있는 모든 부족이 모였다. 여인과 아이, 노인들까지 줄을 이었다. 그들의 손에는 가시가 잔뜩 박힌 나뭇가지에서 고래의 정강이뼈를 갈아 만든 날카로운 칼, 산짐승의 송곳니를 갈아 매단 화살뿐 아니라 돌고래의 배를 가르는 돌칼이나 밭을 가는 쟁기까지 들려 있었다. 고기를 잡던 배들이 바다에서 올라왔으며, 갈대를 엮어 만든 작은 배를 무수히 물 위에 띄웠다. 부족 사람들은 강을 건너기 시작했다. 굴참나무 껍질로 만든 뗏목은 대여섯 명이 달라붙어 곧 가라앉을 지경이었고, 개중에는 아무 나무토막이나 붙들고 헤엄을 치는 자들도 있었고 그도 아니면 그저 맨 몸으로 물속에 뛰어들었다.

가밋의 신호에 따라 부족민들이 일제히 강에 건널 때조차, 강 건너 가부루족의 병사들은 그 모습을 빤히 보면서도 무슨 일이 일어난 것인지 알지 못했다. 뿌옇고 노란 먼지가 건너편 강둑에 일어나더니 개미떼 같은 사람들이 물에 빠져드는 것을 보았을 뿐이며, 먼지가 걷히자 강 위에 수많은 검은 오리 떼가 떠다니는 것을 물끄러미 보고만 있었다.

고미슥족의 모든 부족민들이 강가의 갯벌을 지나고 진흙 개비가 되어 일어나 새카맣게 올라올 때가 되어서야 가부루 족의 병사들은 혼비백산하여 이 사실을 가부루들에게 알렸 다. 그때까지도 나무에 매달린 우니로를 둘러싸고 점토판에 글씨를 새기는 날카로운 멧돼지 이빨로 그녀의 몸에 문자를 그어 대고 있던 가부루들은 더러운 부족들이 몰려오는 게 그 들 자신이 저지르고 있는 즐거운 놀이 때문이라는 사실을 알 지 못했다.

가부루들은 반란이 일어났다는 말을 듣고 서둘러 병사들 을 불러 모아 강가로 향했다. 그때는 이미 고미슥족의 절반 이상이 강을 건넌 뒤였다. 그들은 마치 땅속에서 나온 시신 들처럼 새카만 모습으로 가부루 병사들에게 달려들었다.

강 아래의 고미슥족이 반란을 일으켰다는 소식이 강 위의 부족 이롯인들에게 전해진 것은 그날 저녁 무렵이었다. 고미 슥인들의 분노가 전해지자 이롯인들 사이에서도 동요가 일 어나기 시작했다. 몇 년 전 예고막인들과의 싸움에서 부족민 의 삼분의 일을 잃은 이롯인들은 또다시 전쟁이 시작되었다 는 말을 듣고 공포에 떨었다. 뒤에서 을러대는 가부루 병사 의 창과 앞에서 번득이는 청동검의 날카로운 칼을 떠올리며 그들은 몸서리를 쳤다. 그러나 고미슥족이 반기를 들어 가부 루족의 마을을 치기 시작했다는 소식은 이롯인들에게 새로운 용기를 불러일으켰다.

그때 이롯인들 사이에 숨어 지내던 이루부, 한때 예고막족의 부족장이던 자가 등에 감추어 둔 칼을 꺼내 높이 쳐들고 이롯족의 마을을 휘젓고 다니며 가부루를 몰아내자는 선동을 벌이기 시작했다.

"이롯인들이여!

신을 믿지 않은 어리석은 부족들이여! 나는 예고막족의 부족장인 이루부다. 그대들이 가부루의 창 끝에 떠밀려 어쩔 수 없이 예고막의 날카로운 칼날에 쓰러지던 것을 기억하는가? 그리고 그대들의 무지한 창끝에 수많은 예고막인들이 사라져간 것을 기억하는가? 나는 예고막의 원수를 갚기 위해 돌아왔노라. 그러나 놀라지 말라. 나의 칼끝이 향하는 곳은 그대들의 목이 아니다. 이롯부족과 우리 예고막족은 다같이 가부루에게 희생되었다. 나는 가부루의 우매한 신들이 저지르는 무수한 폭정을 보았다. 그대들 역시 결코 잊지 않고 있을 것이다.

가자! 가서 가부루를 바다로 몰아내자. 그대들의 입에서 끊임없이 신음소리를 나게 한 가부루의 신들을 남김없이 바다에 쳐 넣자. 나 예고막의 부족장이던 이루부는 그대들을 새로운 신에게 데려다 줄 것이다. 위대한 신은 그대들에게 풍요와 평화를 가져다 줄 것이다. 가부루들이 두려운가? 그들은 한갓 흙판에 새겨진 악령을 지닌 자들일 뿐이다. 가부루들의 문자를 남김없이 없앤다면 그들은 모든 부족민보다 못한 노예에 불과할 것이다.

가자! 가서 그들을 우리의 노예로 만들자."

이루부는 밤새 마을을 돌며 부족민들을 모았다. 본래부터 다혈질인 이롯의 사람들은 이루부의 말을 듣자 금방 피가 더워지기 시작했다. 그들은 모든 두려움을 걷어내고 이루부를 따랐다. 그리하여 가부루국은 처음으로 전면적인 내전에 휩싸였다.

AAAAA

처음 한두 차례의 전투에서 가부루의 병사들은 무수히 많은 고미슥인과 이롯인들의 무딘 창을 푸른빛의 청동검으로 분질러 버렸고, 그들의 심장에 구멍을 뚫었다. 그러나 얼마 지나지 않아 분노한 부족인의 엄청난 수에 밀린 가부루족의 병사들은 청동검을 버리고 달아나기 시작했다. 가부루족이 살던 마을은 쑥대밭이 되었고 급기야 가부루들이 있는 마을마저 완전히 포위되고 말았다.

마을의 남쪽에서 가밋은 강 둔덕에 진을 치고 가부루의 마을을 바라보았다. 마을 한복판에서 한 줄기의 연기가 가늘게 올라왔다. 푸른 안개가 숲에서 흘러나와 마을을 유령처럼 감쌌다. 고미슥의 부족민들에게 겹겹이 에워싸여 있는 가부루의 마을은 이틀 동안의 싸움으로 지친 듯 아무런 소리도 들리지 않았다.

전쟁은 잠시 소강 상태였다. 이틀간의 전쟁으로 가부루족 병사 대부분이 목숨을 잃었고 고미슥 부족의 절반이 죽거나 다쳤다. 가밋은 단 한순간도 잠을 자지 않았다. 끊임없이 분노의 피가 가슴에서 흘러나와 온몸을 전율시켰다. 그럴 때마다 가부루족들이 흘린 피로 분노를 잠재웠지만 아직 그의 오른 팔을 빼앗아 간 가부루들의 심장을 얻지는 못했다. 이제 마을에서 두려움에 떨고 있는 가부루들이 눈앞에 있었고 그가 팔을 한 번 높이 쳐들면 모든 것을 끝낼 수 있는 상황이었다. 그러나 가밋은 부족민에게 마지막 공격을 명하지 않았다. 몇몇 부족의 족장들이 그에게 달려와 당장 쳐들어가지 않는 이유를 물었지만 가밋은 깊은 생각에 잠겨 있을 뿐이었다. 그가 진정으로 바란 것은 몰살의 전쟁이 아니었다. 그는 모든 것을 끝낼 순간을 맞았지만 새로운 시작을 어떻게 열어야 할지 아직 알지 못했다.

한편 갑작스러운 고미슥족의 반란으로 미처 손쓸 틈도 없이 마을로 쫓겨 들어간 가부루들은 짐승 우리를 모아 마을로 통하는 모든 골목을 서둘러 막고는 남은 가부루족 병사들을 그곳에 배치했다. 가부루들은 모두 누대에 모였다. 이제 최후의 사태를 수습할 대책을 논의해야 했다.

가부루부루는 칼을 가랑이 사이에 박은 채 부들부들 떨었고, 다른 가부루들도 사태가 이 지경이 된 것을 믿지 못하겠다는 듯이 하늘만 쳐다보고는 말을 잇지 못했다. 심약한 자는 사납게 뛰는 가슴을 진정시키느라 쪼그려 앉은 채 고개조차 들지 못했다.

가부루들은 처음으로 세상의 광활함이나 만물의 오묘함, 여인의 아름다움, 인생의 기쁨, 고통의 쾌락, 정열의 비극, 게으름의 찬미, 웃음의 허무 등과 같은 심오한 주제가 아니라 한낱 자신들의 목숨을 어떻게 처리할 것인지에 대한 토론을 벌여야 했다. 마을 밖에서는 무더운 한낮의 매미 소리처럼 부족인의 시끄러운 소리가 계속해서 들려왔고, 짚불을 태우는 연기가 자욱하여 앞을 분간하기도 어려웠으며, 사방에 날리던 재는 죽음의 먼지로 가라앉았다.

가부루들의 얼굴은 연기와 재로 까맣게 그을렸고 눈물과 콧물이 쉴 사이 없이 흘러 서로 쳐다보기도 민망할 지경이었다. 그러나 지혜를 가진 진정한 가부루로서 위엄을 지키기 위해 모두 안간힘을 썼다. 아무도 쉽게 말을 꺼내지 못했고 누구도 비범한 방책을 내놓지 못했다. 대책은 없었다.

고미슥을 이끈 자가 가밋이라는 걸 알자 가부루들은 다시 침묵의 늪으로 빠져들었다. 가부루의 운명이 한낱 마을에서 옹관을 짓던 가밋에게 쥐어졌다는 사실에 분노했고, 자신들의 문자를 훔쳐 이 모든 사태의 빌미를 가져온 가밋을 저주했지만 그럴 뿐이었다. 그들이 할 수 있는 건 이제 아무것도 없었다.

오랜 침묵 끝에 가부루들은 마지막 결정을 내렸다. 그것은 가부루들은 선조로부터 물려받은 서가의 문자판을 지켜내야 한다는 것이었다. 가부루의 신화와 역사를 지켜 낼 수 있다면 어떠한 비겁함이나 비굴함도 용서될 수 있을 것이었다. 그리고 가부루들은 목숨이 다할 때까지 이 모든 사실들을 영원히 남을 지혜의 그릇에 새길 것을 서로 다짐했다.

그리하여 가부루들이 마지막으로 준비하기 시작한 것은 놀랍게도 칼과 창과 방패가 아니라 진흙덩이었다. 가부루들은 진흙을 반죽해 점토판을 만들기 시작했다. 그러는 동안에도 가부루족의 병사들은 북쪽에서 밀려드는 이롯족을 막다가 다시 남쪽에서 지붕을 타고 넘는 고미슥족을 막느라 이리저리 쏠려 다니며 사방에 피를 흘리고 다녔다.

"가부루는 이렇게 말했다.

세상에 처음이 있었으면 마지막이 있을 것이다. 끝이 없다면 처음도 있지 않았을 것이다. 가부루의 세상이 시작된 후 아무도 가부루의 마지막이 있다는 걸 말해 주지 않았다. 그러나 이제 살아남은 우리 가부루들은 가부루의 끝을 맞는 장엄한 순간을 보게 되었다. 그 어떤 가부루도 처음과 끝을 동시에 알고 있지 못했다. 우리는 처음과 끝을 알고 있는 유일한 가부루들일 것이다.

가부루들이여! 마지막을 노래하라! 불타는 땅 위에 모든 게 잿더미로 변하는 순간을 기록하라! 사나운 짐승의 울음 소리와 더러운 부족의 웃음 소리가 이 순간을 노래하는 축복 의 음악일지니 저들의 거친 숨소리가 들리고 죽은 자의 썩은 냄새가 코를 찌르는 이곳이 위대한 역사를 마감하는 죽음의 장소로 손색이 없도다.

가부루들이여! 마음으로 담아내고 머리로 말하고 손으로 쓰라! 가부루의 진정한 마지막 가부루들이여!"

머리가 하얗고 이마에 주름이 깊게 팬 가부루가 말하자마자 어떤 가부루는 벌써 그의 말을 옮기기 시작했다. 혈기가 남아 있어 마음을 진정시키지 못한 가부루는 두려움을 떨쳐 버리기 위해 정신없이 진흙판을 다졌다.

그때 나이 든 가부루 하나가 젊은 가부루 여덟을 데리고 장서고로 향했다. 장서고에 들어선 그는 빼곡이 차 있는 점 토판을 손으로 스치며 눈물을 흘렸다. 그가 서고의 가장 깊 숙한 곳에 이르자 거기에는 이제까지 젊은 가부루들이 보지 못했던 오래된 점토판이 차곡차곡 쌓여 있었다. 그는 가장 오래된 가부루의 역사가 담긴 점토판을 꺼내 보자기에 싸도 록 했고 젊은 가부루들에게 하나씩 들려주었다.

"가부루는 이렇게 말했다.
가라! 그대들은 가부루의 끝이 언젠가 처음으로 되돌아 갈 때를 보게 될 것이다.

가부루를 낳아준 숲으로 가라. 처음 숲이 우리를 낳았듯이 숲은 우리의 마지막을 지켜줄 것이다. 그대들은 이 세상을 연 가부루의 오랜 과거가 현재로 남을 수 있었던 것처럼 현재가 과거가 될 때, 과거를 현재로 바꿀 준비를 하라!"

그리하여 여덟 명의 가부루들은 부족민들의 눈을 피해 가부루의 역사를 메고 숲으로 들어갔다.

/ΛΛΛΛΛ

고미슥족을 이끌던 가밋과 이롯족을 이끌던 이루부가 마을 밖에서 처음으로 만난 것은 그 무렵이었다. 그들이 서로 다른 길을 걸어왔지만 한 자리에서 만나게 된 인연을 이야기하며 가부루에 대한 마지막 일격을 논의하고 있을 때, 이미 며칠 동안 가부루의 마지막 순간을 기다리다가 더 이상 참을수 없어 안달하던 부족민들은 가밋과 이루부가 말릴 틈도 없이 가부루의 마을로 쳐들어갔다.

부족민들은 우리를 부수고 호랑이와 곰과 멧돼지와 늑대와 이리와 같은 사납게 울부짖는 짐승들과 싸워야 했지만, 짐승들이 지레 겁을 먹고 내빼는 바람에 손쉽게 우리를 타고 넘었다. 일부 부족민은 벌써 지붕을 타고 마을 안쪽으로 넘어 들어갔고 또 일부는 나무를 타고 올라 건너편 나무로 뛰어들어 순식간에 가부루가 살고 있는 마을의 한복판으로 몰려들었다.

부족민들이 거기서 마주친 것은 태양의 칼을 들고 마지막 옥쇄를 위해 눈을 부릅뜨고 기다리고 있는 가부루들이 아니었다. 그들이 본 것은 여전히 칼을 가랑이 사이에 낀 채 온몸을 후들거리며 두려움에 떨고 있는 한 명의 가부루와 바닥에 엎드리거나 무릎에 점토판을 올려놓고 무언가를 열심히 긁적거리고 있는 가부루들이었다.

가부루들은 가끔 하늘을 바라보고 한숨을 쉬기도 하고, 두려움에 질린 눈으로 사방에서 몰려드는 부족민을 바라보다 황급히 눈을 내리깔기도 했고, 누구는 아예 고개를 들지 못한 채 점토판에 코를 박고 있었고, 누구는 오줌을 질질 싸면서 흔들리는 팔목을 다른 손으로 잡은 채 글자를 새겨 넣고 있는 중이었다.

부족민들은 그 광경을 보고 한동안 어리둥절해 어찌할 바를 몰랐다. 그들은 당장에 눈에 보이는 가부루들을 모두 쳐죽일 생각이었지만 전혀 예상치 못한 사태에 당황하여 서로의 눈치만 살피고 있었다. 가밋과 이루부가 뒤쫓아 들어와 웅성거리는 부족민들 사이로 똑같은 광경을 보게 되었다. 그들 역시 너무나 어처구니없는 광경에 잠시 넋을 잃었다. 하지만 이루부는 달랐다. 분노의 가슴이 맹렬히 타고 있던 이루부는 엎드려 있는 가부루들을 향해 주저 없이 칼을 꽂기 시작했다. 가부루들이 피를 흘리며 맥없이 나가떨어졌다.

그때 가밋이 이루부를 가로 막으며 말했다.

"가부루의 시대는 끝났다. 가부루들은 더 이상 우리를 다스릴 수 없고 앞으로도 그럴 것이다. 저들은 자신들이 부여잡고 있는 지혜의 그릇이 얼마나 허망한 것이었는지 아직도 깨닫지 못하는 어리석은 자들에 불과하다. 그들을 남김없이 도륙할 수 있지만 그건 강에서 건져올린 고기의 배알을 따는 것보다 쉬운 일이다. 그대로 두라. 저들로 하여금 자신들을 향해 회의와 절망과 비참함과 어리석음을 한탄하도록 내버려두라!"

가밋이 말하자 피가 뚝뚝 떨어지는 칼을 거꾸로 들고 이제 다른 가부루의 머리를 날리려던 이루부가 말했다.

"가부루의 시대는 끝났다. 하지만 저들은 새로운 시대를 꿈꾸고 있음에 틀림없다. 저들은 문자라는 벌레를 가지고 모든 부족을 갉아 먹었다. 저들이 말하는 지혜의 그릇이 남아 있는 한 저들은 언젠가는 또다시 모든 부족을 문자의 노예로 만들 것이다. 이제 저들을 도륙하는 것은 굼벵이를 터뜨려 죽이는 것보다 쉬운 일이다. 나는 저들이 아니라 저들의 머릿속에 들어 있는 문자라는 벌레를 터뜨려 죽일 것이다. 단 한 마리의 벌레라도 남아 있는 한 그들은 알을 까고 수많은 벌레가 되어 세상을 덮으려 할 것이다."

이루부는 말을 뇌이면서도 여전히 가부루의 머리를 하나씩 박살 내고 있었다. 그때마다 가부루의 머리가 터졌고 하얀 뇌가 마당에 흩어져 벌레처럼 꿈틀거렸다. 어떤 가부루는 머리가 잘려 땅에 굴러 떨어졌음에도 여전히 손을 놀려 글씨를 새겼고 점토판에 남아 있는 여백이 없어지고 나서야 모로 쓰러져 죽었다. 이루부는 그 점토판을 사정없이 짓밟아 뭉갰다.

"이루부여!

내 일찍이 가부루의 모든 문자를 알고 있고 그걸로 죽은 자를 위한 시를 짓다 오른팔을 잃었다. 가부루의 문자가 가부루의 것이 아니라면 두려울 것이 없다. 이제부터 가부루의 문자는 모든 사람들의 것이 될 것이다. 모든 사람을 위한 지혜의 그릇이라면 그것을 부숴 버릴 아무런 이유가 없지 않은가?"

"가밋이여!

그대는 모르는가? 문자란 한낱 흙판에 그려진 새발자국에 불과한데도 저들은 목숨을 버리지 않는가? 문자는 이리 떼처럼 사납고 구더기처럼 더럽고 까마귀처럼 교활한 것이다. 내 일찍이 문자라는 것을 모르는 부족에서 태어났으나 우리는 신의 힘을 빌려 모든 것을 이룰 수 있었다. 가부루들은 문자의 이름으로 감히 인간의 질서를 만들고 자연의 질서인 신을 배반했으니 마땅히 그들의 모든 것은 신의 이름으로 사라져야 할 것이다."

이루부는 쉬지 않고 가부루의 머리를 날리며 그렇게 말했다. 가밋은 더 이상 그를 말릴 수 없다고 생각했고, 그가 말하는 신에 대해서도 알 수 없었기 때문에 아무 말도 하지 못했다. 게다가 머리가 남아 있는 가부루는 이제 몇 되지도 않았다.

그때 한쪽에서 사람들이 나뭇가지에 매달려 처참하게 늘어져 있는 시신을 발견하고 소리를 질렀다. 우니로였다. 그녀의 몸은 가부루들이 날카로운 칼끝으로 새겨 놓은 온갖 문자로 가득했다. 이마에서 두 뺨과 턱에는 "가밋의 아내 우니로"라고 새겨져 있었고, 목이며 어깨, 팔뚝, 손바닥과 손등, 가슴과 배, 등과 허리, 둔부와 허벅지에서 정강이와 발바닥에 이르기까지 온갖 문자로 칼집을 내어 저며져 있었다. 그나마 우니로의 몸에 칼집이 나 있지 않은 곳은 그녀의 머리칼과 털이 있는 자리뿐이었다. 상처에서는 피와 진물이 흘러 온몸을 빨갛게 물들였고, 상처가 난 자리마다 파리 떼가 까맣게 달라붙어 알을 낳고 있었다.

우니로는 아직 죽지 않았다. 밧줄을 풀자 그녀는 마치 가죽이 벗겨진 사슴처럼 그대로 땅바닥에 철퍼덕 하고 무너져 내렸다. 깨끗한 물을 길어 그녀를 씻어 주었지만 온몸에 난 상처 때문에 그녀는 앉을 수도 누울 수도 없어 하는 수없이 도로 나무에 묶어 놓지 않으면 안 되었다. 우니로는 그렇게 묶인 채 사흘을 보냈으며 나흘이 지나서야 깨어나 간신히 가밋의 얼굴을 알아보았다. 그녀는 얼굴에 쓰인 대로 영원히 가밋의 아내였다. 그후로 사람들은 그녀를 '문자가 새겨진 우니로'라고 불렀다.

가밋은 우니로를 사랑했다. 그녀가 처참하게 괴물 같은 모습으로 변했지만 그녀를 사랑하지 않을 수는 없었다. 그녀의 몸에 새겨진 가부루의 문자들을 들여다볼 때마다 가부루에 대한 증오심이 도드라지고, 그녀의 아물지 않는 상처를 닦아 줄 때마다 자신의 팔목이 잘리는 고통이 우니로의 신음 소리로 되살아났다. 하지만 가밋은 숨어 지낸 오랜 세월 동안 모든 것을 참아 낼 수 있는 기다림과 기다림 끝에 찾아오는 평정심을 잃지 않았다. 그는 얼음장보다 더 차가운 냉정함을 잃지 않게 해 준 우니로를 기억했다. 그리고 자신의 증오를 우니로에 대한 연민으로 덮을 수 있었다. 우니로가 없었다면 그가 그렇게 긴 고통의 세월을 참아 낼 수 없었으며, 이제 가밋이 없다면 우니로 역시 그럴 것이다. 마을에서 이리저리 뛰어 다니는 고미슥족의 외침이 들려오고 미친 듯 날뛰는 이롯의 부족민들의 고함이 사방에서 들렸지만 그는 우니로 곁에 조용히 앉아 그녀의 고통을 덜어 주었다.

하지만 우니로에 대한 가밋의 사랑과 연민은 사태를 매우 복잡하고 어렵게 만들었다.

가밋이 우니로의 곁을 한순간도 떠나지 않은 열흘 동안 이루부는 가부루들에게 빼앗은 청동검을 그를 따르는 무리의 손에 들려 주었으며, 그후부터 모든 부족의 질서는 이루부의 명령에 의해 이루어졌다. 이루부는 그를 따르던 부족들을 시켜 가부루와 가부루족의 마을을 모두 불사르고, 남아 있던 가부루족을 한 명도 남김없이 몰살시켰다. 그들은 장서고에 있는 수많은 문자책을 꺼내 단 한 글자도 알아보지 못하도록 잘게 부숴 버렸다. 그 일은 수십 명이 달라붙어 열흘이나 계속되었다.

이루부는 앞으로 글자를 기록하는 자뿐 아니라 그것을 지니고 있는 자 그리고 문자를 기억하고 있는 자 또한 모두 처형해야 할 것이며 글자와 유사한 것조차 그릴 수 없다고 선포했다. 실제로도 그러했다. 전멸된 가부루족뿐 아니라 이롯족이나 고미슥족 중에서 문자를 아는 사람은 갑자기 무기를 빼앗긴 채 부족민들의 적이 되어 달아나야 했다. 그들 대부분은 두 부족 사이에서 은밀한 거래를 통해 재물을 불린 상인들이었다. 또 가부루들과 교류하면서 자연스럽게 문자를 알게 된 부족의 부족장들도 영문도 모른 채 끌려나와 처형되었다.

모든 일을 지휘한 이루부는 철저하고 단호했으며 거침없고 신속했다. 그는 다시는 점토판을 만들지 못하게 했을 뿐 아니라, 진흙을 빚어 그릇을 만드는 일은 엄격히 통제할 것이고, 모든 그릇에는 어떠한 무늬도 새겨 넣을 수 없으며, 그릇에 그어 넣는 빗살무늬조차 허용하지 않을 것이라고 말했다. 그리하여 그 뒤로는 무문토기만 만들어졌다. 가부루의 문자는 단 하나의 흔적도 남기지 않고 사라졌다. 이제 남아 있는 게 있다면 우니로의 몸에 새겨진 흉터가 전부였다.

가밋이 어느 정도 회복된 우니로를 데리고 밖으로 나왔을 때 이루부의 병사들이 그녀를 보고 달려들었다. 그들은 어느 새 가부루의 병사들보다 더 사나운 군사들로 돌변해 있었다. 그들은 우니로의 몸에 새겨진 문자를 지워 버려야 한다고 소리를 질렀으며, 언제라도 그녀의 살가죽을 모두 벗겨 버릴 기세였다. 그러나 그녀가 가밋의 아내였기 때문에 함부로 손을 대지 못했다.

모든 게 뒤틀려 있었다. 가밋의 생각을 그려 보이기도 전에 세상은 그에게서 멀어져 갔다. 가밋은 우니로를 데리고 이루부를 찾았다. 이루부는 가부루의 누대 한가운데 자리를 만들고 앉아 있었다. 이루부는 붉은 담비 가죽으로 된 옷을 걸쳤고, 다섯 가지 색으로 치장한 복대를 둘렀으며, 머리 위에는 곰의 머리 가죽이 올려져 있었다. 그의 모습은 위엄이 있었으며 그의 말은 단호했다. 그의 옆에는 이롯의 병사들이 청동검을 들고 앉아 있었다.

가밋을 본 이루부는 밝은 표정이 아니었다. 이루부는 그 자리에서 청동검을 빼어들지는 않았다. 하지만 가밋에게 우니로를 그대로 둘 수 없으며, 문자를 아는 모든 자를 처형하는 중이라고 말했다. 가밋이 이루부의 뜻을 알아차리지 못할 리 없었다.

"이루부여! 모든 부족의 왕이 된 이루부여!

그대의 신을 나는 알지 못하지만 만물에는 신조차 알 수 없는 쓰임이 있다. 한때 가부루의 문자는 가부루의 지혜와 가부루의 권능이었지만 강가에 쓰인 문자는 그들의 지혜가 아니라 부족민의 고통과 의지의 문자다. 문자는 만물을 기록하는 그릇이니 가부루의 것만이 아니다. 그대가 가부루부루를 물리치고 새로운 부루가 되었듯이 가부루의 그릇이 그대의 그릇이기도 한 것이다."

이루부는 가밋을 이해할 수 없었다.

"가밋이여!

만물은 신의 의지로 만들어질 뿐 인간의 손으로 빚어진 것이 아니다. 문자는 결코 만물을 담아 내는 그릇이 될 수 없다. 그것을 할 수 있는 것은 오직 신뿐이다. 가부루의 문자, 그들의 더러운 신이 담아 낸 세상을 그대는 보지 못했는가?"

이루부는 말을 마치고 자신의 위엄을 내보이려는 듯 주위를 둘러보았다. 이루부의 제장들은 언제라도 가밋을 끌어내리기라도 하려는 듯 칼을 쥔 손에 힘을 주었다. 가밋은 더 이상 아무 말도 하지 못했다.

가밋은 마지막으로 이루부에게 우니로를 데리고 떠나겠다고 말했고, 이루부는 고개를 끄덕여 그것을 허락했다. 가밋은 그를 따르는 열일곱 명의 고미슥인들과 짐을 꾸려 서쪽의 숲으로 향했다.

이루부는 가밋을 놓아 주었지만 곧 후회했다. 그들을 그대로 살려 둘 수는 없는 일이었다. 가밋은 살아 있는 유일한 가부루족의 후손이었으며, 비록 그가 가부루의 문자로 가부루를 멸망으로 이끌었지만 문자의 비밀을 모두 알고 있는 유일한 자이기도 했다. 그리고 우니로가 살아 있는 한 가부루

의 신들은 언제든지 그녀의 몸에서 기어 나와 세상을 덮게
될지도 모를 일이었다.

다음날 이루부는 날랜 병사를 뽑아 가밋과 우니로 일행을
뒤쫓게 했다. 이루부의 병사들이 하루 반나절을 서쪽 숲으로
달려가 드디어 가밋의 일행을 따라잡았다. 그러나 그들이 마
주친 것은 가밋이 아니라 뜻밖에도 초췌한 몰골에 잔뜩 겁에
질려 있는 여섯 명의 가부루들이었다. 이루부의 병사들은 그
들의 목을 잘라 되돌아갔다.

그 뒤에 가밋이 어떻게 되었는지는 알 수 없다.

이루부가 세운 나라가 어떻게 되었는지도 알 수 없다. 다
만 가부루국이 멸망하던 순간에 점토판을 메고 숲으로 간 여
덟 명의 가부루들 가운데 마지막까지 살아남은 가부루, 시간
과 운명의 가부루가 들려주는 이야기만 전할 뿐인데, 이 모
든 가부루의 신화와 역사는 그가 동굴에 남겨 놓은 점토판에
서 비롯된 것이다.

가부루국의 마지막 사서, 그가 기록한 마지막 점토판은
이러했다.

"시간과 운명의 가부루는 이렇게 말한다.

달포 전 여덟 명의 가부루들이 자욱한 연기를 뚫고 마을을 빠져나왔을 때 우리는 모두 그게 마지막이라는 것을 알았다. 누구도 다시 돌아가 가부루의 세상을 다시 열 수 있다고 생각하지 못했다. 세상의 종말은 그렇게 시작되었다.

우리는 밤낮을 쉬지 않고 달렸다. 하늘에 걸린 태양을 처음으로 두려워했으며 희미한 달 그림자조차 더 이상 아름다울 수 없었다. 우리는 밝음의 세상을 버리고 점점 어둠의 세계로 스며들었다. 수많은 부족의 고함 소리와 가부루의 비명이 멀어져 갈수록 귓속에서는 이제껏 들을 수 없었던 수많은 이명이 들려왔다. 아이의 칭얼거림, 여인의 비명과 사내의 거친 숨소리가 마치 날개 여럿 달린 수십 마리의 새가 한꺼번에 날아오르며 질러 대는 울음처럼 들렸다. 그 소리는 단 한순간도 멈추지 않았으며, 아무도 그것이 우리의 목에서 쉬지 않고 새어 나오는 비탄과 회오와 절망과 공포의 비명임을 알지 못했다.

사흘 밤낮을 달려 모든 소리가 잠잠해지고 숲 속의 온갖 벌레들과 날짐승의 울음 소리만 들려왔을 때, 우리 여덟 명의 가부루들은 그 자리에서 가부루의 위대한 선조들의 이야기를 등짝에 진 채 쓰러져 버렸고 그대로 긴 잠에 빠져들었다. 얼마 후 깨었을 때 모두 지치고 허기져 꼼짝도 할 수 없었다. 우리는 그 자리에 앉아서 부드럽고 달콤한 숲의 흙을 집어먹었다. 그리고 더는 움직일 힘을 얻지 못해 다시 쓰러져 조용히 최후를 기다리며 잠이 들었다.

아! 시간과 운명에 빠져들던 나 마지막 가부루는 모든 시간이 정지되는 순간을 그때 보았다. 높은 나무 사이로 밝은 빛이 무수히 떨리면서 하얀 나비가 되어 사방으로 흩어졌고, 가느단 빗줄기처럼 희미한 빛줄기가 나의 머리 위에서 하늘로 곧게 뻗어 오르는 순간 나는 그것이 다시는 흐를 수 없는 최후의 시간이라는 것을 알았다.

아! 운명이여. 흐르는 물처럼 잔잔한 물결로 가득했고, 출렁이는 강물처럼 깊은 여울 속으로 소용돌이치며, 거대한 바다처럼 거친 파도가 되어 부서져 간 시간들이여! 멈출 것 같지 않은 시간의 끝에서 운명은 붉은 낙조처럼 사그라지고, 모든 것이 정지해 버린 우주의 끝에서 마지막 남은 빛은 마지막 남은 꼬리를 잘라 내고 있다. 시간은 멈추고 운명은 끝에 다다랐다.

그때 사방에서 흐릿한 흰 빛과 검은 그림자가 뒤섞이며 어른거렸고, 침묵과 외침이 뒤섞이는 듯한 낮고 굵은 목소리가 들려왔다. 마치 죽은 자의 소리처럼 무한히 깊은 울림으로 가슴에 밀려온 그 소리는 죽음의 저편에서 이쪽으로 들려오는 마지막 메아리처럼 들렸지만 분명 살아 있는 자의 목소리였다. 그 소리는 점점 크게 들려왔다. 눈을 뜨자 거대한 그림자가 우리를 내려다보았다. 그들은 아직 끝나지 않은 우리의 시간을 멈추게 할 지하의 병사들임이틀림없었다.

죽음의 병사들을 맞기 위해 간신히 일어나 앉았을 때 우리를 내려다보던 자들은 놀랍게도 가밋의 일행이었다. 가밋과 우니로, 몇 사람의 병사들, 그들이 우리의 마지막 숨통을 끊어 줄 자들이었다. 가밋의 일행이 어떻게 우리를 찾아오게 되었는지는 알 수 없는 일이다. 하지만 우니로를 보았을 때, 우리는 모두 그 이유를 알았다. 흉터가 벌레가 되어 기어 다니는 참혹한 그녀의 얼굴과 몸이 바다의 거품처럼 매끄럽고 솜털처럼 부드럽고 박속처럼 흰 빛이었다는 걸 모르는 가부루는 없었다. 그녀의 아름다운 머리칼을 만지면서 몸에 칼을 대고 흥분하던 자들에 대한 복수의 칼을 품고 그들은 달려왔을 것이다.

그때 가밋은 깊은 눈으로 우리를 바라보더니 따르는 무리에게 먹을 것을 주라고 말했다. 우리는 아주 작은 희망조차 가질 수 없는 순간에도 부족민들의 따가운 눈총을 받아 가면서 그들이 주는 물과 음식을 허겁지겁 받아먹었다. 그리고 우리 가부루들은 진정한 가부루로서 마지막 남은 자존심마저 꺾인 채 참을 수 없는 수치와 한없는 모욕감으로 눈물을 흘렸다.

가밋을 처음 보았을 때부터 나는 그처럼 푸른빛 광채를 가진 눈을 본 적이 없었다. 그는 가부루가 아니었지만 분명 가부루인이었다. 그를 모르는 사람은 없었다. 그는 우리의 지혜를 훔쳐 우리가 가야 할 세상의 저편으로 가져간 자이며, 우리의 지혜를 훔쳐 우리를 파멸로 이끈 자였다. 그러나 그는 가부루는 아니었지만 유일하게 살아남은 우리와 가장 가까운 사람이었다. 나 시간과 운명의 가부루는 가밋이 베푼 한 모금의 은혜가 그것 때문이라고 믿고 싶었다. 나는 수치와 모욕감을 잊은 채 어느새 마음속으로 끝없이 가밋에게 자비를 구했다.

우리 여덟 명의 가부루가 모두 정신을 차리고 나서 다가올 비극적인 결말을 눈앞에 그리며 모두 깊은 침묵의 동굴에 갇혀 있을 때 가밋은 천천히 우리를 돌아보며 말했다.

'그대들이 살아남은 마지막 가부루들인가?'

'우리 말고 모두 죽었다면 그러할 것이다.'

'가부루들은 모두 죽었다. 그대들의 시대는 사라졌다.'

우리 모두는 다시 침묵했다. 함께 있던 논리와 변명의 가부루가 겨우 말을 이었다.

'하지만 우리에게는 과거가 있다. 언제든 현재로 살아날 과거를 가지고 있다.'

'그대들의 선조에 대한 이야기 말인가? 한갓 흙판에 긁어 놓은 문자를 말하는가?'

'그것은 우리 모두의 역사다. 그것이 있는 한 우리는 사라지지 않을 것이다.'

가밋이 서늘하고 차가운 눈빛을 보내왔다.

'가루부들이여! 살아남은 자들이여! 그대들은 이 세상 모든 것이 담겨진 문자로 세상을 열었다. 그것으로 모든 부족의 신망을 얻었으며, 그들을 이롭게 했다. 그리고 그것으로 모든 부족의 원망을 얻고, 그들을 괴롭혔으며, 그것으로 망했다. 그대들의 역사란 그런 것이다. 그것을 말하는가? 그대들이 목숨을 걸고 지키려는 것이 그것인가?

나, 시간과 운명의 가부루가 말했다.

'가밋이여! 가부루의 운명을 손에 쥔 자여. 그대가 지혜의 그릇을 훔쳐 죽은 자에게 가져가지 않았다면, 그대가 죽음과 침묵의 씨를 가부루의 세상에 퍼뜨리지 않았다면 가부루의 종말은 오지 않았을 것이다.'

가밋은 조용히 눈을 감고 한참 생각하더니 입가에 슬픈 미소를 띠며 말했다.

'가부루들이여! 나 또한 알지 못한다. 그대들의 문자가 모든 자의 문자일 수 없다면 그대들의 역사 또한 모든 사람의 역사일 수 없다고 생각했을 뿐이다. 그대들의 위대한 문자가 진정 모든 자들의 것일 수 없다면 이루부의 선택이 옳았을 지도 모른다.'

짧은 말을 마친 가밋은 우니로와 그의 일행을 이끌고 서쪽 산으로 향했다. 나는 가밋의 말이 무엇을 의미하는지 알 수 없었다. 그리고 그가 왜 우리를 죽이지 않았는지를 이해할 수 없었으며, 왜 마을과 다른 반대편의 길을 향해 떠났는지도 알 수 없었다.

가밋이 떠나고 점토판을 다시 짊어지려고 할 때 우리 여덟 명의 가부루들은 누구의 것이라고 할 것도 없이 모든 점토판의 절반이 부서져 있는 것을 발견했다. 모두 스스로 자책했고, 어찌할 바를 몰라 당황했다. 우리가 살아남아야 하는 이유의 절반이, 우리가 살아남기 위해 정신없이 달리는 동안, 무너져 버린 것이었다.

우리는 그곳에서 머물러야 했다. 선조들의 숭고한 이야기가 부서져 엉망이 된 등짐을 진 채 길을 재촉할 수는 없었다. 점토판은 더 손상되기 전에 다시 만들어야 했으며, 어디서든 진흙을 구해 와야 했다. 그러자면 더 이상 강에서 멀어질 수 없었다. 우리는 근처의 동굴을 찾아 들어갔다. 그 작은 동굴 하나가 가부루의 세상을 이어갈, 초라하지만 새로운 세계의 전부였다.

우리는 짐을 내려놓자마자 직책을 정했다. 진흙을 구해 올 다섯 명과 먹을 것을 구해 올 두 명, 마지막으로 동굴에 남아 기록을 위해 문자판을 맞추고 남은 책을 정리할 한 명을 정했다. 문자를 기록하는 마지막 서사는 나 시간과 운명의 가부루가 맡게 되었다.

처음 강으로 간 다섯 명의 가부루는 나흘 만에 네 명만 돌아왔다. 칠흑 같은 밤에 한 명은 강에 빠져 바다로 흘러가 버렸다. 그리고 다음날 세 명이 강으로 가기로 했고 세 명이 사냥을 떠났을 때 나는 진흙을 빚어 점토판을 만들고 부서진 기록을 복원하기 시작했다.

그 며칠 동안 나는 우주가 처음 열리는 장엄한 순간부터 가부루가 숲에서 나와 세상을 열고 진정한 가부루로 거듭 태어나 이룩한 모든 일을 기록했다. 나의 핏속에는 여전히 가부루들의 위대한 피가 돌고 있었다. 그들의 찬란한 업적을 새길 때마다 가슴이 꿈틀거리는 희열을 느꼈다. 그 한없는 기쁨은 언젠가 시간과 속도와 부피에 관한 나의 학설을 마무리할 때의 희열과 다르지 않았다. 가부루의 모든 이야기를 알고 있지만 어쩌면 마지막이 될지도 모르는 그 일, 문자를 기록하는 일을 내 손으로 하고 있다는 감격으로 나는 지난 며칠간의 숨 가쁜 기억을 망각의 늪에 던져 버릴 수 있었다. 나는 그 언젠가 기억과 망각의 가부루가 말한 것처럼 현재의 불안한 외피를 뚫고 잊혀진 먼 세계로 빠져들어 수많은 과거를 건져 올렸으며, 그것을 미래의 시간에 던져주기 위해 현재의 흙 속에 숨겨 놓았다.

세상을 열던 장엄한 순간에는 하늘 가득히 불씨가 날리는 것을 보기도 했고, 문자를 만든 가부루를 말할 때는 경건함으로 가슴이 굳어지는 듯했다. 최초의 가부루가 우모루를 만날 때는 열정에 휩싸였고 두고 온 나의 우모루를 생각하며 눈물을 흘려야 했다. 가부루의 가부루들이 남겨 놓은 지혜를 새겨 넣을 때마다 좁은 동굴이 바닷가 모래밭처럼 넓어진 것 같았으며, 세상의 일들을 기록할 때는 장구한 세월을 거쳐 간 모든 가부루의 숨결을 곁에서 느꼈다.

나는 부서진 문자판을 새로운 문자판으로 갈아 끼우면서 가부루의 위대함에 다시 한 번 전율을 느꼈다. 그리고 저 짐승과 다를 바 없는 이롯인들과 자신의 말조차 제대로 뱉어 내지 못하는 고미슥인들에게 쫓겨온 우리를 용서하지 못했다. 저들에게 가부루의 문자가 쥐어진다면 그것은 생각만 해도 끔찍한 일이었다. 그들에 의해 가부루의 역사가 기록된다면 용서할 수 없는 일이었다. 나는 지금이라도 돌아가 그들을 향해 칼을 휘두르고 싶었다. 그도 아니면 남아 있는 모든 문자판을 깡그리 바다 속으로 쳐 넣고 돌아오고 싶었다. 가부루의 위대한 기록은 여기 남아 있을 것이다. 누구에 의해서도 더럽히지 않을 것이며 누구에 의해서도 다시 기록되지 않을 것이다. 만일 우리 마지막 남은 가부루들이 지상에서 영원히 사라질지라도.

해가 높은 산 저쪽으로 뚝 떨어지고 사위가 캄캄해질 때까지 나는 그 일을 멈추지 않았으며, 새벽이 푸른빛을 띠는 때를 기다려 쉬지 않고 일을 했다. 그렇게 며칠이 지난 후 우리가 가져온 모든 과거를 흙 속에 다시 새겼을 때 나는 문득 아무도 돌아오지 않았다는 것을 깨달았다. 그리고 그 다음날도 그 다음날도 그들은 돌아오지 않았다.

그들은 끝내 오지 않았다. 세상에 남은 가부루는 오직 나 하나였다. 오직 하나뿐인 가부루, 내가 세상의 끝에 서 있었다. 나는 더 이상 살아 있지 않아도 좋았다. 내가 살아 있어야 할 이유는 이제 모두 사라져 버렸다. 나는 가부루의 모든 역사를 남겨 놓았고 그것은 영원할 것이다. 가부루의 문자는 언제가 스스로 살아나 다시 가부루의 세상을 다시 열 것이다. 가부루는 사라졌지만 그 영혼은 점토판 속에 잠들어 언젠가 힘찬 우리의 언어를 들려줄 것이다. 그 언젠가 우리의 말과 문자 사이에 자리 잡고 있는 심오한 차이를 발견한 가부루가 그렇게 말했다. '언어와 문자 사이에 자리 잡은 신비한 마술과 같은 간극을 채우는 능력은 오직 가부루들에게만 있는 천부의 재능'이라고. 그렇다. 그것은 진리다. 가부루는 가부루의 문자 속에 영원할 것이다.

그러나 가부루에 대한 나의 신념도 배고픔을 이기지는 못했다. 허기가 밀려와 동굴의 부드러운 흙을 쉴 새 없이 집어 먹었지만 그 때마다 헛구역질이 나면서 온몸이 뒤틀렸다. 나는 가부루의 마지막 생존자가 아닌가? 나는 이미 내가 아니라 가부루의 모든 것이다. 나는 더 이상 위대한 가부루의 모든 것을 기록한 시간과 운명의 가부루가 아니라 가부루의 신화이자 역사다. 나는 살아 있어야 했다. 적어도 가부루의 역사를 전해줄 가부루는 세상에 남아 있어야 하지 않은가? 그랬다. 나는 살아 있어야 했다. 살아서 그 모든 이야기를 들려주어야 했다. 살아서 그 모든 이야기를 들어줄 가부루의 자손을 만들어야 했다. 참을 수 없는 허기가 고통스럽게 밀려왔고 나는 동굴을 기어 나가 숲속을 돌아다니면서 입에 넣을 수 있는 것은 무엇이든 밀어 넣었다.

숲 속을 헤매다 그들을 발견한 것은 사흘 뒤였다. 동굴을 나선 여섯 명의 가부루는 모두 한자리에 누워 있었으며, 그들은 모두 목이 잘려 있었다. 진흙을 구하기 위해, 사냥을 하기 위해 나선 그들이 부족민들과 마주친 것이 틀림없었다. 가밋의 소행이었을까? 그가 마을로 되돌아가 우리의 존재를 알렸을까? 가밋의 그 서늘하고 깊은 눈빛이 그런 의미

285

였을까?

나는 동굴로 다시 돌아갔다. 캄캄한 동굴 속에서 나는 주 검처럼 누운 채 몇 날 며칠을 보냈다. 더 이상 삶과 죽음에 대 한 두려움과 갈등에 시달리지 않았다. 시간은 이미 멈추어 버렸으며, 운명은 이미 종말을 고한 지 오래였다. 나는 더 이 상 나를 포함한 모든 가부루들에 대한 연민이나 어리석음에 대한 회오, 가밋에 대한 원망과 부족민에 대한 증오에 빠져 들지 않았으며, 살아 있음에 대한 한탄과 혼자 있음에 대한 절망에 시달리지 않았다.

나 시간과 운명의 마지막 가부루는 여기 어두운 동굴 속 에 갇혀 끝도 없는 이야기를 나에게 들려주고 있다. 모든 이 야기는 운명의 시간 속에 새겨진 허구일 뿐. 가부루의 선조 들의 이야기가 담겨 있던 부서진 점토판을 으깨어 가부루의 종말을 마지막으로 새기면서 나는 시간과 운명의 수레바퀴 가 서서히 멈추는 소리를 듣는다."

Λ.ΛΛΛΛΛ

그때 가부루국의 마지막 사서인 시간과 운명의 가부루는 동굴 밖에서 들려오는 사람들의 소리를 들었다. 고함 소리, 나뭇가지를 쳐내는 칼날 소리, 창이 바위에 부딪히는 소리가 점점 가깝게 들려오기 시작했다. 시간과 운명의 가부루는 소스라치게 놀라 동굴 밖으로 뛰쳐나갔다. 동굴이 발각될 수는 없었다. 그는 그대로 산 아래로 내달리기 시작했다. 그의 긴 머리칼이 갈기처럼 헝클어지고 나뭇가지에 휘감겨 이파리들이 떨어져 날렸다. 그가 정신없이 숲을 헤쳐 나갈 때마다 나뭇가지들이 후드득하고 부러졌고 날카로운 가지가 그의 살을 파고들었다. 그는 피범벅이 되어 숲을 가로질렀다. 칡넝쿨이 온몸에 휘감기고 가시에 얼굴이 긁히고, 그루터기에 정강이가 찢어지고, 바위에 부딪혀 이마가 터지고, 나뭇가지에 끼어 손가락이 부러져 나간 줄도 몰랐다. 그러나 그의 얼굴에서 두려움을 찾아 볼 수는 없었다.

그가 개울을 막 건너려는 순간, 푸른빛의 비파형 동검 하나가 허공을 가르며 그의 등에 가서 꽂혔다. 그는 그대로 고꾸라진 채 물속으로 사라졌다.

마지막 가부루는 그렇게 죽었다.

5장

나는 이 글을 이쯤에서 끝냈으면 좋겠다는 생각을 여러 번 했다. 그러나 모든 걸 되돌릴 수 없다면 이야기는 처음부터 하지 말았어야 했다. 가부루의 역사를 정리하고 난 뒤에도 똑같은 생각을 한 것 같다. 그리고 그 이전에 선생도 마찬가지였을 것이다. 선생은 가부루의 역사에 해당하는 점토문자를 독해하면서 더 이상 자신의 연구를 진전시킬 수 없었다. 여기까지 읽은 사람들이라면 그 이유를 짐작할 것이다. 점토문자를 독점한 선생은 그들의 문자를 독점했던 가부루들과 다르지 않았다. 그가 역사 부분의 해석을 마무리하기도 전에 서둘러 동굴을 다시 찾고 거기서 사라진 점토문자를 발견했을 때, 그리고 견딜 수 없는 공포와 회오에 범벅이 된 채 동굴 안에서 괴로워할 때 그 앞에 나타난 그림자가 그 마지막 가부루였을까?

가부루의 역사를 정리하는 내내 동굴에 남아 있던 마지막 가부루, 점토문자를 발견하고 독해하던 선생, 헝클어진 역사를 엮어 가고 있는 내가 보이지 않는 끈으로 한데 묶이는 섬뜩한 기분에 사로잡혔다. 가부루의 역사를 입력하면서 몇 번이나 그만두려 했다. 늦은 밤이면 보이지 않는 그림자가 뒷덜미에 스치는 느낌을 받기도 했다. 오피스텔의 모든 불을 환히 켜 놓고 컴퓨터 앞에 앉아 있었지만 동굴 속에 갇혀 가부루의 역사를 기록하던 마지막 가부루의 어두운 그림자를 나 역시 거두어 낼 수 없었다.

그때마다 나를 움직인 것은 가부루의 역사도 선생도 아닌 그녀였다. 아니 그녀에 대한 나의 욕망이었다. 그동안 그녀를 세 번 정도 만났고 그때마다 우리는 사랑을 나누었다. 가부루 역사의 파편을 그러모으면서 나는 그녀와 함께할 수 있는 일거리를, 아니 핑계거리를 만들고 있었다. 그녀에 대한 욕망이 아니라면 그 신화와 역사를 그렇게 힘들게 입력하고 꿰어 맞추며 골치 아파하고 그러면서 자학과 비슷한 쾌감을 느껴야 할 이유가 없었다. 한때 내가 언어의 미궁 속에서 한 가닥 실낱 같은 진리를 잡으려고 했는지 몰라도 전설인지 신화인지 모를 가부루의 역사를 다시 쓸 때는 이미 글쓰기와 같은 덧없는 망상에서 빠져나온 지 오래였으며, 거기에 대한 아무런 미련도 갖고 있지 않은 평범한 월급쟁이에 불과했는데도 말이다.

그 작업을 끝낼 무렵 모든 게 달라졌다. 옛 은사로부터 전해진 유품 상자와 고대문자로 쓰인 신화와 역사는 과거의 기억에서 나를 찾아낸 그녀와 마찬가지로 느닷없이 나타난 환영일 뿐이었다. 잠에서 깨어 꿈속에서 저지른 일에 놀란 것처럼 내가 무엇을 하고 있는지 비로소 깨닫게 되었다. 환상은 더 이상 신화의 동굴 속에 머무를 수 없었다. 아침이 밝고 사물이 또렷한 윤곽을 드러내고 있는데 꿈에서 깨어나지 않을 수는 없는 일이었다. 나는 현실에서 일어나는 혼란을 능숙하게 대처할 만큼 일탈에 길들어 있지 못했다. 그녀를 아무리 비밀의 방에 가두어 놓았다고 하더라도 비밀의 방이 존재한다는 사실조차 숨길 수는 없었다. 그 열쇠를 내가 꼭 쥐고 있다고 하더라도 그 열쇠가 무엇이냐고 물어 올 누군가에게 아무것도 아니라고 말할 수는 없었다. 받아들이고 싶지 않은 현실, 존재하지 않은 신화, 가상의 실체 등의 수사가 현실을 외면하는 수단일 수는 없었다. 가부루의 역사처럼 그녀를 영원히 존재하지 않는 존재로 남겨 둘 수 없었다.

그녀와 치명적인 관계에 도달할 수 없다는 것을 나는 안다. 스스로를 속일 만큼 어리석지 않다는 것이 다행일 수만은 아니지만, 그렇다고 있는 그대로의 자신을 속일 수는 없는 일이다. 지금 이 순간 내 마음 속에 다시 일어나는 갈등을 숨기기 위해서라도 약간의 거짓말이 필요할지도 모르겠다. 비밀의 정원은 나의 상상 속에 남아 있어야 하며, 그것을 열어 보이는 어리석음을 범할 수는 없는 일이다. 약간의 거짓, 그것조차 나에게 허락되지 않는다면 그건 너무 가혹한 일이다. 그것조차 스스로 용서할 수 없다면 그건 나에겐 너무 치명적인 결벽일 것이다.

선생의 자료 상자를 넘겨받은 이후, 마치 선생이 동굴에서 문자를 발견했을 때 그랬던 것처럼 나는 한 번도 그 자료를 어떻게 처리해야 할지를 결정하려 들지 않았다. 만일 가부루의 신화와 역사를 공개하기로 했다면 그대로 관련 연구자에게 넘겨주면 그뿐이었다. 그걸 폐기하겠다고 결정했다면 그대로 유족에게 돌려주면 될 것이다. 내가 손댈 이유도 없고 관여할 여지도 없는 일이었다. 결국 나는 선생이 나에게 모든 걸 위임한 자료를 가지고 그의 딸과 놀아날 궁리를 한 것이 아닌가? 선생의 작은 욕망이 모든 걸 그르쳤듯이, 그 선생의 제자인 나 역시 나의 욕망을 위해 가부루의 신화와 역사를 만지작거리고 있을 뿐이었다. 나의 불안의 실체는 그 것이었으며, 다른 한편으로는 선생의 자료를 정리한 뒤에 그녀와의 신화가 깨질 것 같은 막연한 두려움이 있었다는 것뿐이었다.

가부루의 역사를 보면서 느낀 두려움의 실체가 분명해지자 환상이 안개처럼 걷히기 시작했다. 스스로 비참해지지 않기 위해서라도 모든 걸 제자리로 돌려놓아야 했다. 선생의 유품을 어떻게 처리해야 할지를 결정해야 했고, 그녀와의 관계 역시 어떤 식으로든 끝내야 했다. 선생과 관련한 모든 것은 공개해야 했다. 그가 동굴에서 문자를 발견했고 그것을 연구해 해독했으며, 그 과정에서 점토판이 사라져 버린 사실은 밝혀야 했다. 그 결과 선생의 뛰어난 연구 성과가 관심의 초점이 될 수도 있고, 그의 치명적인 실수가 비난의 대상이 될 수 있을 것이다. 그의 명예가 하늘 높이 오르거나 땅 바닥에 떨어진다 해도 그건 그의 일일 뿐이다. 누구의 공적이건 누구의 잘못이건 그 역시 내가 관여할 바가 아니다.

나에겐 선생이 저지른 일에 대해 무책임할 권리가 있었다. 가부루의 신화와 역사가 사실이건 역사건 기록이건 허구이건 그것 역시 내 알 바가 아니었다. 나와는 그야말로 아무런 상관도 없는 일이었다. 선생이 나에게 모든 걸 위임했다고 하더라도 모든 게 나의 책임이라는 말일 수는 없지 않은가? 그것이 나를 선택한 선생의 뜻이었을 것이다.

八

여전히 마음 한구석에 묵직한 것이 남아 있었지만 그건 가슴이지 머리는 아니었다. 가부루의 역사를 정리하고 난 뒤 보름쯤 지나서 대학 동기인 지헌에게 전화했다. 선생의 제자이기도 했으며 모교에서 자리를 잡고 있는 친구였다. 그가 나의 소식을 가끔 선생에게 전해 주었을 것이다.

"어쩐 일이냐. 네가 전활 다 하고."

10여 년 만에 통화한 친구의 목소리는 변함이 없었다. 나는 돌아가신 장근호 선생이 남겨 놓으신 연구 자료가 있으며, 그걸 공개하는 공식적인 자리가 있을 수 있겠느냐고 물었다. 그는 당연히 어떻게 내가 그런 걸 알게 되었는지 궁금해했지만 그건 선생의 뜻이었으며, 고대문자에 대한 것인데 한 번도 발표하지 않은 연구로 선생이 돌아가시기 전 5년 동안 연구한 결과라는 정도만 이야기했다. 발표는 누가 해도 좋다고 말했다. 지헌은 그러지 말고 얼굴이나 한 번 보자고 했다. 나쁘지 않은 일이었다.

　학교는 몰라보게 달라져 있었다. 그러고 보니 졸업한 뒤로 학교를 찾아온 적이 한 번도 없었다. 어쩌다 지나는 길에 멀리서 보기는 했지만 들어와 보니 옛날의 모습을 찾을 수 없었다. 정문 옆에는 새로 심었는지 굵은 소나무가 하늘을 찌를 듯 솟아 있었고, 운동장은 잔디를 깔고 한가운데 분수를 만들어 마치 서양의 대학 캠퍼스에 들어온 느낌이었다. 과거의 흔적이 사라진 캠퍼스가 낯설기는 했지만 그런 풍경이 오히려 안도감을 주었다. 지리멸렬한 과거를 떠올리지 않을 수 있는 것만으로 충분했다. 그렇다고 기억을 깡그리 없애 버린 장소에서 소외감을 느끼지 않을 수는 없었다. 다행이 인문학부가 있던 서관으로 오르는 길은 그대로였다.

　연구실 문을 열자 지헌은 전화를 받으며 나에게 자리에 앉으라고 눈짓을 보냈다. 그가 연구실에 앉아 있는 모습이 새삼스러웠다. 그는 대학 시절 과대표였다. 활달한 친구였고 품성이 모난 데 없이 부드러워 누구와도 잘 어울렸다. 나는 그가 모교에서 자리를 잡았다는 소식을 들었을 때 약간 놀랐다. 내가 아는 한 그는 대학 시절 공부에 별로 관심이 없는 친구였다. 그러던 그가 책으로 둘러싸인 연구실에 틀어박혀 앉아 있는 모습이 왠지 낯설었다.

"오랜만이네. 학교는 처음이지?"

지헌은 전화를 서둘러 끝내고 커피를 따라 내 앞으로 내밀며 말했다.

"한문학을 하는지는 몰랐어. 대학원에서는 국어학을 하는 줄 알았는데……."

내가 묻자 그는 "어쩌다 보니 그렇게 됐어" 하고 간단히 말했다. 그와는 딱히 할 말이 없었다.

"장근호 선생 장례식 때는 한 번 보겠거니 싶었는데, 왜 안 왔어? 다른 때는 몰라도 너라면 그때는 올 줄 알았는데."

나는 '몰랐어' 하고 말하려다 그만두었다. 모른 것은 아니었다. '기억하지 못했어'라고 말하는 것도 말이 되지 않았다.

"장 선생에게 미발표 연구 논문이 있다는 건 무슨 말이야? 그게 왜 네 손에 있어? 그동안 장 선생과 연락을 하고 있었던 거야?"

"아니. 그런 건 아니고……."

나는 '어쩌다 보니 그렇게 됐어' 하고 간단히 말하려 했지만 지헌을 만나러 온 목적을 이야기하지 않을 수 없는 일이었다.

"강원도 고성에서 점토문자가 발견되었다는 사실, 알고 있어?"

그가 알고 있으리라는 생각은 하지 않았지만 혹시나 해서 물었다.

"아니. 그런 일이 있었어? 점토문자라니, 어느 때 건데?"

"기원전 4천에서 5천 년 전. 가부루라는 부족의 문자."

"가부루? 그런 나라가 있었어? 처음 듣는 이야기인데."

역시 그가 알 리 없었다. 동굴이 공개되지 않은 사실은 분명했다. 나는 가부루국의 신화와 역사가 담긴 점토문자가 발견되었고 문자를 독해한 자료가 나에게 있다고 말했다. 그는 내 설명이 다 끝나기도 전에 고개를 저었다.

"그건 말이 안 되는데, 내가 전공이 아니어서 잘 모르겠지만 기원전 4, 5천 년 전 한반도에서 문자가, 그것도 점토문자가 발견되었다는 건 터무니없는 일이야. 한자가 생성되기 전에 문자를 가진 국가가 있었고 게다가 신화와 역사까지 남아 있다고? 그건 보지 않아도 조작임이 틀림없지. 그런 일은 이미 너무 많아. 수많은 위서偽書가 있지. 《환단고기》나 《화랑세기》에 대해 일반인들이나 향토사학자들이 하도 말해서 마치 있는 것처럼 말하지만 학계에서는 받아들인 적이 없어. 이를테면 한글의 기원에 대한 대부분의 이야기도 말이 안 된다는 걸 자네도 알고 있을 거야. 한글의 원형이 되는 고대전각문자가 가림토문자였다든지 일본의 고대문자인 신대문자가 그렇다는 말은 터무니없는 거지. 일고의 가치도 없는 일이야. 내가 보기에는 가부루문자인지 점토문자인지는 가짜임이 틀림없는 것 같은데……. 설마 장근호 선생의 연구 자료라는 게 그거라는 말은 아니겠지?'

그는 마치 나를 《환단고기》나 《화랑세기》에 혹해 있는 아마추어쯤으로 대했다. 어쩌면 그는 모처럼 만난 대학 동창이 자신의 엉터리 학설을 들고 지인을 이용해 학계에 빌붙으려는 사이비 학자쯤으로 보았는지도 모르겠다. 얼굴이 화끈거리며 목덜미에서부터 열이 오르기 시작했다. 그는 터무니없는 이론에 빠져 있는 나를 설득하려는 듯이 말을 이었다.

"학문이란 그것이 아무리 치졸하고 하찮은 대상에 대한 연구라도 과학일 수밖에 없다는 것은 자네도 알거야. 과학적 근거가 없는 그 어떤 것도 진실이건 아니건 학문의 영역에 발을 들여놓을 수 없지. 그저 이야깃거리나 소설이라면 몰라도 역사적 진실이 될 수는 없는 일이야. 하긴 역사와 소설의 차이는 거창한 것이 아닐 거야. 둘 다 허구지. 둘 다 이야기에 불과해. 하지만 역사가 학문이 될 수 있는 이유는 단 한 가지, 어떤 식으로든 그 사실을 입증할 근거를 가지고 있어야 한다는 것. 아무리 사소한 것일지라도 그리고 아무리 하찮은 것일지라도 그게 없으면 역사는 허구로 전락해 버리고 말아."

할 말을 잃었다. 그때부터 그는 학문적 권위를 가진 대학의 교수였고 나는 그저 평범한 회사원에 불과했다. 내가 그를 찾아온 게 잘한 일인지 싶은 생각마저 들었다. 결국 말도 안 되는 조작된 유물을 붙들고 고민을 해 온 건가? 그렇다면 선생 역시 그랬다는 말인가? 내가 머뭇거리자 타이르듯 말한 그가 스스로 미안했는지 말을 누그러뜨렸다.

"점토판이 있다고 했나? 거기에 어느 부족, 가부루라고 했나? 그들의 신화가 역사가 기록되어 있다고? 그럼 조사해 보면 알 일이지. 탄소 측정을 할 수도 있고 그 분야 학자들이 모여 검토하면 쉽게 밝혀질 일이야. 유물이 있다면 그걸 공개하고 학술 조사를 시작하면 간단히 해결되는 일이지."

"유물은 사라졌어. 없어지고 말았지."

"으흠, 그렇겠지. 그래야 말이 되거든. 원래 그런 쪽에 있는 사람들은 결정적인 증거를 말하라고 하면 그건 없다고 하지. 그러면서 모든 게 사실이니까 믿으라고 해. 이건 뭐, 종교적인 억지와 같아, 무조건 믿고 보라는. 더 이상 말할 필요도 없지."

그의 말에 다시 싸늘한 냉소가 섞여 들었다.

"그렇지만 실제로 점토판이 있었고 그게 사라졌지만 그 문자에 대한 완벽한 복사 자료가 있고 그것을 해독한 자료가 있다면 그것도 허구에 불과할까? 소로리의 볍씨가 발견되었고 그에 대한 연구와 검증이 다 끝난 뒤 그 볍씨가 사라졌다면 모든 게 없는 것으로 되어 버린다는 말인가?"

내가 항의하듯 말했다. 정말 선생과 친구의 말대로 아무런 물증이 없다면 역사란 아니 학문이란 진실과 관계없이 힘을 잃어버린다는 말일까? 그런데 친구는 의외의 부분에서 구멍을 드러냈다.

"소로리의 볍씨는 무슨 말이야?"

"소로리의 볍씨 몰라? 1998년인가에 충북 청원군 소로리
에서 볍씨가 발견되었지. 59알이었던가. 그 볍씨는 1만 3천
년~1만 5천 년 전의 것으로 판명되었어. 세계에서 가장 오래
된 볍씨였지. 그건 기존의 생각으로는 상상도 할 수 없는 일
이었어. 한반도에서 그렇게 오래된 볍씨가 나올 것이라고는
아무도 생각하지 못했지. 이것 때문에 학계가 발칵 뒤집혔을
거야. 벼 재배의 기원에 대한 기존 학설에 파장을 불러일으켰
지. 기존에는 중국 중원에서 재배되던 벼가 한반도로 유입되
었다는 주장이 유력했거든. 그런데 소로리 볍씨의 발견으로
그 주장은 설득력을 잃게 되었지. 그뿐만이 아니라 벼의 재배
와 이동 경로에 대한 모든 학설도 다시 검토해야 했고, 그건
세계 농경사를 다시 쓸 수밖에 없는 결과를 가져왔어."

나 역시 선생의 비망록에서 소로리의 볍씨라는 말을 처음
접하고는 그게 무슨 말인지 알지 못했다. 지헌에게 한 이야
기도 나중에 조사해서 알게 된 내용이었다. 하긴 한문학을
전공하는 그가 농경제사에서 거론하는 소로리의 볍씨를 모
르는 것은 당연한 일이었다.

"그런 일이 있었어? 나는 모르는 사실인데."

지헌의 태도가 조금 바뀌었다. 그는 조금 전까지 나를 대
하면서 보인 권위적인 태도에서 원래의 품위 있고 사려 깊은
학자의 모습으로 돌아왔다.

"장근호 선생은 그 점토문자를 발견하고 그것을 연구하셨어. 5년 동안. 그리고 점토문자를 해독했어, 거의 완벽하게. 그가 해독한 점토문자의 내용이 바로 가부루의 신화와 역사였지. 그 자료가 나에게 있게 된 거야."

"그 문자를 발견하고 연구한 사람이 정말 장 선생이었다는 말이지? 그렇다면 이야기가 달라지지."

"이야기가 달라지다니?"

"장 선생은 우리나라 국어학의 최고 권위자야. 그런 양반이 말도 안 되는 연구에 몇 년씩 힘을 쏟아 부었을 리 없지. 그리고 장 선생이 하신 연구 결과라면 그건 학계에서도 충분히 설득력 있게 받아들일 거야."

"과학적인 증거가 필요하다면서?"

내가 물었을 때 그는 약간 곤혹스러운 표정을 지었다.

"물론 그렇지만 장 선생의 학문적 권위가 이미 어느 정도 진실성을 담보하고 있다고 해야지. 때로는 한 분야에서 오랫동안 쌓아 온 업적이나 학문적 권위가 사소한 물증보다 더 결정적일 수 있는 거지."

그의 말은 내가 보기에는 모순이었다. 이제껏 학문의 과학성에 대해 말해 놓고 이제 와서는 학문적 권위가 더 결정적인 것처럼 말하는 그의 태도를 받아들이기 어려웠다. 그가 다시 말을 이었다.

"장 선생이 문자학을 연구하신다는 것은 어렴풋이 알았어. 그게 가부루의 점토문자 때문이라는 건 몰랐는데……. 그런데 점토문자가 사라졌다는 말은 무슨 말이야? 그리고 장 선생이 문자를 발견하고 나서 공개하지 않은 이유는 뭐지?"

"그건 지금 말할 수 없어. 어쨌든 선생님의 연구 결과를 발표할 수 있을까? 그런 자리를 만들 수 있겠어?"

"그건 가능해. 장 선생의 유고라면 학계에서도 관심을 가질 거야. 한 달 후에 국어학회가 열리는데 발표 끝자리를 만들어 볼 수 있을 것 같아. 그런데 그 전에 내가 그 내용을 보아야 할 것 같은데, 고대문자로 기록한 신화와 역사라면 정말 대단히 획기적인 발견이 될 것 같아. 그리고 그걸 네가 직접 발표할 건 아니잖아?"

나는 발표는 누가 해도 좋다라고 다시 말했지만 사뭇 달라진 지헌의 태도가 미덥지 못했다. 사실 나는 대학과 관계된 사람들이 모이는 학회가 무엇을 하는지 어떻게 진행되는 곳인지 잘 알지 못했을 뿐더러, 그것이 공식적인 자리인지도 알 수 없었다. 학회에 있는 그들 모두 선생을 아는 사람들이었기 때문에 그 자료에 대한 판단에 앞서 선생에 대한 배려와 그의 사회적 위치, 그와 관련된 자신들의 이해를 먼저 고려할 수 있다고 생각했다. 지헌과 만나려 한 것은 그 때문이었다. 그러나 지헌을 만나고 나자 모든 걸 다른 각도에서 진행할 수밖에 없다는 걸 직감했다. 만남의 끝 무렵 지헌은 다른 사람이 되어 있었다. 그는 새로 발견한 고대문자에 처음 가졌던 의심은 거두어들이고 갑자기 자신의 전공 분야가 되는 듯이 말하기 시작했다.

"우리나라에서 이제껏 알려지지 않은 고대문자가 발견되었다면 그건 새로운 학문의 영역이 열렸다는 것을 의미해. 내가 알기로는 그 분야의 전문가는 없어. 누구라도 근접할 수 있지만 어느 누구도 거기에 쉽게 접근할 수도 없을 거야. 점토문자의 존재가 사실이라면 최초의 발견자와 그것을 해석한 사람이 그 분야의 정점에 있게 되겠지."

그러나 가부루의 문자는 사라졌고 이를 해석한 선생도 사라졌다. 그의 말이 사실이라면 가부루 역사에 대한 학문적 세계는 무주공산과 다름없었다. 만남의 끝 무렵 사태는 완전히 역전되었다. 지헌은 선생의 학문적 성과를 몇 번이나 말하면서 자신이 한때 선생의 유일한 제자였다는 사실까지 덧붙였다. 어쩌면 그때 그에게도 가부루 문자를 전유하고 싶은 욕망이 전염되기 시작한 것인지도 몰랐다. 그는 끈질기게 발표 전에 대강이라도 보아서 내용은 알고 있어야 한다고 했지만, 나는 발표 열흘 전에 만나서 보여 주겠다고 말했다. 나는 칼자루를 쥐고 있었고 그는 칼을 넘겨받으려 스스로 무릎을 꿇었다. 자리에서 일어나려는 나에게 그는 몇 번이나 말했다.

"그 전까지 누구에게 보여 주지 말고 꼭 나에게 먼저 보여 줘야 해."

나는 그러마 하고 말했지만 모든 게 다시 불투명한 안개 속으로 사라지는 느낌이었다. 하지만 그 안개 속으로 모든 걸 내던져 버릴 것이라는 나의 결심은 흔들리지 않았다.

지헌과 선생의 연구 성과를 공개하기로 한 그날 저녁일 것이다. 그녀에게서 전화가 왔다. 그녀는 숨소리가 느껴질 만큼 흥분해 있었고 그걸 가라앉히려고 한 듯 여느 때보다 천천히 말을 전해왔다.

"자료를 모두 공개하기로 했다면서요?"

그녀는 인사도 없이 질문부터 앞세웠다. 나는 그 순간을 모든 걸 끝내기 위한 시작으로 받아들였다.

"어떻게 그러실 수가 있어요? 말 한마디 없이 그럴 수 있어요?"

나는 누구에게 들었냐고 묻지 않았다. 그건 너무 빤한 일이었다.

"적어도 저하고 상의 한 번은 했어야 하는 거 아녜요?"

나는 아무런 말도 하지 못했다. 그런데 한 가지, 그때 나는 그녀가 그렇게 항의하는 것이 당연하다고 여겼지만 그녀가 그렇게 화낼 이유가 없다는 걸 미처 생각하지 못했다. 그녀에게 선생의 치명적인 실수에 대해 구체적으로 이야기해 준 적이 없었으며, 그렇다면 그녀가 선생의 자료를 공개하는 것이 어떤 의미가 있는지 알 수 없어야 했고, 그녀가 그걸 알지 못하고 있었다면 그렇게 나에게 항의할 이유가 없었다. 하지만 그때 내가 할 수 있는 말은 이것밖에 없었다.

"내가 할 수 있는 일은 그것밖에 없었어."

그녀가 사흘 뒤인 일요일에 성북동 집에서 만나자고 한 것은 뜻밖이었다. 나는 이미 그녀와의 모든 관계가 끝났고 더는 그녀를 만날 수 있으리라고는 생각해 보지 않았다.

성북동 선생의 집은 비워 둔 지 오래되어서인지 더 추레해져 있었다. 거실 바닥에는 먼지가 깔려 발자국을 만들었고 소파며 책장이며 벽에 걸린 액자까지 시간에 파묻힌 유물처럼 희미하게 보였다. 이별을 위해 모든 게 완벽할 수는 없는 일이다. 그녀는 어수선한 집안을 대충 치우려다 말았는지 나를 보자 거실 가운데서 두 손을 펼쳐 보이고는 가볍게 어깨를 움츠렸다. 렌지 위의 주전자에서 수증기가 올라왔다. 차를 끓이고 있었던 모양이다. 그녀는 찻잔을 다탁에 내려놓고 소파 옆에 있던 두툼한 책을 무릎 위에 올려놓고는 알 수 없는 웃음을 잠깐 보였다.

그녀를 마주하자, 그녀의 부드럽고 우아한 미소를 보자 가슴 한켠이 무너져 내렸다. 내가 어떻게 그녀를 다시 보지 않겠다고 생각할 수 있었는지 모르겠다. 마음의 다른 편에서 그녀를 다시 볼 수 있다면 나의 계획을 철회할 수 있지 않겠냐는 제의가 들어오기도 했다. 빌어먹을 선생의 연구가 그녀보다 중요할 수는 없었다. 어차피 존재하지 않았을지도 모르는 선사 이전, 아니 수천 년 전의 신화 쪼가리와 그녀를 바꿀수는 없었다. 하지만 나의 싸늘한 이성은 감성을 또 한 번 캄캄한 감옥 속으로 처박아버렸다. 우리는 다만 미진한 기억

속에서 억지로 꿰어 맞춘 관계에 지나지 않으며 그것은 단한 번의 실수로 깨져 버릴 사금파리와 같은 것일 뿐이라는다짐을 하면서. 덧없는 욕망을 위해 그녀의 아버지, 선생의모든 걸 사라지게 할 수는 없는 일 아닌가?

"자료를 공개하기로 했다면서요?"

"그래야 될 것 같아요."

더 이상 그녀에게 말을 놓을 수 없었다. 나는 매우 형식적인 인간으로 변해 있었다. 나의 표정은 사무적이었고 말은직각을 이루었다.

"그래야 하겠죠? 그런데 먼저 드릴 말씀이 있어요. 혹시아버지가 왜 그 자료를 선생께 보냈는지 알고 계세요?"

나는 그때까지도 그녀가 선생의 자료를 공개하기로 한 결정을 철회해 달라고 이야기하기 위한 수순을 밟고 있다고 생각했다.

"그게 중요한 일은 아닐 거요. 선생이 발견한 문자와 신화를 그대로 사장시킬 수는 없는 거 아니겠소? 설령 점토판을그렇게 만든 책임이 선생에게 있더라도 6천 년 동안 사라져버린 역사를 그대로 그렇게 아무것도 아닌 것처럼 버릴 수는없는 일 아니오?"

이럴 때 스스로 가증스럽지 않았다면 거짓일 것이다. 되도 않게 나는 역사를 들먹였다. 그녀는 내 말이 끝나기도 전에 놀란 표정을 지으며 물었다.

"점토판을 그렇게 만들다니요? 신화를 기록한 문자판을

아버지가 어떻게 했단 말씀이에요?"

그때 더 당황한 것은 나였다. 그제야 나는 동굴에서 발견된 점토문자에 대해 단 한 번도 학술 조사를 하지 않았고 그이유가 선생이 공개하지 않았기 때문이라는 사실을, 선생이 개인적인 욕심으로 연구를 독점하고 있었다는 사실을, 그리고 선생이 가부루의 신화와 역사가 적힌 문자를 해독하는 동안 동굴 속의 문자가 무너져 버렸다는 사실을 그녀에게 제대로 알려 준 적이 없다는 걸 깨달았다. 그리고 생각해 보니 그 상자 속에 가부루문자의 필사 노트와 신화와 역사 독해 노트 말고도 비망록이 한 권 더 있었다는 사실조차 말하지 않았다. 그러면서도 그동안 그녀가 자기 아버지의 상자에 대해 그렇게 큰 관심을 보이지 않은 까닭은 나에 대한 관심이 훨씬 더 컸기 때문이라는 한심한 생각만 해 오지 않았는가. 변명하자면 나로서는 그동안 선생에게 일어난 모든 일을 밝히자마자 그녀에게서 멀어질 것 같은 막연한 두려움을 가지고 있었을 것이다. 결국 그녀의 무심함과 오해 역시 나의 욕망과 어리석음이 뒤섞인 결과였다.

나는 선생의 상자에 들어 있던 마지막 노트에 대해 말하기 시작했다. 천천히 되도록 형식적이고 사무적인 어투를 잃지 않으려 애쓰며 그녀의 아버지이자 나의 선생인 장근호 씨에게 일어난 모든 일을 이야기했다. 처음 동굴을 발견하게 된 때부터 마지막으로 동굴이 있던 산 정상에 양수발전소가 지어지면서 동굴의 점토판이 무너져 버린 이야기까지. 내 말을 듣는 동안 그녀의 낯빛은 창백해지다 못해 창호지처럼 하얘져 물에 적시면 금방이라도 풀어질 것 같았다.

"그 상자에는 선생이 남긴 비망록이 있었어. 나도 나중에 발견한 거지만 거기에 모든 게 적혀 있었지."

그녀는 천천히 고개를 묻고 아까부터 무릎 위에 올려놓은 책을 집어 들었다. 그녀가 고개를 들었을 때는 이미 뺨이 흥건히 젖은 뒤였다.

"그 이야기를 왜 이제야 해 주는 거죠? 잔인하네요. 당신과 아버지 모두. 아버지가 그런 사람인 줄은 몰랐어요. 아버지는 그런 사람이 아니었어요. 그럴 이유가 없었어요. 학식과 덕망. 그래요 아버지는 학계에서 독보적인 위치에 있던 분이에요. 그런 아버지가 그럴 리가 없어요."

그녀는 내가 상상한 것 이상으로 충격을 받은 것 같았다. 결국 나는 하지 말아야 할 이야기를 꺼내고 만 것이었다. 그녀와는 정말 끝장이었다.

"하지만 이 사실을 모두 공개하려는 것은 아니었어. 그게 중요한 것은 아니니까. 아버지가 발견하고 연구해 낸 역사적 사실 그것만 있으면 되는 것 아닌가? 가부루의 문자는 이제 껏 발견되지 않은 초유의 역사가 될 거야."

나의 말은 어느새 그녀 곁에 붙어 있었다. 선생의 잘못이 별것 아니라고, 선생의 말대로 중요한 것은 있는 그대로의 역사적 사실이지 사실이 담긴 파편 쪼가리가 아닐 것이라고 변명했다. 선생 역시 처음부터 그럴 생각은 아니었을 것이다, 연구를 진전시킨 뒤에 공개하려 했을 것이다, 아니면…… 선생이 비망록에 적어 놓은 자신을 향한 변명을 되살리며 그녀를 진정시키려 했지만 소용없는 일이었다. 그녀는 한동안 말없이 눈물을 흘리기만 했다. 머릿속이 텅 빈 것처럼 더 이상 아무 말도 할 수 없었다. 어느 정도 진정된 듯 고개를 든 그녀는 손에 들고 있던 책을 나에게 건네며 말을 이었다.

"아버지는 그럴 수 있었을 거예요. 아니 이제 분명해졌어요. 나도 그걸 얼마 전에 알았어요. 이 책 보신 적 있어요? 아버지의 대표 저서죠. 사실 오늘 나는 선생님께 이 책을 보여 줄 참이었어요. 그동안 이 말을 해야 하나 말아야 하나 너무 망설였어요. 엊그제 당신이 아버지의 자료를 공개하기로 했다는 걸 알게 되었을 때 나는 당신이 이 사실을 알게 될까봐 두려웠어요."

책을 받아들고 제목을 살폈다. 《중세국어연구》. 속표지 뒤의 발행연도를 보니 1992년에 나온 오래된 책이었다. 표지에 붙인 부제에는 '아래·를 통해서 본 중세국어의 변천 과정'이라고 적혀 있었다. 목차를 보자 그녀가 이 책을 나에게 준 이유를 알 수 있었다. 목차는 몇 가지 다른 점이 있긴 했지만 나의 논문 목차와 거의 다른 게 없었다. 그러나 그건 그뿐이었다. 중세국어에 대한 연구라면 얼마든지 비슷한 제목과 목차의 구성은 있을 수 있는 일이었다. 설마 선생이 내 논문을 보고 그 내용을 베꼈을 리는 만무했다. 그건 있을 수 없는 일이었다. 그리고 원고지로 불과 백여 장에 불과한 내용을 450여 면에 달하는 두툼한 책 한 권과 비교한다는 것 자체가 말이 되는 이야기가 아니었다. 책 내용을 대충 훑어보았다. 책은 각 장마다 앞부분의 설명과 그 뒤의 수많은 예시와 전거로 구성되었다. 그런데 예시문을 제외한 각 장의 개요와 설명, 그 책의 핵심적인 내용은 내 논문의 내용과 거의 일치했다.

"아버지는 그 책으로 국어학의 독보적인 위치에 올라서게 되었어요. 그건 제가 기억해요. 그 책으로 학술원상을 받기도 했죠. 저는 선생님의 논문을 제게 말해 주기 전까지도 아버지의 연구 내용을 알지 못했어요. 선생님의 그 아래 · 에 대한 이야기를 듣고 난 후, 여기에 들러 아버지의 서적을 정리하면서 우연히 이 책을 보게 되었는데…… 그 전엔 한 번도 아버지의 책들을 볼 생각을 하지 않았어요. 제가 읽을 수 있는 책이 아니잖아요……. 그런데 이 책의 내용이 선생님이 설명해 준 내용과 너무 똑같았어요. 처음엔 선생님이 아버지의 제자니까 그럴 수 있겠다 싶었어요. 하지만 아버지의 책을 전부 훑어보아도 이전의 논문이나 책에는 그런 내용이 없었어요. 그 책이 나온 게 92년이고 선생님이 졸업한 게 87년이잖아요? 그건 뭘 뜻하는 거지요? 그리고 선생님의 논문을 아버지는 죽을 때까지 가지고 계셨어요. 이건 뭘 말하는 거죠? 모든 게 분명하잖아요. 저는 처음 당신이 성북동 서재에서 찾아볼 것이 있다고 했을 때 이 책을 찾는 줄 알았어요. 그때는 몰랐지만 이 책을 본 뒤에 그렇게 생각했죠. 하지만 당신은 몰랐던 거죠? 아니면 모른척한 거예요? 이 책을 보고 나서 당신에게 전해 주려 했지만 그렇게 하지 못했어요. 당신을 잃게 될까 봐. 그리고 이제 사라진 가부루의 점토문자는 또 어떻게 된 거예요? 이런 분이 나의 아버지였다는 말이죠?"

그날 나는 너무 혼란스러운 나머지 어느 것 하나 머릿속으로 정리할 수 없었다. 그녀도 마찬가지였을 것이다. 선생의 연구가 나의 논문을 근거로 하고 있다는 것은 아무래도 좋았다. 설령 선생이 나의 논문을 참조했다고 하더라도 그것을 바탕으로 주목할 만한 연구를 하게 되었다면 그건 아무런 문제가 되지 않았다. 어떻게 생각해도 선생이 나의 리포트를 베꼈다는 건 말이 되는 이야기가 아니었다. 언젠가 선생이 그런 말을 한 것을 기억한다. "공부는 머리로 하는 게 아냐 엉덩이로 하는 거지." 나는 그 말의 의미를 정확히 알고 있었다. 만일 선생이 말도 안 되는 학부생의 리포트에서 결정적인 연구의 방향을 잡았다고 하더라도 그것을 구체적이고 실증적인 자료를 통해 입증하기 위해서 얼마나 많은 시간과 노력을 들여야 하는지, 그리고 한두 마디의 반짝이는 아이디어만으로는 어떤 연구도 학문적 성과도 이룰 수 없다는 것을 모르지 않았다. 그녀가 자기 아버지인 선생을 의심하고 나와의 관계를 생각하며 곤혹스러워하는 것이 나에겐 더 곤혹스러운 일이었다. 그보다는 왜 선생이 포기할 수밖에 없는 가부루의 연구 자료를 나에게 보냈으며 거기에 나의 논문을 함께 들려 보냈는지가 더 궁금했다. 그녀가 먼저 그 답을 제시했다.

"이제는 알겠어요. 아버지께서 왜 당신에게 이 자료를 보냈는지요. 당신의 말대로라면, 아니 사실이겠지만, 가부루의 점토문자가 사라진 책임이 아버지에게 있다는 것은 분명해요. 만일 아버지가 처음 그 동굴에서 점토판을 발견했을 때 그것을 곧바로 공개했더라면 발전소가 거기에 들어서지 않았을 거예요. 아니 세상에 눈을 돌려 그 소식만이라도 들었더라면 어떻게든 막을 수 있었겠죠. 막지 못했다고 하더라도 최소한 유물을 안전한 곳으로 옮겨 놓는 조치는 얼마든지 할 수 있었겠죠. 아버지가 조족문인지 새발자국인지 그 가부루의 문자들을 해독하는 동안 유물이 그렇게 소리 없이 무너져 내린거잖아요? 그건 범죄 행위죠. 그리고 아버지가 당신의 졸업논문을 표절한 것 역시 있을 수 없는 일이에요. 당신이 졸업했을 때 당신을 끝까지 찾았어야 했어요. 찾아서 당신에게 동의를 구했어야 해요. 아니면 당신을 옆에다 데려다 놓고 함께 연구했어야 해요. 아버지는 비겁했어요. 그리고 이제 와서 잔인하게도 자신의 잘못을 밝혀 줄 대상으로 당신을 지목한 거예요. 모든 걸 당신에게 책임지라고 한 거죠. 자신이 잘못을 저지른 사람에게 나중의 잘못까지도 함께 용서를 구하려고 했어요. 그건 말이 안 돼요. 아아! 아버지는 바로 그런 사람이었어요."

그녀는 처음 얼음장처럼 차갑고 냉정하게 말을 쏟아 부었지만 나중에는 말하는 내내 눈물을 흘렸고 말을 마치자마자 흐느끼며 울기 시작했다. 나는 어찌할 바를 몰랐다. 그녀의 말대로라면 나는 바보였다. 어리석기 짝이 없고 어린아이와 같이 천진스럽게 당하고만 있는 천치바보였다. 그러나 그녀가 자신의 아버지에 대한 비난을 노골적으로 표현할수록 나는 선생의 편에 서고 싶었다. 선생의 마음을 이해할 수 있을 것 같았다. 선생이 나에게 상자를 보낸 것은 그가 할 수 있는 최선의 선택이었다. 딸에 의해 자신의 잘못이 단죄되어야 하는 선생의 처지에 갑자기 안타까운 마음이 들었기 때문이 아니다. 우습게도 그 순간 그녀 앞에서 내가 더 바보같이 너그러울수록 그녀의 마음을 나에게 끌어올 수 있다고 생각했다. 그녀 역시 내가 선생의 책에 대해 바보처럼 아무것도 모르기를 바라지 않았는가?

말 그대로 선생은 수백 장의 점토판을 진흙더미로 만들어 버린 책임이 있었다. 그 결과 조족문으로 쓰인 역사와 신화를 허구로 전락시킨 책임도 있을 것이다. 그걸 스스로 용서할 수 없었을 것이다. 죽음에 이르기 전 그는 모든 것을 포기할 준비를 하고 있었을 것이었다. 그 스스로 누군가에 의해 단죄되어야 하고 그의 욕망과 삶이 버려져야 할 것이라고 생각했다면 그 누군가는 바로 나여야 했다. 선생이 정말 나의 논문을 도용한 게 사실이라면 더더욱 모든 걸 밝혀 줄 적임자는 나여야 했다. 그의 잘못을 속죄할 대상으로 내가 선택된 것이었다. 그건 선생이 나에게 보여 준 잔인한 행위가 아니었다. 어쩌면 그 옛날 그의 가르침에 대해 무책임하게 통달한 나를 기억하고 있었는지도 모른다. 선생은 자신의 잘못을, 그의 생애에서 저지른 모든 잘못을 한꺼번에 가장 처절하고 잔인하게 밝혀 줄 적절한 대상으로 나를 선택함으로써 자신의 마지막 고통을 덜어내고 싶었을 것이다. 선생이 그 자리에 있었다면 이렇게 말했을 것이다. "당혹스러워하지 말게. 나와의 인연을 괴로워하지 말아 주게. 누군가에게 자신의 운명을, 자신의 전부를 내맡겨 그 처분을 기다리는 게 행복한 일이란 걸 알았어. 자네는 어쨌든 내가 살아서 마지막으로 가장 아끼고 사랑한 나의 제자였어. 지금 내가 처해 있는 상황을 어떻게든 끝내기 위해 자네가 필요해." 나는 멋대로 선생이 가장 사랑하는 제자였을 것이라고 상상했다. 그렇지 않은 다른 선택은 나에게 너무 잔인하고 끔찍했으며 또다시 모든 게 미궁 속으로 빠져버릴 것 같은 두려움에 사로잡혔다.

그날 모든 게 너무 혼란스러운 나머지 더 이상 그곳에 머물 수 없었다. 망연히 흐느끼고 있는 그녀를 뒤로 한 채 나는 정신없이 오피스텔로 달려왔다. 며칠 동안 무엇인가를 생각하려 했지만 아무것도 생각할 수 없었다.

일주일 뒤 그녀에게서 다시 전화가 왔다. 그녀의 목소리
는 차분하게 가라앉아 있었다.

"발표가 언제라고 그랬죠?"

"이달 29일. 오겠소?"

"할 이야기가 있는데 내일 집으로 들러도 괜찮겠어요?"

휴일이던 다음날 오후 그녀가 나의 오피스텔로 왔을 때
일주일 전 절망적인 모습과는 사뭇 달랐다. 얼굴은 초췌했지
만 표정은 어둡지 않았다.

"아버지를 용서할 수는 없겠어요? 제가 대신 용서를 빌면
안 될까요?"

"선생님을 원망한 적은 없어요. 그럴 이유가 없지. 나는
공부하는 사람이 아니잖소. 학문적인 성과가 나에겐 아무런
의미가 없다는 걸 알잖아요. 아버지가 엄청난 실수를 저질렀
다고 해도 그것 역시 나에겐 아무런 의미도 없어요. 혹시 아
버지의 불명예가 드러나 그게 당신에게 상처를 주리란 걸 알
지만 그렇다고 다른 방법이 있을 것 같지는 않소. 아버지가
나에게 이 자료를 보낸 것은 아마 나에 대한 믿음 때문이었
을 거요. 그리고 나에 대한 원망 때문이었겠지. 아버지가 예
전에 나를 더 적극적으로 찾지 않은 걸 스스로 자책했다면
아마 그 때문에 이 자료를 나에게 보낸 것이겠지. 아버지는

내가 얼마나 무책임한 사람인지 알고 있었을 겁니다. 그건
아마 사실일 거요. 당신과의 일도……."

어쩌면 선생과 나는 정말이지 똑같은 사람일지도 몰랐다.
그녀 역시 그렇게 생각하고 있었을 것이다.

"이해할 수 없어요. 아버지를 잃고 싶지 않아요. 당신도
요. 하지만 아버지를 발가벗긴 당신과 더 이상 가까이 할 수
는 없잖아요? 그냥 그대로 묻어두면 안 될까요? 당신 말대로
당신은 공부하는 사람이 아니잖아요? 세상을 뒤집어 놓을
만한 역사적 사실이 밝혀졌다고 해서 당신이 거기서 얻을 것
은 아무것도 없잖아요?"

'내가 얻을 것이 아무 것도 없다' 라는 그녀의 말에 이의를
달 수 없었지만 그녀의 입에서 그 말이 튀어나오자, 얼마 전
지헌을 만났을 때 느꼈던 것과 비슷한, 알지 못할 소외감이
밀려왔다.

"동굴에 있는 수백 점의 점토판, 기원전 6천 년경의 문자
가 발견되었다는 건 너무 엄청난 사실이야. 전 인류의 역사
를 뒤집어 놓을 만한 사건이지. 단지 문자의 역사를 다시 써
야 하는 일이 아니라, 고대 문명에 대한 이제까지의 모든 학
설이 뒤바뀌어야 하는 엄청난 일이란 말이지. 이제까지 인류
문명사의 관점에서 보자면 이건 불가능한 사실이야. 도저히
있을 수 없는 일이야. 그런데 그게 만일 사실이라면, 누구의
이익을 따질 일이 아니잖아?"

"이제 불가능하게 되었잖아요? 실증적인 증거는 아무 것

도 없잖아요. 제 아버지가 그렇게 만든 거잖아요!"

나는 잠깐 선생이 꿈꾸었을 미래에 대한 망상과 똑같은 망상에 사로 잡혔다. 선생은 동굴의 문자를 처음 발견하고 어떤 생각을 했을까? '세계의 모든 학자들이 구름떼처럼 몰려들겠지. 학술 조사와 심포지엄이 쉴 새 없이 열릴 것이고, 언어학, 역사학, 국어학, 고고학, 인류학, 사회학을 전공한 교수들은 정신 차릴 수 없을 만큼 흥분하여 밤인지 낮인지 모르게 연구에 매달리겠지. 그런 비슷한 학문에 발을 들여놓지 못한 학자들은 자기의 전공을 어떻게 해서든 점토문자와 관련짓는 기막힌 논리를 개발해내기 위해 골몰할 것이고, 일부 덜떨어진 재야학자들은 한반도가 세계의 중심임을 증명하는 필연의 역사를 만들지 못해 안달할 것이며, 국학이 세계적 학문의 중심이라는 자부심으로 충만한 수많은 추종자들이 생기겠지. 인문학의 위기니 지리멸렬한 학문의 전당이니 하는 말이 더 이상 들리지 않을 것이고, 이 사회는 기껏 올림픽이나 월드컵 같은 유치한 어른들의 놀이에 기대 정통성이니 사회적 통합이니 민족성이니 하는 것들을 들먹이는 천박스러움에 벗어나 인류학적 정통성과 민족적 자긍심을 내세울 수 있는 진정한 자존의 시대를 열어 갈 것이지.'

선생은 말을 이었다.

'그리고 말이지. 그 중심에 내가 있을 거야. 늘 한 발 앞서서……. 나는 매순간 음미하듯 풍요로운 정신과 여유 있는 삶으로 충만해 있을 것이며, 나의 이름은 세계의 모든 도서관의 인명색인 목록에서 모든 이의 존경어린 손때에 행복하게 더럽혀질 것이지. 그럴수록 또렷한 활자로 또박또박 박힌 내 이름은 새롭게 찍힐 것이며 그것은 영원할 거야.'

선생의 아니 나의 망상은 끝이 없었다. 만일 동굴의 점토판이 그대로 남아 있었다면 망상은 단지 헛된 상상으로 그치지 않을지도 몰랐다. 그러나 유물은 사라졌고 문자를 기록한 몇 권의 독해 노트만 남아 있을 뿐이었다. 선생이 얻을 것은 아무 것도 없었다. 그리고 내가 얻을 것 역시 아무 것도 없었다. 그녀의 말이 옳았다. 그러나 여전히 그녀가 내 앞에 남아 있지 않은가? 이제는 그녀와 끝을 내는 데 선생의 자료를 공개하는 절차가 가장 유효했다. 빌어먹을 가부루의 신화와 역사는 이제 말 그대로 그런 의미만이 남아 있을 뿐이었다. 나는 공식적으로 선언했다.

"내가 얻을 게 없다는 것과 가부루의 신화가 공개되어야 하는 것은 아무런 관계도 없어. 그리고 이 일로 선생에게 누가 된다고는 생각하지 않아. 선생님도 아마 내 뜻과 같을 것이라고 생각해. 그리고 당신은……."

차마 말을 더 잇지 못했다. 그 자리에서 '당신과의 관계는 어떻게 되어도 상관없어' 라고 말할 수는 없었다. 그때 그녀가 천천히 일어나 창가로 가더니 하염없이 밖을 바라보았다. 밖에는 눈이라도 내릴 듯 잔뜩 흐려 있었고 갑자기 추워진 날씨 때문인지 유리창에 달라붙은 그녀의 입김이 점점 커져 창밖의 풍경이 차츰 흐려졌다. 그녀의 뒷모습을 바라보는 나의 시야 역시 점점 흐려져 갔다. 그렇게 한참을 서 있던 그녀가 돌아서서 나에게 다가오더니 두 손으로 나의 손을 이끌고 침대로 가 걸터앉았다.

"당신 생각이 맞을지 몰라요. 그렇게 하는 게 옳은 거겠죠?"

그녀는 눈물이 그렁한 채로 내 눈을 바라보았다. 나는 고개를 끄덕였다. 그녀의 그 한마디는 내가 그녀를 잃지 않을 수 있다는 것, 아니 잃어버릴 수 없다는 것을 의미했다. 눈물이 핑 돌았다. 그녀는 늘 내가 예상한 것과 다른 모습을 보여주었다. 처음 만났을 때도 그랬고, 나의 과거를 들어줄 때도 그러했고, 그녀에게 보낸 나의 엷은 의사를 깊은 몸짓으로 표현할 때도 그랬다. 그리고 그것은 항상 나에게 좋은 쪽으로 작용했다. 그녀는 현명하고 사랑스러운 여자였다. 모든 걸 받아들이기로 한 그녀와 헤어진다는 것은 있을 수 없는 일이었다. 우리는 거의 녹초가 되도록 정사를 나누었다. 그녀는 끊임없이 사랑의 샘물을 퍼 올렸으며, 나는 그녀의 모든 것을 내 안에 담으려 했다.

／Ａ

침대에 누운 채 천장을 바라보며 나는 '신화는 얼마든지 다시 쓸 수 있어' 라는 말을 몇 번이나 마음속으로 되뇌었다. 내 팔을 베고 있던 그녀가 나의 가슴을 만지작거리며 말했다.

"준비는 다 하셨어요?"

나는 고개를 끄덕였다.

"내가 도와줄 게 없을까요?"

고개를 가로저었다. 그때 그녀가 뭔가 생각났다는 듯이 일어나 앉으며 말했다.

"그런 건 어때요? 아예 책으로 내는 거예요. 책에 전부 싣는 거예요. 1장은 원문을 그대로 싣고, 2장은 가부루의 신화, 3장은 가부루의 역사에 대한 해석을 싣고, 서문에 그간의 사정을 밝히는 거죠. 그리고 신화나 역사에는 해제를 붙였으면 좋겠어요. 어때요? 책을 만들고 출판기념회를 열어 모든 경위를 밝히면 그게 비난이 되든 수용이 되든 훨씬 더 객관적인 결과를 가져오지 않겠어요?"

그녀의 놀라운 제안에 감탄하지 않을 수 없었다. 그런 방법이 있다는 걸 생각하지 못한 내가 한심스럽게 여겨지기도 했다. 미덥지 않은 학회에서 발표하는 것보다 그게 훨씬 더 공개적이고 자연스러운 결과를 가져올 수 있으며, 모든 걸 깨끗이 마무리하는 데 그것보다 더 좋은 방법은 없어 보였다. 우리는 곧바로 자리에서 일어나 종이를 꺼내고 할 일과 일의 순서를 메모하기 시작했다. 어려울 것은 없어보였다. 자료를 정서하고 추려 내되 가급적 해제와 각주를 있는 그대로 담아 선생의 연구 과정과 결과를 한눈에 볼 수 있도록 하자는 것에 이의가 있을 수 없었다.

"서문은 쓰셔야죠?"

"내가?"

"그럼 당연하죠. 그 역할이 원래 하려던 거 아니었어요? 그리고 이게 출판되기 전에 누구에게 보일 수 있다고 생각해요?"

"그렇군. 그런데 해설은 누가 하지? 나는 자신이 없는데. 아! 당신이 하면 되겠군. 그렇지?"

"제가 맡죠. 필요하다면 몇 사람에게 도움을 받으면 되구요."

모든 게 완벽했다. 왜 진작 그 생각을 하지 못했을까? 선생의 자료를 해결하고 그녀와의 관계를 지속할 수 있다는 생각을 왜 해 보지 못했을까? 그런 걸 생각해 낸 그녀가 정말 사랑스럽지 않을 수 없었다. 그녀와 선생에 관련된 일을 함께한다는 것은 여러 가지로 자연스러운 일이었다. 그리고 나에게 더할 수 없이 즐거운 일이었다.

"그런데 선생의 비망록은 공개하지 말아야겠지?"

나는 이제 그녀를 아예 편집장으로 모시고 있었다. 윗사람에게는 때로 그런 당연하고 바보 같은 질문을 해야 사랑받는 법이다.

"못할 것도 없지만 그건 서문에서 밝히는 내용으로 충분하지 않을까요?"

"그렇겠지?"

"그런데 제가 해설을 쓰려면 자료가 있어야 할 것 같아요."

"당연하지. 그런데 보기가 쉽지 않을걸. 워낙 이것저것 많이 써 놓으셔서. 그리고 가부루의 역사는 내가 정리하면서 입력한 게 있는데 뽑아 줄까?"

나는 선생의 상자를 꺼내 책상 위에 흩어져 있던 자료를 챙겨 담아 주었고 그녀는 돌아갈 채비를 서둘렀다. 하지만 그녀를 그렇게 돌려보내고 싶지 않았다. 그녀의 사랑에 어떤 보답이라도 하고 싶었고, 그녀를 더 갖고 싶은 욕망이 남아 있었다. 우리는 가벼운 정사를 한 번 더 나누었다. 나는 상자를 그녀의 차가 있는 지하 차고까지 운반해 주었고, 그녀는 약간 지쳐 보이는 얼굴로 떠났다.

그녀가 떠나고 난 뒤에도 나는 그게 그녀와의 마지막이라는 걸 까맣게 몰랐다.

∧Ѧ

그녀가 선생의 자료를 가지고 간 다음날 나는 지헌에게 전화를 걸어 계획이 변경되었음을 알렸다. 그리고 그날 저녁부터 서문의 초안을 작성하기 시작했다. 그런데 그녀에게서 전화가 오지 않았다. 그 다음날 그리고 그 다음날도 그녀에게선 전화가 오지 않았다. 내가 그녀에게 전화를 거는 경우는 거의 없었다. 낮에 그녀는 혼자였지만 나는 회사에서 일을 하고 있을 때였으며, 밤에는 혼자였지만 그녀의 집에 전화할 수는 없었다. 나흘이 지난 후 나는 더 이상 참을 수가 없어 그녀에게 전화했다. 하지만 그녀의 휴대폰은 없는 번호였고, 무모하게 시도한 그녀의 집 전화번호는 바뀌어 있었다.

모든 것이 뒤틀어져 버렸음을 그때 알았다. 그리고 내가 그녀와 그녀의 주변에 대해서 아는 것이 거의 없다는 사실도 깨달았다. 그녀의 집이 한남동이었다는 것. 그녀와 별거 중인 남편이 회계사무실에 나가고 있다는 것, 그녀가 선생의 딸이라는 게 내가 그녀를 알고 있는 전부인 셈이었다. 전화번호를 뒤져 모든 회계사무실의 전화를 걸어 그녀의 남편을 찾아내서라도 그녀를 찾아보고 싶었지만 나는 그녀의 남편 이름조차 알고 있지 못했다.

몇 주가 지나갈 동안 아무것도 하지 못했다. 내 주변에는 그녀의 부재가 날이 갈수록 쌓여갔다. 그녀의 부재는 책상 서랍 속에도, 냉장고 안에도, 옷장 안에서도 확인되었다. 그녀의 부재는 나의 방을 가득 채웠고 거실과 화장실과 베란다에 이르기까지 집 안에 가득 찼다.

그녀의 부재는 언제나 어디서든 나를 따라다녔다. 차 문을 열면 거기에 그녀의 부재가 기다리고 있었으며, 사무실에도 그녀의 부재를 확인할 수 있었으며, 술자리에도, 돌아오는 길에 잠깐 들른 슈퍼에도 그녀의 부재는 나를 쫓아다녔다. 내 곁에 가득하던 그녀의 존재가 사라지자 내 주위엔 재빨리 그녀의 부재로 가득 채워졌다.

그녀를 한 번은 꼭 만나고 싶었다. 만나서 선생의 자료는 없는 걸로 치자고 없애 버리면 될 거 아니냐고 말하고 싶었고, 나중에는 모든 것을 포기한 채 자료만이라도 돌려달라고 선생의 뜻이 그게 아니지 않느냐고 말하고 싶었다. 한번은 퇴근 후 성북동 선생의 집에 가기도 했다. 우연이라도 마주칠지도 모른다는 희망 때문이었다. 그의 집에 불이 켜져 있는 것을 보았을 때 드디어 그녀를 만날 수 있게 되었다고 생각했지만 현관문을 연 사람은 그녀가 아니라 새로 이사 온 사람이었다. 그 뒤로 그녀를 찾는 걸 포기했다.

한 달이 더 지난 뒤 생소한 주소의 이메일을 하나 받게 되었다. 그녀에게서 온 것이었다.

"김 선생님께.

무슨 말을 해야 할지 모르겠어요. 많이 화가 나셨을 거예요. 미안하다는, 용서해 달라는 말을 하고 싶지는 않아요. 어쩔 수 없었다고 말할 수밖에는 없을 것 같아요.

당신을 기억하고 있어요. 잊지도 않을 거구요. 처음 아버지가 돌아가셨을 때 남겨 놓으신 유품 속에서 이름을 발견했을 때부터 당신을 생각하지 않은 순간은 없었어요. 아버지가 갑자기 돌아가신 것처럼 당신 역시 갑자기 나에게 나타났죠.

돌아가시기 몇 달 전, 아버지에게 일이 있고 나서부터 아버지가 낯설게 느껴졌어요. 어쩌면 나와 다른 세상에 존재하는 사람처럼 느껴졌죠. 마지막 돌아가시기 한 달 전에는 혹시 어떻게 되실지 모르겠다는 생각을 하기도 했죠. 아버지는 극도로 불안해하셨고 거의 일상적인 대화도 불가능했어요. 그런데 나는 수술실 앞에서 서성거리는 보호자처럼 어떻게 할 수 없었어요. 이제 그 이유를 알게 되었어요. 아버지는 그렇게 하실 수밖에 없었을 거예요. 아버지가 마지막에 당신에게 기대고 싶었던 게 무엇이었는지도 이제는 알아요. 그건 아버지 식대로 당신에 대한 신뢰였어요. 그렇게 말할 수 있다면요. 아마 평생에 한 번 아버지는 자신의 감정에 충실한 결정을 하셨을 거예요. 물론 아버지 역시 스스로 믿지 못하셨죠. 그렇지 않았다면 당신에게 편지 하나쯤은 남겨 두셨을 수도 있었을 거예요. 그러나 아버지도 나도 당신이란 존재가 필요한 건 아니었을지 몰라요. 그냥 우연히 선택한 거에 불과한 것일 수 있죠. 세상을 필연으로 채우고 싶어 하는 사람들은 우연이란 말을 끝내 이해하지 못하겠죠.

나를 이해할 수 없을 거예요. 지금 내가 하는 말이 당신의 세계에서 통용되는 언어와 다르다는 것도 알아요. 그날 당신과 헤어진 날, 책을 만들자는 제안을 한 건 아버지의 자료를 들려받기 위해 꾸민 거짓말이었어요. 나 역시 그런 식으로 당신을 떠나고 싶지 않았어요. 처음부터 속일 생각인 것은 아니었어요. 제가 그런 말을 했던가요. 사랑을 위해서 거짓과 기만, 위선과 위악이 더 절실할 때가 있다고. 어떻게 아버지의 죽은 이유를 다른 사람이 아닌 당신이 밝히도록 보고만 있을 수 있겠어요. 또 어떻게 당신 앞에서 아버지를 용서할 수 있겠어요.

　나는 당신이 더 현명한 결정을 내릴 수 있으리라고는 생각하지 않아요. 나라도 어떻게 하지는 못했을 거예요. 당신이 옳지 않다는 말은 아녜요. 당신이 옳은 거 맞아요. 아버지도 그랬지만 당신도 늘 논리적이었죠. 한 번도 자신의 세계에서 벗어난 적이 없는 사람들이었어요. 그런 말을 나에게 했었던가요? 나는 무책임한 사람이라고. 맞아요. 당신은 그런 사람이죠. 주변에 대한 아무런 관심도 없지만 모든 걸 꿰고 있는 듯이 말하는 그 무책임함이 때로는 섬뜩하기도 했어요.

　미안해요. 이런 말을 해서. 당신을 아프게 할 생각은 없었어요. 나는 당신의 세계를 알지 못해요. 하지만 그런 말을 할 수 있을 것 같아요. 이성적이고 합리적인 사고와 개인의 욕망이 결합하면 끔찍한 결과를 낳을 수 있다는 거 말이에요. 아버지가 그랬고 그리고 당신 역시 마찬가지였어요. 가부루의 점토문자를 공개하기로 하면서도 당신은 역사를 들먹였죠. 그건 누구의 역사인가요? 한 개인의 역사가 소멸되어 버린, 전체의 역사란 무슨 의미를 갖는 거죠? 당신과 아버지는 그 역사를 위해 당신들의 감정과 욕망과 삶을 그렇게 마구 뒤섞어 버리는 것인가요? 지금, 당신을 비난하는 거 아녜요. 유감스럽게도 내가 사랑한 사람들이 모두 똑같은 길을 가고 있다는 게 슬플 뿐이죠. 길들여지지 않는 욕망을 어떻게 지켜보아야 하는지, 그걸 알지 못하는 내가 답답해요. 나는 늘 당신들의 세계에서 소외되어야 하는 존재였지요. 당신의 현

명한 결정으로 또다시 아버지와 당신 그리고 당신들을 바라
보는 나를 비참하게 만들고 싶지는 않았어요. 내가 할 수 있
는 일은 아무것도 없지만 아무것도 하지 않는 것이 나의 선
택일 수밖에 없었어요.

쥐똥나무 향기가 짙은 그늘 속에서 나에게 처음 보여 준
당신의 몸짓이 얼마나 서툴렀는지 알아요? 어쩌면 그런 모
습이 없었다면 당신에게 다가가지 못했을 거예요. 당신이 나
에게 어설픈 몸짓을 보일 때마다 나는 당신이 사랑스러웠어
요. 신화와 역사를 그리고 이론을 정연하게 펼치는 논리 속
에서는 당신의 절망만을 읽었을 뿐이에요. 하지만 당신은 그
자리에서 벗어날 사람이 아니라는 것 역시 모르지 않아요.
나 역시 그럴 수 없다는 것을 알면서도 그렇게 되었던 거예
요. 그것은 당신도 마찬가지였을 거예요. 안 그래요? 하지만
당신과 만났을 때 나는 한 번도 내 감정을 숨겨 본 적이 없었
어요. 단지 과거의 당신에 대한 환상만으로 당신에게 빠져든
것은 아니었어요. 내가 보고 싶어 한 것, 만지고 싶어 한 것,
그건 거짓이 아니었어요. 당신에 대한 사랑을 여자의 예비된
잉태의 본능으로 말하거나 말거나 그게 당신을 사랑하는 나
의 방법이었어요. 당신은 나와 함께 있을 때조차 언뜻 죄책
감 같은 걸 보이곤 했죠. 당신은 나의 세계에 한 발자국도 들
어오려 하지 않았어요. 당신은 비현실적인 세계로 빠져드는
걸 두려워했어요. 나의 세계는 현실이 아니었나요? 그럼 당
신의 현실은 무엇이었나요? 당신의 꿈은 뭐였죠?

다시 당신을 만날 수는 없을 거예요. 아버지의 자료를 돌려드리지는 않을 거구요. 신화와 역사는 잊어버리세요. 그리고 나 역시 기억에 묻어 두세요. 더는 미안하다고 말하지 않을 거예요.

그럼 잘 있어요. 잘 계셔야 해요."

벌써 3년 전의 일이다. 내가 일상으로 돌아오는 데 그만큼의 시간이 필요한 것은 아니었다. 선생에 대한, 그녀에 대한 모든 감정의 기억을 지우는 시간이 필요했을 뿐이었다. 그 일로부터 일 년이 지나서야 나는 갑작스럽게 다가왔다가 홀연히 사라진 그들의 기억에 시달리지 않게 되었다. 더 이상 죄책감과 혐오감으로 범벅이 된 나 자신을 회오의 채찍으로 두들겨 패는 악몽에 시달리지 않게 되었다. 어리석음과 욕망을 한편에서 저주하고 한편으로 용서하는 감정의 널뛰기에 시달리지 않게 되었다. 어느 날 아내로부터 전화가 왔다. 아내는 이제는 지쳐 버렸노라고, 더는 버틸 수 없노라고, 아들의 유학을 포기하고 그만 돌아가야 할 것 같다고 말했다. 그들이 돌아오기 전 모든 걸 새로 시작하고 싶었다. 아내와 아들을 위해 새집을 장만하기로 했고, 그러기 위해선 오피스텔을 처분해야 했다. 새집을 구하고 이사 가기 전, 오피스텔을 정리하던 중에 책상 뒤쪽 구석에 처박혀 있던 선생의 비망록이 발견되었다. 나에게 남아 있는 유일한 선생의 유품이었다.

나는 미련 없이 선생의 비망록을 쓰레기통에 던져 넣었다. 더는 나의 삶에 함부로 끼어드는 존재는 있을 수 없었다. 더는 나의 삶이 타인에 의해 흔들리도록 내버려 두지는 않을 것이다. 그러나 어느새 나는 쓰레기통을 뒤지고 있었고 선생의 마지막 노트를 꺼내서 읽고 있었다. 선생의 모든 것에 대해 아무런 미련도 남아 있지 않다는 걸 스스로 입증하기 위한 마지막 형식적인 절차가 필요했는지도 모르겠다.

선생은 여전히 나에게 무언가를 끊임없이 요구했다. 여전히 그의 모든 걸 나에게 보여 주려고 애쓰고 있었다. 무망한 일이었다. 이제 나에게 남아 있는 건 아무것도 없었으며, 그의 이야기를 들어주고 싶어도 할 수 있는 건 아무것도 없었다. 만일 지금 선생의 자료가 옆에 있었더라면 기꺼이 선생의 마음을 헤아려 무엇인가를 할 수 있을 지도 모르겠다. 어쩌면 이제 선생이 나에게 원한 것을 순수한 의지로 실행할 수 있는 때가 되었지만 모든 게 너무 늦어 버렸다. 선생의 잘못을 똑같이 저지른 내가 무엇을 할 수 있겠는가? 그는 역사를 잃어버렸고 나는 그 기록을 잃어버렸다. 아니 그는 기록을 잃어버렸고 나는 그의 자료를 잃어버렸다. 기껏 남아 있는 것은 선생의 비망록과 내가 베껴 놓은 가부루의 신화 그리고 중간에서 그쳐 버린 헝클어진 가부루의 역사가 있을 뿐이다. 그걸로 무엇을 할 수 있다는 말인가?

　다시 몇 년이 흐른 지금, 다시 그 일을 떠올리고 있다. 그리고 선생과 그녀를 기억하고 있다. 기억한다는 것은 무엇을 잘 알고 있기 때문이 아니라 잘 알지 못하는 부분이 남아 있기 때문에 일어나는 의식 작용이다. 역사가 과거를 끝내 알 수 없으며 안다고 해도 미지의 영역이 끊임없이 그만큼 남아있기 때문에 기록되는 일인 것처럼. 선생이 발견한 문자와 가부루의 신화와 역사 역시 마찬가지일 것이다. 그것은 모두알고 있는 사실이기 때문이 아니라 누구도 알지 못하기 때문에 기억하고 기록해야 할 것이었다. 그리고 이제는 희미하게 남아 있을 뿐인 그녀에 대한 마지막 기억을 미지의 영역으로 남겨 두기 위해서라도 내가 해야 할 일이 남아 있을 것이다.

　나에겐 가부루의 역사가 어느 부족의 이야기만으로, 잃어버린 어느 시기의 역사로 들리지는 않는다. 나에게는 가부루의 역사조차 선생의 역사 속에 들어 있는 작은 에피소드로 그리고 그녀에 대한 기억에 덧붙여진 작은 이야기의 하나로 다가올 뿐이다. 어느 국가와 사회의 역사도 개인의 역사 속에서 작은 한 부분에 불과할 수 있다. 전체의 역사가 개인을 구속할 수 있다는 믿음은 선생의 역사였을 뿐이다. 개인의 역사가 모두의 역사를 뒤바꾸어 놓을 수 있다는 걸 선생은 알지 못했다. 그게 선생의 비극이었다.

마지막으로 이런 형식적인 절차마저 필요 없을지 모른다는 생각을 한다. 모든 사실을 있는 그대로 보여 준다고 해서, 가부루의 역사가 허구로 남지 않을 가능성은 없다. 내가 아무리 글을 잘 쓴다고 해도 사라진 조족문과 가부루의 신화와 역사는 돌아오지 않을 것이다. 돌아온다고 하더라도 한갓 허구적인 이야기에 불과할 것이다. 여기에 수록된 가부루의 역사 또한 다시 쓰지 않는 게 옳은 일인지도 모른다. 하지만 그것이 그렇게 중요한 일은 아닐 것이다. 모든 역사는 과거에 대한 현재의 이야기일 뿐이다.

　가부루의 역사 아니 전설을 다시 쓰면서 여기에 나의 상상력과 추론을 보태야 했음을 다시 밝힌다. 나에게 그럴 능력이나 자격이 있지는 않을 것이다. 하지만 다른 선택은 없었다. 헝클어진 이야기를 들어줄 사람이 아무도 없을 것이기 때문이다. 그렇다. 나는 이 이야기를 누군가에게 들려주어야 하며 누군가가 이 이야기를 들어주었을 때 비로소 나의 짐을 벗어 버릴 수 있을 것 같다. 가부루의 역사를 내가 재구성했다고 하더라도 그걸 내가 쓴 것이라고 말할 수는 없다. 분명 내가 그것을 모두 썼다고 말할 수 없으며, 선생이 이야기를 만들어 낸 것도 아니며, 마지막 가부루가 모든 이야기를 기록한 것일 수도 없으며, 그 이전의 가부루들이 완성해 놓은 것도 아니다. 어쩌면 이 역사는 누구에 의해 쓰인 이야기가 아닐지도 모른다. 그래서 말할 수 있는 것은 가부루의 역사는 글을 쓸 수 있는 모든 사람들의 역사이며 그들의 이야기라는 것이다.

　모두의 이야기면서 누구의 이야기도 아닌 이야기, 그것이
가부루의 역사다.

가부루의 신화

◉ 2007년 11월 19일 초판 1쇄 인쇄
◉ 2007년 11월 26일 초판 1쇄 발행

◉ 글쓴이   김진송
◉ 발행인   박혜숙
◉ 편집인   백승종
◉ 책임편집   임정우
◉ 영업·제작   변재원
◉ 인쇄   백왕인쇄
◉ 제본   경일제책
◉ 종이   화인페이퍼
◉ 펴낸곳   도서출판 푸른역사
            우 110-040 서울시 종로구 통의동 82
            전화: 02)720 · 8921(편집부) 02)720 · 8920(영업부)
            팩스: 02)720 · 9887
            전자우편: 2007history@naver.com
            등록: 1997년 2월 14일 제13-483호

ISBN   978-89-91510-56-2   03900

· 잘못 만들어진 책은 교환해드립니다.